armstadt
Woog
Ober-
Ramstadt
Nieder-
Ramstadt
Eberstadt
Nieder
Modau
Ober
Waschenbach
Seeheim
Jugenheim
Modau-
quelle
Felsenmeer

Wir danken der Stiftung »Forum für Verantwortung«
für die großzügige Förderung der Publikation.

Bibliografische Information der Deutschen Nationalbibliothek:
Die Deutsche Nationalbibliothek verzeichnet diese Publikation
in der Deutschen Nationalbibliografie; detaillierte bibliografische
Daten sind im Internet über http://dnb.d-nb.de abrufbar.

oekom verlag, Gesellschaft für ökologische Kommunikation mbH
Waltherstraße 29, 80337 München

Umschlaggestaltung: Büro Jorge Schmidt, München
Illustrationen (Umschlag, Innenteil): WHAT THE FOX,
Illustration·Design·Art, Stefanie Jung, Wüschheim
Typografie und Satz: Markus Miller, München
Korrektorat: Maike Specht
Lektorat: Uta Ruge; Christoph Hirsch (oekom verlag)
Druck: GGP Media GmbH, Pößneck

Printed in Germany

ISBN 978-3-96238-226-1

Torsten Schäfer

WASSERPFADE

Streifzüge an heimischen Ufern

Inhalt

3 Im Teichreich

II
Modaupfade

4 Am Quellenberg

5 Von Wildnis und Beton

6 Durchs Tal der Mühlen

7 Nun eine Städterin

8 Schließlich die Ebene

III
Eine andere Welt

9 Die Aueninsel

Epilog 267

Prolog

Ich bin in der Hitze 2018 losgelaufen. Ich habe die Ufer verfolgt, bin eingetaucht, es hat mich verwandelt, während sich die Flüsse und Teiche selbst verwandelten mit der Dürre und der Hitze, ebenso die Wälder, die ich durchwandert bin. Wasser und Wald, da endet alles und beginnt alles für mich, auch die Antworten auf die Fragen und Botschaften, von denen ich nichts ahnen konnte und die mich mit dem Virus am Ende der Wasserpfade erreichten.

Der kleine Fluss war auch ein guter Ort, um die ökologische Zäsur besser zu verstehen, die wir gerade erleben. Ich bin mir sicher: Es entsteht eine neue Verbundenheit mit der Welt, wenn an den Ufern unserer Gewässer manche Dämme und Wälle eingerissen werden und das Wilde zurückkehrt. Und wenn dann der Blick weit gehen darf und wir die Schulung darin nicht mehr unterlassen.

Vorwort

von Andreas Weber

Mein Bewusstsein für das Wasser setzt mit einer Bachwanderung meiner Kindheit ein. Sie fand nicht weit entfernt von der Landschaft statt, deren flüssige Adern Torsten Schäfer in seinem Buch nachfährt. Schauplatz war ebenfalls das hessische Mittelgebirge, freilich nicht der Odenwald, sondern der Vogelsberg – nördlich statt südlich von Frankfurt gelegen.

Wie die Modau, der Fluss, um den Schäfers Buch kreist, mündet auch das Wasser der Eichel letztlich in den Rhein. Die Eichel durchfließt das Dorf, in dem mein Vater seine Kindheit verbrachte (und in dem sein Spielkamerad und Namensvetter Anfang der 1950er-Jahre ertrank). Der Bach schenkte den Kindern die Erfahrung, wie existenziell im Guten wie im Schlechten Wasser für uns Menschen ist – für uns Flüchtige, Abhängige und Begehrende des flüssigen Elementes.

Ich erinnere mich an den Weg durch das Bachbett, mit Sandalen gegen versteckte Scherben geschützt, beschattet von Erlen, die Waden gekitzelt vom Nass, das über die Kiesel sprang. An manchen Stellen bildete der Fluss eine Furt, durch die Kühe zum anderen Ufer trotteten und ein Bauer seinen Traktor hinüberlenkte, die kopftuchtragende Bäuerin auf dem Seitensitz festgeklammert.

Mir klopfte damals das Herz, die Wirklichkeit plötzlich aus der Perspektive des Baches zu sehen, mit dem Gesicht des Wassers selbst.

Es schien, als hätte die bescheidene Eichel die Kraft, mich zu einem Selbst zu führen, das versteckt in mir schlummerte, verborgen wie der kleine Wasserlauf hinter Hecken und Dorfmauern, vorhanden und doch ungesehen. Eine gerade Linie in meinem Herzen, die erst sichtbar wurde, als ich meine kleinen Füße auf sie setzte.

Wenn ich zurückblicke, zeigte mir die Bachwanderung eine versteckte Tiefe der Welt, die nichts anderes war als die Tiefe in mir selbst. Sie bewirkte, dass ich diese Tiefe in mir spüren konnte, weil ich ihrer Gegenwart in der Welt Respekt zollte. Heute würde ich sagen: Wir wissen, dass uns das Wasser etwas über diese Tiefe zuflüstern kann, weil wir Wasser *sind*.

Die folgenden Seiten haben die Erfahrung meiner Kindheit, der Welt als Gleichgesinnter, als einer Spielgefährtin zu begegnen, wachgerufen. Ich dachte beim Lesen: Ich kannte auch so einen Fluss, im Hessischen, ich weiß, wovon der Autor spricht, er drückt es aus! Schäfer tut auf den Seiten dieses Buches in immer neuen Anläufen nichts anderes, als die Tiefe des Wassers in seinem spürenden und die eigene Tiefe ahnenden Körper auszuloten. Und am Ende muss er dieses Wasser, ohne es ganz ergründen zu können, weiterziehen lassen, zum Rheinstrom, zum Ozean, dahin, wo alles zusammenfließt.

Gaston Bachelard, der französische Philologe einer »Psychoanalyse« des Wassers, brachte auf den Punkt, was ich meine, als er von den Wasserpfaden Burgunds sprach, die über hellen Kalk ziehen, im Untergrund versinken und an anderer Stelle unverhofft in einem stillen Quellteich aufwellen – und die, wie auch die Bäche Hessens, letztlich im großen Atlantik münden: »In meinen Träumen am Fluss habe ich meine Phantasie dem Wasser geweiht … Das anonyme Wasser kennt alle meine Geheimnisse«, schrieb Bachelard. Das Wasser weiß, weil es auch mich enthält.

Aber um dem Wasser unsere Geheimnisse anvertrauen zu dürfen – um unsere eigene Tiefe zu erfahren, indem wir die Tiefe des anderen in uns einströmen lassen –, müssen wir den Weg des Flusses in geduldiger Arbeit entschlüsseln. Das ist nicht mit der magischen Geste des Flaneurs zu erledigen, der durch die Natur streift und das Schöne pflückt. Es lässt sich mit einer touristischen Haltung nicht bewerkstelligen, sondern erfordert Arbeit. Die Geheimnisse eines Flusses, eines Wassereinzugsgebietes mit seinen kleinen und kleineren flüssigen Pfaden zu kennen erfordert geduldiges Lernen. Seine Geheimnisse im Wasser gespiegelt zu finden ist kein Konsumakt, sondern Selbstveräußerung.

Um die Tiefe des Wasser zu erzählen, ist eine erzählerische Tiefe nötig, die sich nicht allein aus ästhetischer Imagination speist, sondern die sich mit der realen Gestalt des Flusses befasst, mit seiner ganz und gar empirischen Beschaffenheit, mit dem Kleinen und dem Großen, dem Glück an einer Biegung seines Laufes, die ein Stück verwunschene Wildnis offenbart, wie auch mit der Bestandsaufnahme seiner Verbauungen – und der Menschen, den großherzigen oder den spießigen, an seinen Ufern.

Genau das gelingt Schäfer. Er folgt dem Fließenden in sich selbst, das ihn zum Fluss in seiner Geburtslandschaft zieht, und er nähert sich diesem Selbst an, indem er geduldig den wirklichen Fluss besucht, seine Anwohner befragt, die mit seiner Erhaltung und seiner Zerstörung befasst sind. Schäfer überfliegt die Modau nicht, sondern erwandert (und erschwimmt) sie sich als Dokumentar, als Archivar, als Chronist, als Geograph. Schäfer studierte Journalistik in Dortmund, war einige Jahre lang Redakteur bei GEO International und trat 2013 eine Professur für Journalismus mit Schwerpunkt Textproduktion an der Hochschule Darmstadt an – wodurch er in einer Punktlandung wieder zum Fluss seiner Kindheit zurückkehrte.

Der Autor startet nicht mit dem Narrativ, mit der Imagination – also mit sich selbst – und findet dann die Bilder dazu in der Landschaft. Sondern er wendet sich nach außen, lässt sich von den realen Gegebenheiten des Wasserlaufs ziehen, verliert sich in der Landschaft, um daraus die Essenz des Flusses Tropfen für Tropfen zusammenzusetzen. Das ist bescheiden, und das auf bewunderungswürdige Weise, mit einem Blick für die Akteure der Provinz, die Wasserbauer und Flussfischer, die alten Frauen auf den Brücken, mit denen sich Gespräche entspinnen. Aus diesen Details entfaltet sich der Charakter des Flusses, der sich nach und nach ins Gemüt des Lesers eingräbt, mit Kolken und Flachstellen, mit Libellen und Forellen, mit der Lust seiner kurvenden Ufer und dem schwärenden Weh seines zerstörten Körpers, der Kanalisierungen und Barrikadierungen.

Mit all dem hat Schäfer ein hervorragendes Stück dessen geschaffen, was heute als Nature Writing in aller Munde ist. Es gibt sogar einen Literaturpreis dafür, und ich wünsche mir, dass er Schäfer mit einem seiner nächsten Werke zufällt. Derzeit werden gern Romane prämiert, die ihr Setting in der »Natur« haben, in denen »Natur« eine mystifizierende Rolle spielt, denen aber doch fehlt, was Schäfer hat: Sie kümmern sich oft wenig um die atmenden Details. Sie fabulieren, aber sehen nicht hin. Sie glauben nicht, dass die Begegnung mit »Natur«, also mit der nichtmenschlichen Welt, etwas über uns sagen kann.

Deutsches Nature Writing schafft oft Distanz zu der Natur, auf die es sich fixiert. Es findet in ihr wohlbekannte Diskurse wieder, gleitet aber an realen Körpern hilflos ab. Nature Writing leidet an der Körperangst der Intellektuellen. So konstatiert Marion Poschmann in *Mondbetrachtung in mondloser Nacht*: »Je genauer man hinsieht, desto unschärfer und vieldeutiger werden die Dinge.« Das ist nicht die Haltung, mit der Schäfer arbeitet: Für ihn ist das vertiefende Abmühen mit den Details seiner Heldin, der Modau, der Weg zu einer immer weiter fortschreitenden Bekanntschaft. Je tiefer er sich dem Fluss annähert, desto intensiver wird dieser ihm vertraut, und desto mehr vertraut er sich selbst.

Während sich das in Deutschland erfolgreiche Nature Writing mit der abgeschabten (und im Anthropozän überholten) kantianischen Position abgequält, dass der Mensch der »Natur« ein ewig Fremder sei, freundet sich Schäfer mit dieser an. Durch geduldige Arbeit und schweißtreibende Recherche (er sammelt Müll aus einer Quelle, er leitet seine Studierenden an, als angehende Umweltjournalistinnen jedes Detail aufzufischen) kommt Schäfer dem Fluss so nah, dass er dessen Zuneigung findet.

Damit steht Schäfer ziemlich genau in der Tradition von das Genre begründenden Autoren wie Henry David Thoreau und Gilbert White. Was er schreibt, atmet nicht die (derzeit wieder neu erstehende) Romantik der deutschen Erblinie, die sich mit Fichte und E. T. A. Hoffmann von der Welt der Körper abspaltet und stattdessen die eigene Befindlichkeit auf eine letztlich stumme »Natur« abbildet. Schäfers Arbeit zeigt eine zärtliche Geduld gegenüber der Welt, eine Geduld, die weiß, dass die Welt nur fruchtbar wird, wenn wir ihr mit Großzügigkeit den Raum lassen, sich selbst zu erschaffen.

Thoreau stellte sein Büchlein *Walden* aus einem Konvolut empirischer Beobachtungen zusammen, in denen er Realien archiviert hatte wie die Uhrzeit eines Regengusses, seine Richtung, die Größe seiner Tropfen. Thoreau wusste, dass es die Materie der Welt ist, aus deren Drang sich Form bildet. Er vertraute darauf, dass sich im Konkretesten das Ganze zeigt. Er suchte, was die kanadische Dichterin Jan Zwicky als »Dasheit« bezeichnet: Die »Erfahrung eines bestimmten Dinges auf eine solche Weise, dass die resonante Struktur der Welt durch es hindurch klingt«. Dafür müssen wir dieses Ding wirklich sehen.

»Ich habe die Ufer verfolgt, bin eingetaucht, es hat mich verwandelt, während sich die Flüsse und Teiche selbst verwandelten«, schreibt Schäfer. Das ist die Art von Erfahrung, die mit Bescheidenheit beginnt und dann staunend feststellt, dass diese Bescheidenheit der übrigen Welt erlaubt zu erscheinen. Es ist eine Bescheidenheit, die sich nicht darin versteigt zu glauben, unsere Imagination reiche aus, die Welt und das Poetische an ihr zu erschaffen. Vielmehr weiß sie, dass dieses Poetische Teil der Welt ist und dass man ernsthaft suchen – beobachten, warten, horchen – muss, um sich würdig zu erweisen, es zu finden.

Wir projizieren nicht narzisstisch unsere kulturellen Vorstellungen auf eine Leere, die wir dann »Natur« nennen. Wir werden von der Welt imaginiert, so herum ist es richtig. Dafür müssen wir der Welt gestatten zu sein. Dann können wir erleben, dass sie uns das Gleiche erlaubt. Das ist die Erfahrung, die Torsten Schäfer zuteilwird, weil er der Modau, dieser Spielart flüssiger Welt, ihren Raum schenkt. Dadurch schenkt sie ihm seinen zurück.

Dieses Geschenk zu erhalten war die Erfahrung in der Tiefe meiner Kindheit, zu der mich Schäfers *Wasserpfade* zurückführen. Das Geschenk bestand darin, ganz in der fließenden Welt inbegriffen zu sein. Es ist das Gegenbild zur Blickrichtung des Narzissten. »Was das Wasser nämlich bewirkt«, so sagt das der schon zitierte Gaston Bachelard, »ist eine Verwandlung unseres Spiegelbildes in Natur.«

I

Über Wasser in Zeiten der Klimakrise

1

Erste Wege

Himmelsfenster. Vielleicht liegt der Grund für die Sehens-Sucht und den Drang, in die Landschaft hineingehen und sie ergründen zu wollen, in dem Himmelsfenster, in dem ich aufgewachsen bin; ich habe diesen Zusammenhang gerade eben erst entdeckt, ein neuer Schatz, der erst noch gehoben werden muss. Der Lohberg, auf dem ich groß geworden bin, liegt weit über der Ebene und hat seinen Namen vom Loh, einem alten Wort für Holz, das zum Gerben verwendet wurde, wie auch von Waldgebieten, deren Holz nur bestimmte Marktgenossen schlagen durften. Es sind nur 280 Meter, die er sich hochstreckt, bis zum Gipfel an der »Finsteren Hölle«, einem bis heute schwer zugänglichen Waldstück, das wir bei allen Wanderungen und Entdeckungen meist mieden; mit dichten Vorhängen aus Wildem Wein am Rand, danach großen dunklen Fichten, schlechten Wegen und alten Bombenkratern.

Von unserem Berg ging morgens der Schulweg hinab ins Dorf, und wenigstens einmal blieben wir stehen, um in die Ferne zu sehen, durch das Himmelsfenster, das an manchen Tagen Wolkentiere schickte, die zur blauschwarzen, düsteren Herde wurden über der Rheinebene, die sich hinzieht bis ganz hinten, zum Horizont. An anderen Tagen tauchen in diesem Panorama Sonnenwesen auf, Strahlenstränge und alle Sommerfarben, die sich niemand hätte ausdenken können. In die man gleich hineintauchen will – wie auch in die Dämmerung oder gar in die Nacht, wenn das Lichtermeer unten in der Ebene liegt.

Manchmal, wenn der Horizont zu sehr lockte, standen wir auch am Rande des großen Feldes, hinter dem unser Revier begann, und liefen einfach los, über das Feld in den Himmel hinein, bis sich irgendwann der Boden senkte, der Schlamm vielleicht das Rennen bremste und uns wieder einmal klar wurde, dass wir so nicht weiterkamen.

Der Blick aber geht hier immer weiter, reist 60 Kilometer hinüber zum Donnersberg in der Pfalz, schweift über all die Windräder ganz außen am Gesichtsfeld, gleitet über die Pfälzer Wälder und verweilt dann vor dem Rhein, der silbernen Schlange, die im diesigen Licht schläft und glitzert. Der große Strom regiert hier still und erhaben, wohl wissend, dass er fast immer da war oder mindestens schon so lange, dass es sich darüber nachzudenken lohnt. Auch zu ihm wollten wir damals hinrennen, er nährte die Phantasien, gab der Ebene und ihren Städten Namen, damit sie sprechen und entdeckt werden konnten.

Von Hutzelweg und Habichtsflug. Im Internetlexikon wird die Neutscher Höhe als Gebirgspass beschrieben, was ich für etwas übertrieben halte bei einer Anhöhe von rund 360 Metern, die eher ein weit gezogenes Hochplateau darstellt. Aber es ist ein wunderbares Plateau, auch weil hier vor 2000 Jahren die Römer schon Waren herfuhren, von Dieburg und aus dem Odenwald. Die Hutzelstraße und die Gegend rund um die Neutscher Höhe sind eine feine Aussichtsfläche, die den Wind einfängt. Daher stand hier auch das erste Windrad Süddeutschlands. Von diesem Höhenzug wandert jetzt mein Blick in alle Richtungen, nirgends stellt sich ihm mehr etwas in den Weg: In der Ferne stehen die Wolkenkratzer Frankfurts mit dem EZB-Turm. Dann schaue ich zur Pfalz, zum Donnersberg und den Windrädern, die inzwischen zur Landschaft gehören, wie es die Strommasten tun. Die Senke des Rheins zeichnet sich ab, diesig am Horizont, immer wieder schemenhaft Wälder und viel offenes Land mit langen Häuserflecken, Türmen, grünen Inseln.

Es sind von hier aus nur wenige Kilometer in jedes Tal, ins Lautertal, Stettbachtal, Modautal, Mühltal – immer sind es die kleinen Bäche, die

Namen geben und daran erinnern, dass mit dem Wasser die Namen kommen und das Leben beginnt. Mir wird klar, obwohl ich hier schon oft war, wie zentral dieses Plateau des Odenwalds und der Bergstraße ist, dass hier alle Wege zusammenführen und wieder auseinandergehen. Mir wird jedoch auch bewusst, wie verlassen die Gegend ist, da hier abgesehen von ein paar Höfen und einzelnen Gehöften nichts ist außer Wald, Feld, Windrädern und Wegkreuzen.

Mit mir unterwegs ist mein ältester Gefährte, Rouven Wembacher, mit dem ich seit dem vierten Lebensjahr befreundet bin; ein Landschaftswanderer, mit dem ich vieles geteilt habe über die Jahrzehnte – die Schule, viele Reisen, das Angeln, die Streifzüge in der Natur, die immer noch anstehen und nun von seiner Beobachtungsgabe und seinem Wissen profitieren. Denn Rouven, der Gefährte, ist Diplom-Ingenieur für Umweltschutz und arbeitet heute im Artenschutzreferat des hessischen Umweltministeriums.

Wir schauen jetzt nach oben, Rotmilane ziehen pausenlos über die Felder, teils so tief, dass ihr rostfarbenes Gefieder uns matt anglänzt, wir sehen den gekerbten Schwanz und ihren schwankenden und doch erhabenen Flug. Turmfalken rütteln über frischer Mahd, lassen sich fallen, um wieder aufzusteigen, kabbeln sich mit einer Krähe und verschwinden wieder in die Weite. Dazu die ewigen Boten, die Bussarde, mit denen wir vor dem Stimmbruch Unterhaltungen pflegten. Was sie sagten, wusste ich nie. Aber ich wusste, dass sie antworteten.

Wir ziehen weiter und hören ein Habichtpaar vor dem Waschenbächer Wald mit seinem grellen, zeternden Rufkonzert – um dann einen der beiden über dem Nieder-Ramstädter Boschel gleiten zu sehen, was selten ist. Denn Habichte sind Ansitzjäger und keine Gleiter; wie muss ihm oder ihr dieser Versuch vorgekommen sein, der etwas unbeholfen wirkte und nie ins eigentliche Gleiten hineinkam durch immer neue Anläufe, mit denen sich der große Vogel in die Höhe wirft, um dann bald wieder abzusinken. Hinter ihm öffnet sich vor unserem Blick die Rheinebene, Eberstadt, Pfungstadt, Ried, dann der Rest. Verbautes Land mit wenigen Geheimnissen, hatte ich oft gedacht. Jetzt überlege ich, wo es sich dort zu laufen lohnt.

Dreiflussland. Ich begreife die drei Flüsse als Grenzen unserer Region, wodurch eine Insel entsteht. Rhein, Main und Neckar müssen über Jahrtausende als natürliche Grenzen gewirkt und dabei tief eingeprägte kulturelle Muster hinterlassen haben. Ich weiß zu wenig über ihre Grenzwirkungen, aber die Vorstellung, aus einer Insel herauszukommen, die von Flüssen gerahmt ist, treibt mich an. Denn wer sich länger an den drei Ufern aufhält, so wie ich es von Kindheit an gemacht habe, und oft ins Wasser sieht, versteht, warum Flüsse so besondere Grenzen sind. Sie sind anziehende Grenzen; ich will nicht nur über sie hinweg, sondern auch auf sie, in sie hinein, bei ihnen bleiben. Die meisten Grenzen stoßen ab. Aber Flüsse, diese untypischen und doch ältesten Grenzen, ziehen an.

Kartenreisen. Wie steht es denn um die Quellen in diesem Land zwischen den drei Flüssen? Es sind viele und immer mehr, wenn man die Kartenmaßstäbe immer größer wählt, neue Karten auf den Tischen ausbreitet und sich dem Land so von oben in immer engeren Schritten nähert.

Ich gelange zu einer Karte meiner Gemeinde und entdecke auch kleinere Fließstrecken und Miniaturbäche, die ich nicht kannte, obwohl ich glaubte, dieses Land ganz genau zu kennen. Mit den Quellen geschieht es ähnlich; je näher ich mich auf die Karten und das Land einlasse, in dem ich wohne, je genauer ich es durchstreife, im Moment nur vom Schreibtisch aus in Gedanken und mit Phantasien, aber mit all der Begeisterung, die das Kartenreisen in Momenten der Muße entfachen kann. Je mehr ich dies tue, desto stärker wird mir klar, wie sehr das Wasser überall ist. Wie sehr wir mit ihm verwoben sind und es nur verbannt haben aus dem Denken und Tun.

Hier auf der Karte ist es nun überall vor mir, als Rinnsal und Quelle, als unbekanntes mäanderndes Wesen, das sich in einen kleinen Bach, den Beerbach, ergießt, der wiederum in den mittleren Fluss, die Modau, gelangt, die sich unten im Tal zum Rhein aufmacht. Aber von diesen kleinsten Bächen spricht heute kaum jemand mehr. Nur wenn im alten Ritual der »Grenzgänge« die Gemarkung abgewandert wird, eine knappe Hundertschaft der Bewohner ist meist dabei, mit dem Ortsvorsteher an der Spitze in schleppendem Tempo, scheint die alte Grenzmarkierung auf, die sich öfter an den Wasserläufen und Quellen orientiert.

Wie es um die Bäche und Quellen steht, möchte ich auf den Wanderungen herausfinden – und in Gesprächen mit den Wassermenschen, die sich eine besondere Beziehung zu ihnen erhalten oder auch ganz neu aufgebaut haben. Ich habe viele getroffen, manche geplant, andere unverhofft, typische und überraschende Ufergänger, auch solche in Amtsstuben, denn da wird letztlich über die Ufer, die Quellen, Bäche und das Leben darin entschieden. Nur in das Fließen zu schauen bringt nichts, denn es sind die Fachleute und Behördenmenschen, die ihren Teil zur Geschichte unserer kleinen Gewässer beitragen. Und die Wissenschaftler wohl auch.

Geolob. Mir sind viele Fächer der Wissenschaft auf der Wasserreise begegnet, natürlich die Hydrologie und Biologie mit der Ökologie und anderen Teildisziplinen, aber auch die Geologie, Geschichtswissenschaft, die Psychologie und Rechtskunde wie auch die Theologie mit ihren Wasser- und Taufdeklinationen. Wo aber ist die gute alte Erdkunde, mein erstes Lieblingsfach, geblieben, die Geographie als allgemeine Beobachtungslehre der Landschaft wie auch ihrer Menschen und deren Geschichte? Mein Eindruck ist, dass wir ihr weniger begegnen als früher. Es könnte am Trend zur Spezialisierung liegen, der alle Bereiche erfasst hat. Aber die Geographie ist anders, denn sie ist eine Klammer, ein Bindeglied, das nicht fehlen darf, weil sie den Kontext, den Zusammenhang über Fachgrenzen hinweg herstellt.

Deshalb hat ihr der Reiseschriftsteller Sylvain Tesson in seinem Kurzbericht von der Unermesslichkeit der Welt eine kleine Ode gewidmet. Für ihn wirft die Geographie das, was die anderen Fächer preisgeben, »in ihren Kessel, mischt die Zutaten und braut daraus ihre Lesart der Welt.

Sie bittet die Historie um den Namen des Heeres, das in diesem Tal sein Blut vergossen hat. Sie fragt die Geologie, aus welchem Stein die Mauern des auf eine Bergkuppe erbauten Klosters sind, und die Geomorphologie, wo die Bergkuppe ihren Ursprung hat. Sie fragt die Paläoklimatologie, seit wann man Wein in Hanglagen anbaut, die Palynologie, was früher auf heutigem Brachland wuchs, bittet die Toponymie, das zu offenbaren, woran sich selbst die Ältesten nicht mehr entsinnen, und erfragt von der Topographie, weshalb sich die Ruinen eines Burgturmes genau an dieser Stelle befindet.« Und sobald die Daten gesammelt seien, schreibt der Franzose weiter, »offenbart sie ihre Vision, enthüllt, was die Naturgewalten dem Substrat zugemutet und was der Mensch ihm angetan hat. Sie überreicht die Schlüssel, die das Verständnis der Landschaft erschließen. Mit der Geographie wird endlich Licht.«

Hauptdarsteller. Wenn ich höre, dass in manchen Medizinstudiengängen Strickkurse angeboten werden, um die Fingerfertigkeit für die Operationen zu trainieren, würde ich gerne Wald- und Flussexkursionen mit Kletter- und Schwimmeinheiten verordnen. Damit die Finger und Hände in Bewegung geraten an den Orten, aus denen heraus die Menschen gekommen und seine Gesellschaften entstanden sind – Wälder und Flüsse, Bachtäler und Auen, Quellen. Hier liegen Antworten auf viele Fragen, auch auf meine danach, wie es diesen Landschaften wirklich geht, wohin sie mit uns gehen. Ich weiß es nicht, trotz vieler Lektüren und Recherchen, denn ich habe sie nicht mehr gefühlt, nicht so betreten wie zu der Zeit, als ich offener, intuitiver und meditativer war als heute, als Kind und Jugendlicher.

Daher mache ich mich auf diese lange Suche, die aber nach vorne weist. Denn wir müssen viel tun, weil es den Gewässern nicht gut geht, so viel ist klar. Und wir müssen es, weil die EU mit der Wasserrahmenrichtlinie allen ihren Ländern vorschreibt, die Gewässer in einen »guten Zustand« zu bringen. Das heißt, kurz gefasst, dass es keine Hindernisse für wandernde Arten wie Lachs und Bachforelle mehr geben darf, dass die Wasserqualität besser werden muss und die Flüsse renaturiert werden, damit sie wieder ursprünglichere Ufer bekommen. Diese Riesenaufgabe steht vor allen Staaten, Bundesländern, Regionen, Bezirken und Gemeinden, allen, die Verantwortung für die Flüsse tragen. Sie sind schon einmal gescheitert, denn die Richtlinie stammt aus dem Jahr 2000 und sollte von den EU-Staaten 2015 umgesetzt sein; nun ist 2027 die neue Frist.

Ich frage mich am Beginn meiner Wasserreise, was »ein guter Zustand« genau sein soll, wie es dorthin geht, was die Hindernisse sind – faktisch und emotional, explizit und implizit, gerade für die kleinen und mittleren Gewässer, von denen wir so viel weniger sprechen, denken, aufschreiben.

Ich werde diese Teiche und Seen, Bäche und Flüsse suchen zwischen allen Orten meines Lebens und ihnen die Rolle der Hauptdarsteller zuweisen, damit sie lebendig werden und Geschichten über Ortswesen und Wesensorte entstehen, damit die Landschaft spürbar wird und Worte erhält.

Flüsse gucken. Oft, wenn ich ans Wasser komme, zu Fuß oder in Gedanken, lande ich im Wald; beides ist für mich nicht voneinander zu trennen, deshalb sind mir die kleineren Flüsse, die sich direkt am Waldrand schlängeln, ihre Kurven zwischen die Bäume legen und sich wieder aufmachen nach einer Weile in das flache Land und die baumlose Weite, meine liebsten Flüsse. Sie nehmen Kontakt auf, lassen sich einhüllen von den Baumreichen und ziehen besondere Bäume wie die Schwarzerle an, die das Bachufer hält und Kinderstube für Fische und Insekten ist. Und dann wenden sie sich wieder ab mit ihrem eigenen Willen zur Ebene, zum Tempo, zum Fortstreben aus den dunkleren Gefilden mit Blättern und Stämmen. Aber dieser Kontakt, diese Flusskurve, die sich in den Wald neigt und wieder aus ihm herausstrebt, sie hat mich schon immer angezogen.

Ich erinnere mich an eine Klassenfahrt in den Norden Hessens, nach Schlitz an der Fulda, wo wir mit meiner sangeslustigen Französischlehrerin durch die Gegend wanderten, teils falsch, weil unser Physiklehrer ständig die Wanderkarte verkehrt herum hielt. Doch wir zogen immer wieder an der Fulda entlang mit ihren Prallhängen, steilen Brennnesselufern, schattigen Weidentunneln und ja, dann auch den Waldkurven, die sie nahm.

Auf der Anfahrt schon sah ich diese Kurven vom Bus aus. Ich reckte mich empor, musste auf die andere Busseite gelangen und hoffte, es noch zu schaffen, denn die Straße führte wieder den Berg hinauf und weg vom Fluss. Doch dann war irgendein Platz frei, ich presste meine Nase an die Scheibe und schaute hinunter in die Kurve der Fulda im Wald, so lange ich konnte.

So mache ich es heute noch, wenn ich Zug fahre und dann, der Geschwindigkeit wegen, noch kürzer, teils nur schemenhaft, kleine Flachlandflüsse auftauchen. Manchmal bekomme ich sie nicht, aber immer wieder entdecke ich sie noch, mit letzten Schritten im Zugabteil, schnell ans Fenster und noch irgendwie das Flussgucken versuchen. Die meisten bleiben mir unbekannt, weil alles so schnell geht. Aber ich nehme ihre Bilder mit und setze sie zur Fulda in Beziehung. Oder zur Werra, deren Kurven und Schlingen auf dem Weg nach Norden ebenso knistern und mich zu sich hinziehen.

Klein, mittel, unbekannt. Deutschlands Flüsse und Kanäle sind 530 000 Kilometer lang. Nur 6550 Kilometer davon sind schiffbar, die sogenannten Bundeswasserstraßen. Den Rest, rund 524 000 Kilometer, machen mittlere und kleine Flüsse aus. Um sie geht es mir, Flüsse, über die viel weniger gesprochen und geschrieben wird, weil sie sich dem bundesweiten Blick entziehen. Weil sie lokale Umwelten sind, die sich stark voneinander unterscheiden, gleichzeitig aber viele Erfahrungen und Probleme gemeinsam haben. Die meisten dieser Flüsse sind die kleinen Flüsse, für die die »Bund- und Länderarbeitsgemeinschaft Wasser« ein Einzugsgebiet von 100 bis 1000 Quadratkilometer vorsieht. Unter 100 Quadratkilometern sind es Bäche, über 1000 große

Flüsse und ab 10 000 Ströme. Das Einzugsgebiet meiner Modau – und damit ungefähr auch dieses Buches mit seinen Wäldern, Gewässern und Orten – ist 205 Quadratkilometer groß. Dieser Fluss ist nur 44 Kilometer lang – ein Fluss, wie es Tausende davon gibt. Deshalb ist sie ein Prototyp, steht für ein gemeinsames Schicksal. Und für die Schönheiten, die jedem Fluss eigen sind. Und so ist es mit den Quellen, Brunnen, Teichen und Seen in meinem Land; denen, die ich meist kannte, aber jetzt wieder nähergekommen bin; ungezählt sind sie bundesweit, unterschiedlich und doch ähnlich: ganz klein als Gartenteich und größer als Parksee oder Tongrube, die aber nicht die Aufmerksamkeit eines Bodensees oder Chiemsees bekommen.

Sie. Meine Flüsse sind weiblich, auch der Heimatfluss, die Modau, um die es später gehen wird, ist eine Wasserfrau. Auch der Bach, die häufigste Gewässerform am Fuße des Mittelgebirges, ist in unserem südhessischen Dialekt weiblich; man geht in »die Bach« oder wohnt an ihr. Ich weiß nicht, ob es einen Unterschied macht in der Weise, wie ich auf Flüsse und Bäche blicke und darüber schreibe, ich glaube schon. Der Reisejournalist Dirk Rohrbach hat kürzlich im Radio seine Reise von der Quelle bis zur Mündung des Missouri vorgestellt, in mehreren Folgen und mit vielen Wasser- und Ufermenschen, die das Wesen des Flusses erklärt haben – er ist dort eine »Sie«, und für die Uferbewohner war es wichtig. Alles Große aus der Natur sei weiblich, sagte einer.

Anfang. Wir standen mit den gelben Gummistiefeln in der trüben Brühe, die sich Modau nennt, ein kleiner Fluss, der den Odenwald durchfließt und in eine alte Schleife des Rheins mündet. Wir standen da zu dritt, einer hielt einen blauen Müllsack auf, und die anderen stopften hinein, was sie im grauen Wasser finden konnten: rostige Cola-Dosen, braun-ölige Plastiktüten oder Reste davon, Schrauben, einen

Schuh. Es war Abfall, den die Dorfbewohner über die Jahre in unseren Fluss geworfen hatten. Für sie war die Modau ein fließender Müllkorb. Aus unserer kindlichen Sicht aber begingen sie grausame Taten, wenn sie etwas hineinwarfen, die »Umwelt verschmutzten«, wie wir Fünftklässler ein Jahr zuvor in der Grundschule gehört hatten.

Wir drei waren wütend. Wir wollten helfen, verbessern, machen. Und das große Ziel verfolgen: Fische sollten in das öde Fließ zurückkehren, vor allem der Lachs, der unser König aus den Büchern war. Wir glaubten fest daran, dass wir ihn zurückbringen könnten, wenn nur die Modau wieder sauber würde. Wir wussten Bescheid, wir angelten seit dem sechsten Lebensjahr und kannten die Arten. Außerdem hatten alte Angler etwas vom Programm »Lachs 2000« für den Rhein erzählt, der Ende der 1980er-Jahre eine stinkende, blickdichte Brühe war.

Als wir da so in der Modau standen, hielt plötzlich ein Mann mit buntem 80er-Jahre-Pulli oben am Geländer der Promenade und rief etwas zu uns herunter. Es war der Jugendpfleger unseres Dorfes. Als wir ihm erklärten, was unsere Ziele waren, hatte auch er plötzlich eines: Die Jugendumweltgruppe Mühltal war gegründet. Und damit ein erster Ort für Umweltpädagogik in unserer Gemeinde. Was in den drei Jahren danach folgte, waren Neugiersalven, Spaßaktionen und echte Lehrstunden – Förderung im besten Sinne. Der Jugendpfleger trieb eine Umweltpädagogin auf. Mit ihr rammten wir kleine Schwarzerlen in Bachufer, um sie wieder fester und natürlicher zu machen. Gingen mit Detektoren nachts auf Fledermauswanderungen. Und siebten Insekten aus Bächen, um anhand der Funde die biologische Gewässergüte zu bestimmen. Wir machten das aber nicht zu Hause, in Mühltal, sondern fuhren dafür, ich weiß nicht, warum, nach Neckargerach in den badischen Odenwald, wo sich der klare Seebach durch den Wald schlängelt und in den Neckar mündet.

Es war jedes Mal ein spannendes Suche- und Ratespiel mit großen Lerneffekten: Steinfliegenlarven waren besonders hoch im Kurs, wenn wir sie denn fanden und in den Bestimmungsschlüssel eintragen konnten, denn sie stehen für sehr sauberes Wasser, ähnlich wie manche Larven der Eintagsfliegen; Gewässergüte 1, unbelastet bis sehr gering belastet, sagen die Fachleute auf einer Skala von 1 bis 4. Häufiger fanden wir im Seebach noch die Larven der Köcherfliegen mit ihren kreativ, aber sehr ordentlich gebauten Wohnröhren aus Pflanzenteilen, die bunt, eher braun, gelb sind oder auch ins Rote gehen können. Mit Spinnfäden klebt die Larve alles zusammen und tarnt sich so vor Fressfeinden wie der Bachforelle, der stillen Heldin dieses Buches. Ihre zweite Insektenleidenschaft ist der Bachflohkrebs, den ich mit meinen Kindern oft aus dem Kies der Modau siebe, auch mit der Hand, wenn die Strömung nicht so stark ist und der aufgewirbelte Grund nicht sofort forttreibt.

Irgendwann war das matschige Umweltgruppendasein vorbei. Mit 16 wurde ich politischer, wollte auch mal auf die Straße, etwas gegen Atomkraft rufen und als eine Art Dorf-Widerständler Dinge vor der Haustür verändern. Dafür gab es unverhofft Gleichgesinnte. Dass sie auch alle Tischtennis spielten, war wohl eher Zufall, auf jeden Fall schlug Tarek, ohne Rückhand, aber mit vielen Einfällen gesegnet, vor, dass wir doch junge Sozialisten werden könnten. Wir wurden dann Jusos. Worum es ging, war bald klar: ein Jugendbus für die Nacht, Fahrradwege entlang der Bundesstraße, Antiatomkraftdemos – und vor allem Solarenergie für die Kommune.

Wir recherchierten monatelang und verfassten einen Solarreader für die Kommune. Ich schrieb meine erste Pressemitteilung, die einen Schreiber anlockte, der über unseren Reader eine Meldung für sein Journalistenbüro daraus machte – die Profilwerkstatt, für die ich ein paar Monate später meine ersten Artikel schrieb, weil er mir die Telefonnummer gegeben hatte. Wir waren mächtig stolz auf unseren Solarreader. Und mächtig gespannt, denn zur großen Vorstellung des Werkes hatten wir rund 200 lokale »Genossen« aus unserem Dorf und den Nachbarsiedlungen angeschrieben. Es kamen – zwei, eine Riesenenttäuschung. Das war es dann erst mal für mich. Ich hatte keine Lust mehr auf irgendeine Art von Umweltengagement. Und es kamen andere Dinge – Abitur, Reisen, Journalistikstudium in Dortmund, Bielefeld, Tours und Brüssel, Europa-Master und Promotion in Aachen, was insgesamt eine angellose und wasserferne Zeit für mich war, fast 15 Jahre. Vielleicht muss ich wegen dieses Verlustes jetzt so tief eintauchen und hinterhergehen.

Schneckenzucht und Federsammlung. Jedenfalls bin ich 2013 Journalismusprofessor an der Hochschule Darmstadt am Campus der Kleinstadt Dieburg geworden – eine katholische Karnevalshochburg an der Deutschen Fachwerkstraße mit großen Waldflächen. Dort leite ich das Portal »Grüner Journalismus«. Ein Arbeitsschwerpunkt ist der Umweltjournalismus, da ich Naturredakteur bei der internationalen GEO-Ausgabe war und zu grünen Themen in der Online-Redaktion der Deutschen Welle gearbeitet habe. Nachhaltigkeit und Umwelt stehen bei mir journalistisch seit 2003 im Fokus, vor allem die Themenfelder Fischerei, Arten und Klimawandel.

Als 2002 die ersten großen Entlassungswellen kamen und jede Redaktion, bei der ich frei schrieb, geschlossen wurde von Verlegern, die Renditen unter 89 Prozent für unsittlich hielten, besann ich mich darauf, was ich ganz ursprünglich kannte, wovon ich etwas Ahnung auch ohne Studium hatte und was mich anzog – Landschaftsliebe, wenn ich es in ein Wort fassen soll. Und sie hat den Boden bereitet, nach der Rückkehr in die alten Gefilde auszuziehen und ganz neu in alte Bäche, Teiche, Seen und die Wälder zu blicken, die sie umranden.

Meine Jugend verlief oft draußen; mit Blick auf den friedlichen Lohwald auf der einen Seite des Elternhauses und die dunkle »Finstere Hölle«, die wir nur selten aufsuchten bei all den »Touren«. So nannten wir die langen biologischen und landschaftskundlichen Exkursionen, die zwischen 12 und 17 Jahren Alltag waren und heute wieder sind, auch rund um den heiligen Berg, die »Schmallert« mit dem Griesbach. Immer war Rouven, der Gefährte, mit dabei, ist es noch heute manchmal. Wir haben immer alle gefundenen Arten aufgeschrieben nach den drei, vier Stunden, die die Touren dauerten: »14 Rehe, ein Fuchs, drei Bussarde, zwei Fasane, drei Rebhühner, Krähen und Weinbergschnecken«, das waren immer die ersten Sätze, die wir den Eltern entgegenschleuderten, nass, verschlammt, mit Sonnenbrand, Kratzern und Schürfwunden. Wie es viele Kinder eben gemacht haben und es manche noch machen.

Wir haben es sehr ernst genommen. Selbst würde ich meinen Kindern heute vielleicht nicht erlauben, das Skelett eines alten Rehbocks ganz auszugraben, es zu wässern und zu putzen, weil es Grünspan in der alten Speißbütte angesetzt hatte, wo es wochenlang lagerte; es sollte in unserem Natur-Garagen-Museum ausgestellt werden, dessen Besucherzahl gering war. Eleganter war es, Schnecken zu züchten, bis zu 100 hatten wir manchmal. Am Wasserwerk fanden wir die meisten, die wir dann über Jahre züchteten, Baumschnecken und Schnirkelschnecken und Weinbergschnecken, die in großen Hasenkästen mit Maschendraht hausten und den Salat aßen, den wir ihnen gaben. Sie vermehrten sich wundersam. Waren keine mehr da, gingen wir zum Berg am Wasserwerk, damals noch voller Bäume und Hecken, genug, um eine kleine Verwunschenheit aufzubauen, in die Rouven seinen Schneckenzauber legen konnte.

Heute ist ein Zaun um das Wasserwerk, die Bäume sind weg, und es ist sauberer dort. Aber alles ist fort, von dem ich schreiben kann. Gearbeitet haben wir beim Bauern vor dem Dorf, im Hühnerstall; Eier sammeln, zwei Winter lang. Das erste Praktikum hatte ich bei dem Förster, der mir nun manchmal ein Reh schießt, 25 Jahre später, er hat mich noch erkannt. Und stolz bin ich immer noch auf die Federsammlung, die jetzt unsere drei Kinder verwalten. Manchmal kommt wieder etwas hinzu. Manche Orte sind bei alledem zu festen Wegmarken geworden: die Kühkopfaue, dazu eine kleine Angelwiese in Freudenberg am Main, der Campingplatz in Neckargerach, wo wir nach den gewässerbiologischen Ausflügen dann später im Sommer zum Angeln hinfuhren. Schön war auch das Schleienangeln im April, Teekräutersammeln im Mai oder die Parasolpilzsuche im September, die immer viel einbrachte. Das Gegenteil galt für meine ersten Survialtrainings in der Mühltaler Wildnis, die kläglich scheiterten.

In der Zeit bei GEO in Hamburg, wo wir fast fünf Jahre waren, habe ich dann mit meiner Frau eine Kräuterausbildung gemacht. Und wir beackerten zwei Jahre Gartenstücke vor der Stadt, danach auch in Darmstadt, am wunderbaren Biohofgut Oberfeld, bis wir nach Mühltal, in die alte Heimat, zogen. Die Kinder besuchen nun den Kindergarten, in dem ich auch war. Die Kräuter finde ich jetzt direkt vor der Haustür, hinter der der Wald beginnt – und aus dem die Wildschweine in den Garten spazieren, weshalb wir den Zaun ausgebessert haben. Im Wald bin ich immer öfter, mit und ohne Kinder, denn ich habe hier neue Orte gefunden, die ich mit dem Älterwerden brauche.

Versperrte Gewässer. Ich komme in Gesprächen immer wieder auf Gewässer, vor allem auf die, die verschwunden oder versperrt sind. Und es ist erstaunlich, wie viele Menschen im eigenen Umfeld sich an solche Verluste oder Sperren erinnern. Da ist die Freundin, die am Main aufgewachsen ist und von einem Baggersee aus ihrer Kindheit erzählt, der wegen einer Straße zugeschüttet wurde. Da ist der alte Freund, dessen Kinder jetzt zwar noch immer in dem trüben und tiefen alten Steinbruchsee schwimmen, der seiner Familie gehört. Doch früher sind hier alle im Dorf geschwommen, Dutzende Jahrgänge haben hier ihre ersten Schwimmzüge gemacht, weil es da noch keinen Zaun gab. Wenige Gewässer waren zusammengenommen kleiner, tiefer und trüber als dieser fast kreisrunde alte Steinbruchsee mit seinen riesigen algenbesetzten Karpfen und der über die Jahre immer mehr gegen Wind und Wetter kämpfenden Minigolfbahn, die ich als Kind noch selbst bespielt habe. Irgendwann floss zu viel Wasser die harten steilen Gabbro-Wände über der Bahn hinab, war es zu feucht dort oben im Eck, wo in der Nähe eine der besonderen Quellen entspringt, zu der inzwischen am Wochenende Menschen aller möglichen Nationalitäten von weit her kommen, um in großen Plastikkanistern das Wasser fortzutragen.

Im selben Dorf, meinem Waschenbach, das nach seinem Bach benannt ist, war früher auch der neuere Steinbruch zugänglich, der vor der Siedlung liegt, vielleicht zwei Kilometer entfernt vom alten und hoch oben auf dem Berg. Dort sind wir weniger geschwommen, haben aber mit meinem Großvater, einem vereinsaktiven Vogelschützer und pragmatischen Alltagsnaturalisten, nach Molchen Ausschau gehalten. Heute ist der kleine blaue Teich, den wir ansteuerten, von mehreren Zäunen und Sperren eingefasst und zudem in der Tiefe des Steinbruchs versunken, der noch in Betrieb ist und sich immer tiefer in den vorderen Odenwald fräst. Wieder ein Gewässer, das versperrt ist.

Weggesperrt von einem besonders schönen und verwunschenen See, dem einzigen weit und breit, der tiefer als 35 Meter ist und daher auch für amtliche Tauchscheine geeignet war, wurden ebendiese, die Taucher, dazu Angler, die aus diesem Steinbruchsee große wunderschöne Forellen gezogen hatten. Denn die Hartsteinindustrie hat hier ebenfalls einen Zaun um das Gelände herumgezogen und lässt niemanden herein. Den Uhu, der dort in den steilen Schluchten danach seinen Horst bezog und damit den Nieder-Ramstädter Steinbruch zu einem europäischen Naturschutzgebiet machte, würde gelegentlicher Betrieb nicht stören, da er keineswegs so lärmempfindlich ist wie bisweilen behauptet; inzwischen ist er ohnehin in den Waschenbächer Steinbruch mit all seinem Betriebslärm gezogen.

Dieses ökologische Kleinod bleibt jedenfalls in privater Hand und damit den Menschen des Ortes verschlossen; es ist eine Geschichte des Verlustes, die kaum jemand wahrnimmt oder kennt.

Ähnlich unbekannt ist, auf ganz Deutschland bezogen, das Gegenteil: Dem Verlust von zugänglichen Gewässern steht ein Anwachsen der Wasserflächen insgesamt gegenüber. Deutschland wird schrittweise zum Wasserland, mit jedem Braunkohletagebau mehr, der am Ende ist und geflutet wird. Denn vor allem diese neuen Seen im Osten treiben die Statistik nach oben; in Sachsen sind so ganz neue große und tiefe Seen entstanden, die meist öffentliche Güter sind und von vielen genutzt werden – ein Beispiel, das Schule machen könnten. Unklar ist, ob es so auch in einigen Jahrzehnten im Rheinland kommt, wo nach dem Braunkohletagebau noch tiefere Seen entstehen werden, die Nordrhein-Westfalen eine neue Gestalt als Wasserland geben könnte. Die größten dieser neuen Seen werden ähnlich viel Wasser in sich tragen wie etwa der Chiemsee, dort könnten neue Aquakulturen, Badeanstalten, Häfen, Tauchakademien, Umweltschulen am Wasser und an Stränden wachsen und blühen. Vielleicht sogar Schutzgebiete, sobald sich Leben hier eingestellt hat.

2

Waldbrunnenland

Zeugenbaum. Scharbockskraut breitet sich um ihn aus, ein labendes Mattgrün, das das Braun der Herbstblätter längst übermannt hat. Krautteppiche umhüllen einen kurvigen Ast, auf dem Käfer Loopings laufen könnten. Er steht dazwischen. Die Sonne hängt in feinem Orange in den Baumkronen über der Straße. Dazwischen die hellgrünen und weißen Punkte der sprießenden Buchenblätter, die das Gleißen des Morgens mir aus der Tiefe des Waldes entgegenschickt. Autos ziehen vorbei, andere Buchen stehen davor.

Er, mein Zeuge, steht in der Mitte von allem, direkt vor mir, wo ich geparkt habe, um ihn zu besuchen. Es ist eine dunkle alte Buche, vielleicht 150 Jahre alt, die an einem Waldparkplatz nahe der Bundesstraße steht. Ich habe bei ihr gehalten, um das Ritual zu vollziehen, das sich vor vier Jahren eingestellt hat; als ich nach 15 Jahren Abwesenheit in meine Heimatgemeinde zurückkehrte – und damit auch in die Wälder hier. Ich hatte einen großen Mietwagen voller Zeug, kam von Hamburg und wollte eigentlich nur noch an den gedeckten Tisch der kleinen Willkommensfeier, die arrangiert war. Endlich zu Hause, der Satz begleitete mich die ganze Fahrt über, sechs Stunden lang.

Und dann bog ich doch noch im letzten Moment ein und suchte nach einem Zeugen, der dabei sein würde, bevor ich die Tür in eine neue Phase öffnen würde. Der Zeuge sollte ein Baum sein. Ich stieg aus und sah die Buche, mit ihren senkrechten langen Wachstumsnarben, den faltigen Inseln, kleinen Löchern, den Pocken und Canyons, ihrer ganzen Rindenlandschaft, auf der selbst ein Wald wächst: ein dichter Teppich aus dunkelgrünem Moos, der sich über drei Meter den Stamm entlangzieht und nur selten das gräuliche Grün der Rinde freigibt. Ein Wald auf dem Baum, eine Decke, die ihn schützt, ein Teppich, auf den ich jetzt meine Hand legte und mir dabei vornahm, manches besser zu machen als früher.

Dann nahm ich meine Hand vom Stamm und ging wieder durch die Zeitpforte, deren Pfeiler mein Zeugenbaum war. Seitdem halte ich hier immer wieder kurz an, sammle mich und lege meine Hand auf das Moos an seinem Stamm.

Am Oberwaldhaus. Es ist der Wald hier gleich an der Straße, wenige Schritte von uns, nur nicht am großen Weg, sondern entlang eines versteckten Pfads, seine Ränder sind durchwühlt von Wildschweinen. Kaum eine Stelle ist unberührt. Daneben fast lückenlose Bodenteppiche von Scharbockskraut, das einst gegen Skorbut half seines Vitamingehalts wegen. Der Förster hat beschlossen, den Wald hier am Rande der Straße nach Dieburg sich selbst zu überlassen. Deshalb gleiten wir mit jedem Schritt weiter hinein in eine andere Sphäre. Hier ist kein aufgeräumter Forst oder schöner Mischwald. Hier ist Wildnis. Alte Stämme liegen tot in den Scharbockskrautteppichen, willkürlich verteilt und so in guter Ordnung. Sie leben, sind voller Moose, schimmern in Hellgrün und dunkleren Tönen durch den feuchten Wald. Dann das Fastsmaragd der jungen Buchen, die Farbe, die sie nur jetzt haben bis in den Mai hinein. Und die Stille. Der Wald dampft leicht, der Morgen ist fast vorbei, er ist ein lichternes Dunkel, ein Grünbad, das hinten als zarte Wand endet. Wir stehen und schauen.

Coaching-Lektion. Ich bin mit einem Naturcoach bei uns im Wald unterwegs, wir gehen barfuß, lange auch mit geschlossenen Augen, schweigen, er redet ein wenig, ich höre zu, spüre. Es geht um Beruf, die Rollen, die man hat, Zeiteinteilung, Prioritäten, meine ewigen Baustellen, die ich einmal angehen wollte, wo mir alles vertraut ist, im Wald.

Dann ist mehr daraus geworden, weil es nun um Wasser geht, denn er führt mich an eine Quelle, ganz in der Nähe, die ich bei meinen Quellgängen immer links liegen gelassen habe. Dabei ist der Eleonoren-Brunnen, benannt nach der 1937 verstorbenen Großherzogin »von Hessen und bei Rhein«, mit der nahen, dicht bewachsenen Brunnenfassung schön, wenn auch das Wasser besonders fade schmeckt. Meine Klage über den Fluss, der Darmstadt wie auch anderen Städten fehle, kontert der zugezogene Coach mit dem Hinweis, dass es hier so viele Quellen und Brunnen wie kaum anderswo gebe. Daher seien wir hier durchaus in einer Wassergegend, einer besonderen noch dazu.

Das war eine echte Lektion, eine neue Sichtweise. Zwar würde ich weiterhin gerne, wie einst in Tours an der Loire am wilden Ufer eines großen Stromes, meinen Gedanken nachhängen können. Aber ich bin jetzt all denen noch einmal dankbarer, die die unzähligen Quellen und Brunnen hier bauen ließen und so das Wasser des Waldes einfach nach oben holten im sicheren Vertrauen darauf, dass der Mensch Romantik braucht und starke Orte für Rückzug und Besinnung. Genau dafür sind diese zauberhaften Wasserstellen da; mehr sollte es von ihnen geben oder die vorhandenen besser erhalten sein. Immerhin gibt es eine kleine Gruppe, die genau dafür sorgt, die Brunnenschützer.

Brunnenputzer. Ich lese mich nach der Quellenlektion durch den Coach in die Geschichten der Quellen und Brunnen ein. Plane Wanderungen entlang einiger Waldbrunnen und suche nach Menschen, die explizite Brunnen- und Quellenfreunde sind. Fündig werde ich im benachbarten Eberstadt, zwar Stadtteil von Darmstadt, aber ein eigenständiges Dorf von jeher, wohlhabend, stolz, voller Tradition. Goethe begann hier seine Italienische Reise, und so wurde Eberstadt in der ersten Bergstraßenromantik im 19. Jahrhundert als »Tor zum Süden« gefeiert. Hier fiel 1997 zwei Eberstädtern auf, dass viele der zahlreichen Brunnen und Brunnentöpfe im Wald versiegt waren. Sie fanden Gleichgesinnte, gingen von Brunnen zu Brunnen »und merkten, dass man mit geringem Aufwand die meisten Brunnen wieder in Gang bringen kann«, wie mir Jürgen Breuler, ein früherer Zahnarzt und nun Vorsitzender der Arbeitsgruppe »Brunnen und Quellen«, erklärt.

Wir sitzen auf einer Bank vor dem Eberstädter Friedhof. Ein paar Meter weiter steht der neue Ilse-Fiedler-Gedächtnisbrunnen, den die Brunnenschützer zu Ehren einer Bürgerin, die ihnen einen großen Teil ihres Vermögens über eine Stiftung hinterlassen hat, selbst entworfen haben. So ist der Brunnenschutz gesichert, denn das Dutzend älterer Herren, die meisten Rentner, kümmert sich ehrenamtlich um 25 Brunnen in und um Eberstadt. »Wir kommen aber auch woanders hin, wenn wir gerufen werden«, sagt Breuler, der sich mit den anderen der »wohl einzigartigen Gruppe, wir kennen keine anderen«, jeden Monat zum Brunnenstammtisch trifft, in der historischen »Geibelschen Schmiede«, die der Bürgerverein auch als Heimatmuseum nutzt.

Es ist mühsame Arbeit, oft im Wald, manchmal im Dorf, die die alten »Brunnenputzer«, so ihr T-Shirt für öffentliche Aufritte, verrichten. Sie fischen Laub aus den Brunnentöpfen, jagen Wasser mit dem Kompressor durch verstopfte Röhren und klettern die Brunnenschächte hinab, um Schmodder herauszufischen und den Ablauf zu öffnen – gerade das Klettern fällt den älteren Herren immer schwerer, weshalb sie keine Möglichkeit auslassen, auf ihrer Website und in Zeitungsartikeln für Nachwuchs zu werben. Die Experten müssen oft mehrmals einen verstopften Brunnen »durchpusten«, weil oft nicht ganz klar wird, wo die Verstopfung sitzt und ob nun das Wasser wieder ganz läuft. Manche versanden, manche bekommen Algen, manche brauchen einen Brunnentopf, damit sie funktionieren – im einfachen Fall einen Eimer samt Schlauch, den die Brunnenschützer im Waldboden eingraben und der das langsam aus dem Boden sickernde Wasser einer »Sickerquelle« sammelt, von wo es in den eigentlichen Brunnen, oft in einer Mauer eingefasst, abfließt und diesen zum Sprudeln bringt. Andernfalls würde das Wasser der Quelle im Waldboden förmlich zerlaufen.

Sie gehen ihre Brunnen regelmäßig ab, die meisten liegen im Wald. Gut zu Fuß müssen die Männer deshalb sein, die im Bewusstsein für die hiesige Tradition des Quellenwesens sowie in genereller Naturverbundenheit retten und pflegen, wem fast alle anderen Heimatforscher und Umweltschützer wenig Energie schenken: Quellen, Brunnen, Rohre, Betonwannen, steinerne Bassins – alles, aus dem Wasser kommt, das »einfach unser Element Nummer eins ist«, wie Breuler sagt. »Da muss man doch was machen.« 2017 und 2018 kamen sie in der Trockenheit an ihre Grenzen. Manche Brunnen blieben trotz der Hilfe ihrer Schützer trocken, weil einfach kein Wasser kam; die Quellen waren versiegt, der Wasserpegel stark gesunken – so auch im Ostwald an der Darmquelle, die zum ersten Mal seit 80 Jahren versiegte, wodurch der Darmbach trockenfiel – Grund für eine erste etwas größere Debatte in Darmstadt über die Bedeutung der Quellen in Zeiten des Klimawandels.

Brunnen seien schon immer wichtige Treffpunkte gewesen für die Dorfgemeinschaft und ihren Zusammenhalt, sagt Breuler noch, bevor er weitermuss. Wenn sie sprudelten, gehe gewissermaßen auch das Stadtleben seinen Gang.

Quellenschützer. Ich bin verzückt von den Eberstädter Brunnenputzern, suche aber weiter, bei den Umweltverbänden und ihren ökologischen Motiven, Quellen und Brunnen samt ihren Lebensgemeinschaften zu schützen und zu erhalten. Ein früherer Eindruck bestätigt sich: Flüsse und Seen sind für die bundesweite Arbeit der großen Naturschutzverbände kaum ein Thema, schon gar nicht die kleinen; lokal sieht es ganz anders aus, wie ich bei den Streifzügen an den Ufern meiner Gewässer feststelle.

Aber ich suche übergreifende Informationen, finde lange wenig, doch dann mehr auf den Seiten des bayerischen »Bund Naturschutz« –

ein Aktionsprogramm für den Quellenschutz und eine Darlegung der Typologie der Quellen. Ich stoße auch noch auf das »Wasserläuferprojekt« des Bundes für Umwelt und Naturschutz Deutschland (BUND) in Rheinland-Pfalz, das sich sechs Jahre lang dem Quellenschutz widmete und dazu viele Informationen im Netz bereitstellt.

Grundlegend, so lerne ich, gibt es drei Quellentypen, von denen die klassische die »Fließquelle« ist, die einen sichtbaren Abfluss hat. Hier kommt das Wasser aus einer Felswand oder einem Stein mit solch einer Geschwindigkeit und Volumen, dass sich um die Quelle kleine Pfützen, Teiche oder Lachen bilden. Ganz anders, ruhiger und versteckter, sind Tümpelquellen in ihrem Charakter. Bei ihnen tritt Grundwasser in einer Mulde an die Oberfläche und bildet den Quelltümpel, von dem der Quellbach abfließt. Ähnlich entstehen Sickerquellen, bei denen Grundwasser in vielen kleinen Adern nach oben tritt, den Boden durchtränkt und so ein Quellsumpf entsteht, der kein eindeutiges Zentrum hat und auch größere Flächen bedecken kann.

Dann stoße ich auf Ralf Hotzy vom Landesbund für Vogelschutz in Bayern. Ich rufe ihn an, der schon im zweiten Satz – ich habe noch keine Frage gestellt – betont, dass sich um Quellen kaum einer kümmere. Die Wasserwirtschaft tue es nicht, die Kommunen ebenso wenig – auch weil Quellen als Lebensraum zu klein von der Fläche her sind und nicht unter die Wasserrahmenrichtlinie der EU fallen, die die Bundesländer umsetzen müssen; bei Quellen sind die Kommunen zuständig. »Es sind vergessene Biotope mit einer hohen Artenvielfalt«, sagt Hotzy fast etwas wehmütig, spricht leise von Feuersalamandern und Molchen und kommt dann wieder zum großen Ganzen: Rund neunzig Prozent der Quellen in Bayern seien schon verloren gegangen, schätzt er nach Vergleichen von historischen und aktuellen Karten. Gerade Quellen im offenen Land seien bedroht, durch neue Felder oder Wohngebiete, die entstehen. Sie werden planiert, zugefüllt – und sind so ein Lebensraum, der dem Flächenverbrauch zum Opfer fällt, der immer noch, trotz Fortschritten, täglich 82 Fußballfelder ausmacht, rund 58 Hektar.

Die meisten Quellen gehen als Biotop aber verloren, weil sie als Trinkwasserquellen ausgebaut werden, mit Mauern, Betonplatten,

Steintreppen, als Quellanlage, die dem Menschen dient und daher Rohre braucht. Auch wo heute Viehtränken sind, waren oft früher Quellen, ganz so wie Fischteiche: Forellenteiche brauchen das klare, sauerstoffreiche Wasser der Quellbäche und sind oft dort gegraben worden, wo vorher das Ökosystem der Quelle mit seinen Schätzen war, die einzigartig sind: 500 Tierarten haben sich laut Bund Naturschutz in Europa auf Quellen spezialisiert und kommen nur dort vor, weil Quellen ihnen von allen Lebensräumen die beständigsten Bedingungen bieten, was Wassertemperatur, Nährstoffe und die Feuchtigkeit der Umgebung angeht. Sogar im Winter können hier Pflanzen wachsen wie im Schatten der Wälder etwa das Waldschaumkraut und das Gegenblättrige Milzkraut, dazu kommen verschiedene Moose. An Quellen, die der Sonne ausgesetzt sind, wachsen Schaumkräuter, Quellkraut oder Löffelkräuter. Sie verschwinden, wenn Bäume an den Ufern gepflanzt werden und das Licht wegnehmen; oft waren es die Förster mit ihren lange geliebten, wirtschaftlich wichtigen Fichten, die den Quellbächen den Garaus machten. Denn sie lassen das ganze Jahr über wenig Sonne durch und versauern die Bäche mit ihren Nadeln, bei deren Abbau sich Huminsäuren bilden.

Quellen zu schützen sei nur mit den Bürgermeistern möglich, glaubt Ralf Hotzy. Und sie hätten ein großes Potenzial für die Gemeinden, denn »Menschen lieben offenes Wasser; in anderen Kulturen spielen Quellen auch eine viel größere Rolle als bei uns«, sagt der Naturschützer und spricht davon, dass man sie zugänglicher machen könnte für die Menschen vor Ort, die dann leichter Kontakt zu Wasser und Flüssen aufnehmen könnten – Voraussetzung für deren Schutz und ein besseres Verständnis. In möglichen Störungen der Biotope durch Besucher sieht Ralf Hotzy, außer für empfindliche Arten wie Rohrdommel oder Schwarzstorch, kein großes Problem, im Gegenteil. Gerade Quellen seien geeignet für die Motivation zum Naturschutz, weil sie geschichtlich und kulturell, in Religion, Märchen und Sagen immer eine große Rolle gespielt haben. »Die eigentlichen Probleme unserer Quellbäche sind Rohre, Querbauwerke und betonierte Sohlen – und eben nicht zu großes Interesse«, sagt er noch, um dann noch Ideen aufzuzählen, die den Quellen und ihren Bächen helfen: Schutzstreifen neben Feldern, Zäune, die sie auf Weiden einfassen und schützen, Rohre wegnehmen und offene Furten schaffen, Quellfassungen und Mauern entfernen, wenn hier kein Trinkwasser mehr geholt wird. Und die Fichten von den Ufern nehmen, stattdessen Schwarzerlen pflanzen, die angestammte Baumart des Bachufers.

Als Reporter der Deutschen Presseagentur habe ich einmal tief in der Eifel über genau so ein Projekt berichtet und mit einer Biologin am Oberlauf der Rur dabei zugesehen, wie die Forstmaschine, der Harvester, im Minutentakt die Fichten am Ufer entlang zog und zerlegte. Wütend standen plötzlich zwei Wanderer neben uns und riefen laut, man solle doch den Wald in Ruhe lassen und ihn nicht so rüde zerstören – die Landschaftspflege war für sie Zerstörung. Denn die Fichte war für sie der Baum der Heimat, das Symbol des Eifelwaldes. Dabei pflanzten die Preußen die Fichte in der Eifel, wie vielfach an anderen Orten in Deutschland, im 19. Jahrhundert als schnellen Holzlieferanten an, dort, wo vorher oft Heide war.

Die Zyklen. Nach dem Gespräch mit Hotzy denke ich immer öfter über Quellen nach und stelle fest, dass ich gedanklich immer schnell am Meer bin, ganz viel überspringe und den Zyklus vollziehe, in dem sie stehen. Vielleicht sind Quellen ja ein Quell des zyklischen Denkens – weitere Sprachspiele verbiete ich mir hier, wobei gerade die Quelle wassersprachlich der ergiebigste Ausdruck sein dürfte.

Jedenfalls reise ich mit meinen Quellgedanken im größten Kreislaufsystem der Welt, dem Wasserkreislauf, umher. Er taucht schon in der Bibel auf, und viele Philosophen haben sich ihm und seinem Medium verschrieben; zuvorderst Thales von Milet, ein Grieche, der als Naturphilosoph im siebten und sechsten Jahrhundert vor der Zeitrechnung lebte und den Grundsatz ausgab, wonach alles vom Wasser ausgeht, es die Grundlage für alles Leben ist. Forscher und Schriftsteller hören nicht auf, sich über seine Magie und Anziehungskraft Gedanken zu machen. So fragte etwa der norwegische Geograph Terje Tvdet in seinem Buch *Wasser. Eine Reise in die Zukunft*: »Liegt die Ausstrahlung des Wassers darin, dass es uns wieder und wieder mit seiner Wirkung daran erinnert, wie es Land, Meere, Luft und Menschen in einem lebendigen, endlosen Kreis vereint – mehr als jedes andere Element auf der Erde?«

Bei näherer Betrachtung dieses großen Zyklus tut sich ein komplexes Wunder auf, das man an Quellen, aber auch auf den Ozeanen beginnen lassen kann. Dort – zu viel kleineren Teilen auch an Land – verdunstet Wasser, das durch die Sonne erwärmt wird. Es wird zu Wasserdampf, der emporsteigt, sich abkühlt, verdichtet und ab einer gewissen Höhe zu Wolken am Himmel wird. Sie bestehen aus winzigen Wassertropfen, die ab einer bestimmten Größe als Niederschlag niedergehen – je nach Temperaturverhältnissen als Regen, Hagel oder Schnee. Das Niederschlagswasser speist entweder direkt Meere, Flüsse oder Seen, fließt aus Feldern oder Wäldern in die Gewässer ab und reist dann wieder zum Meer – oder der Regen versickert in der Erde, wo er das Grundwasser speist. Das fließt ebenfalls, nur langsamer als die Flüsse an der Oberfläche; es tritt in Quellen hervor, speist Seen und Flüsse oder fließt an Küsten unterirdisch ins Meer. Auch Gletscher sind Teil des Wasserkreislaufes, in dem sie schmelzen und ihr Wasser an Seen und Flüsse und an das Grundwasser abgeben. Sie binden Teile der Niederschläge und sind deshalb wichtige Wasserspeicher, die mit der globalen Erwärmung besonders schnell schwinden, ob in den Alpen oder im Himalaja – viel häufiger müsste darüber im Klimadiskurs gesprochen werden. Das Gletschereis fließt als Wasser ab, viel mehr Wasser geht aber unsichtbar fort, beim Verdunsten: Wasser verdunstet schon, wenn Regen fällt, dann am Boden, im Wald oder von Straßen oder Gebäuden. Es verdunstet bzw. transpiriert als aktiver Prozess auch aus Pflanzen. Die weitaus größte Rolle im Wasserzyklus spielen die Weltmeere mit ihren riesigen Flächen; dort steigen die meisten Wassermassen auf und regnen aus den Wolken wieder in das Meer ab.

Der Wasserkreislauf ist das Schwungrad im Erdgetriebe und Garant für die große Balance. Er lässt die Flüsse fließen und Meere nicht überlaufen, ist Quelle für alles Leben. Ihn zu stören, auch nur regional, kann gefährlicher sein als vieles andere. Und er ist schon gestört dort, wo Gletscher schmelzen, Flüsse versiegen oder große Seen austrocknen wie etwa der Aralsee – oder kleine Bäche in Deutschland, in den heißen Sommern der Klimakrise.

Tropfenlehren. Schon der Kontakt mit einem Tropfen, beim Händewaschen etwa, kann uns daran erinnern, was auf dem Spiel steht. Der Blick auf den Tropfen könnte eine Praxis der Erinnerung und Besinnung sein, in mehrfacher Weise. Denn ein Tropfen selbst birgt bei näherem Hingucken, wie Wasser insgesamt, einige Geheimnisse. Eigentlich ist seine Tropfenform nur ein seltener Zustand, der entsteht, wenn sich die Kugel, die er sonst ist, von einem größeren Flüssigkeitskörper trennt. Indem etwas ausläuft, die Kugel instabil wird und ihre Form auflöst. In der Ruheform, wenn die Oberflächenspannung wirkt, ist die Tropfenkugel, wie man eigentlich sagen müsste, die perfekte Form des Wassers: minimale Ausdehnung, glatt, energiearm, die Ruhe selbst.

Das gelingt, weil im Inneren die Wassermoleküle einander anziehen; wo sie an der Oberfläche des Tropfens Verbindungen eingehen, entsteht ein Sog nach innen, der für die Oberflächenspannung und auch für Stabilität sorgt. Die Anziehungskraft der Moleküle bestimmt mit, ob sich Tropfen bilden. Dazu kommt die Schwerkraft: Gerät die Kugel aus der Stabilität und kippt, wird sie quasi eingeschnürt, zieht sich das Gebilde fadenförmig in die Länge, bis es vom größeren Flüssigkeitskörper abfällt – also tropft. Wie viele Tropfen noch nachkommen, hängt natürlich von der Flüssigkeit und ihrer »Viskosität« ab, ihrer Zähflüssigkeit. Und es hängt davon ab, worauf das Wasser trifft: wasserfreundliche, sogenannte hydrophile Oberflächen wie einen Schwamm, auf dem alles aufgesogen wird, oder wassermeidende, hydrophobe Oberflächen wie etwa einen Stein, auf dem sich das Wasser zu Tropfen auseinanderzieht.

Erste Quelle. Meine erste Quelle liegt auf einem kleinen Berg im Wald, der hier zumeist aus Buchen besteht, die in geschwungener Mittelgebirgslage wachsen, als schon leicht aufgeräumter Forst, höchstens halbwildes Geläuf. Die Quelle ist eingefasst in grobe Granitsteine und trägt die Inschrift von Peter Germann, ortsbekannter »Vogelschützer« und Freund meines Großvaters, der sich mit seinen fünf alten »Vogelfreunden« jeden Sonntag zum Frühschoppen in der »Vogelshütte« unten am Berg traf.

Vor allem aber zieht der kleine Quellenstrahl in der Granitsteinmauer an Wochenenden so viele Menschen auch von weit her an, dass unten an dem kleinen Parkplatz, Schilder auf Türkisch, Russisch und Arabisch angebracht worden sind mit der Bitte, doch nicht im Wald zu parken. Wer aus diesen Regionen stammt, scheint die Quellen und das Wasser noch mehr zu schätzen. Sie kommen in großen Familienverbänden und gehen dann mit Plastikeimern, Wannen und Tonnen zur Quelle, um Wasser von dort nach Hause zu holen.

An der Quelle, die in unserem Dialekt nur »Voujelsbrinnsche«, also Vogelsbrunnen, heißt, bin ich die ersten drei Jahre aufgewachsen. Sie liegt nur ein paar Hundert Meter entfernt von der gedrungenen Einliegerwohnung, in der meine Eltern zuerst mit uns lebten – und einen Steinwurf vom alten Steinbruchsee mit seinem algengrünen, blickdichten Wasser, in dem alle aus dem Dorf hier Schwimmen lernten, meine Eltern, Onkel und Tanten.

Auch ich bin dort gepaddelt und roch anschließend wie das Wasser, nach Laub und nasser alter Erde; allerdings schwamm ich schon hinter einem Zaun, den der Steinbruchbesitzer des Dorfes irgendwann aufgestellt hatte; sicher auch aus Sicherheitsgründen, weil dieses grüne Loch tief und dunkel ist, manchen Angst machte und meine Tante angeblich fast einmal dort ertrunken wäre. Dennoch, ein Gewässer mehr war ab da versperrt. Die Quelle aber blieb frei und wurde immer beliebter – angeblich war einmal ihr Wasser untersucht und für heilsam erklärt worden, sodass immer mehr Menschen zu ihr kamen.

Die tiefe, evolutionäre Beziehung des Menschen zu den Quellen hat Roger Deakin, britischer Wildschwimmer und Autor des wegweisenden Wassertagebuches *Waterlog*, treffend beschrieben: »Was konnte man an einem Regentag Besseres tun, als in der Gegend herumzustochern und nach Quellen zu forschen? Je mehr ich reiste und schwamm, umso mehr sah ich mich in meiner Vermutung bestätigt, dass unsere Beziehung zu Wasser sehr viel mystischer ist, als wir uns eingestehen«, schreibt Deakin. »Wie viel von dem alten Volksglauben an die Heilkraft des Wassers gibt es auch heute noch? Überall im Land sprudeln heilige Quellen, aber seit dem Aufkommen von Wasserleitungssystemen in den Zwanziger- und Dreißigerjahren gerieten viele in Vergessenheit.«

~

Siebenquellenwanderung. Ich habe mir für diese Wanderung in den südlichen und östlichen Wäldern der Stadt sieben Quellen und Brunnen ausgesucht, die auf einer Tagestour von rund 20 Kilometer Länge liegen. Den Einstieg finde ich morgens um neun Uhr im Aprilnebel leicht hinterm Haus, bei uns am Kirchberg auf gewohntem Weg. Es geht den Berg etwas hinauf, vorbei am kleinen Pfad, der zum Grab und zur Gedenkstätte für Gustav Hickler oben in den Felsen führt, die der hessische Jagdverband 1935 für ihn an einer jäh auftauchenden Felsenburg errichtet hat. Hickler saß dem Roten Kreuz vor, war Jäger und Sozialdemokrat; sein Grab ist ein Beispiel für die Tradition gebauter Orte hier in den Wäldern, etwa seit 1904, seit die Darmstädter Namensbäume Namen verdienter Darmstädter tragen.

Noch früher, zur Spätromantik in der zweiten Hälfte des 19. Jahrhunderts, hatten die Darmstädter Großherzoge die Vision, aus ihrem Herrschaftsgebiet, das von Neu-Isenburg bis an die badische Grenze reichte, einen riesigen Landschaftspark zu machen. Sie ließen Tempel, Pavillons, Schutzhütten und kleine Burgen errichten, die einem heute an vielen Stellen, versteckt oder gut sichtbar, im Wald begegnen – ebenso wie die Brunnen und Quellen, von denen es um Darmstadt einmal 25 gefasste und gebaute gab. Nicht alle sind mehr erhalten. Vieles davon ist auf der »Karte der Waldungen um Darmstadt« dargestellt, einem Klassiker unter hiesigen Heimatforschern, die der emsige Forstrat und Landschaftsarchitekt Johannes Hieronymus Zamminer 1845 schuf. In seinem Revier bin ich heute unterwegs.

Ich gehe den Waldweg entlang, auf die Gustav-Waldt-Eiche zu, an der ich rechts nach Eberstadt abbiege, benannt ist sie nach dem Schriftsteller, der bis 1959 in einer Straße unter mir wohnte und Romane, Reiseerzählungen und Gedichte verfasste. Mein Blick geht in die Ferne, hinüber zum Lohberg und Schmallert, hinunter ins Dorf zum Gewerbegebiet »Ruckelshausen« und hinüber auf den Kohlberg mit dem 30 Jahre alten Pionierwald. Der wächst da, seit der Orkan Wiebke 1990 den Hügel rasiert hatte wie die Spitze des Waldes hinter meinem Elternhaus, der »Finsteren Hölle«, von der dann plötzlich morgens etwas fehlte und ich weinen musste, obwohl doch die Schule ausfiel.

Weiß blühten die ersten Wildkirschen kurz vor dem Ludwigsbrunnen, meiner ersten Station, die den Namen des Landgrafen Ludwig VIII. trägt; durch seine Jagdbesessenheit hat er sein Land in den Ruin getrieben. Aus dem Löwenkopf in der Sandsteinplatte, vor der ich nun stehe, fließt kein Tropfen. Ich kann sehen, dass die eigentliche Quelle oben im Wald sitzen muss, und steige hinauf durch Unterholz, gelange an eine kleine Lichtung, die aufgewühlt ist von Wildsauen, mit denen es hier zu leben gilt. Manchmal belle ich sie weg, dank eines sonst nutzlosen Talentes, wenn sie nachts unter meinem Fenster stehen und mit lautem Grunzen den Buchenboden durcharbeiten. Auch hier waren sie am Werk, aber ich erkenne, dass aus dem Boden kleine Pfützen quellen, die dann versickern. Die Sickerquellen fließen, aber nicht bis hinab zum Brunnen, der in Vergessenheit geraten war, bis 1990 die Eberstädter Brunnenputzer anrückten und das Wasser wieder zum Fließen brachten.

Besorgt wandere ich weiter, mit dem Gedanken an sechs weitere trockene Quellen und Brunnenrohre, die mich heute empfangen könnten. Die Waldstille nähert sich, Hainbuchen strecken ihre gewundenen Äste nacheinander aus, eine tote Eiche ragt mit Spechtlöchern in den fahlblauen Frühlingshimmel. Krähen schrecken auf, ein Eichelhäher ruft, und ich zupfe an Buchenblättern, die über den Weg hängen, und genieße ihren leicht bitteren Geschmack, der lange auf der Zunge bleibt. Ich begegne einer Birkensolistin neben einer Kiefernschönheit, beide haben sich von ihren Familien abgesondert und wachsen eng zusammen, als wenn sie füreinander bestimmt wären. Sie sind mir schon öfter aufgefallen in dieser Innigkeit. Gelber Ginster strahlt herüber, Scharbockskraut sprießt und grünt, ein versprengter Maikäfer kreuzt den Luftweg, aus der Ferne schallen Kirchturmglocken.

Ich muss immer wieder halten und auf der Karte nach dem rechten Weg sehen, denn in keiner anderen Stelle im Landkreis Darmstadt-Dieburg ist die Dichte an Waldwegen so hoch wie hier. Immer verirre ich mich noch, obwohl ich seit fünf Jahren direkt am Wald wohne, hier oft jogge, wandere und eigentlich alles kennen müsste. Doch es ist ein Dickicht, zu dem noch die Mountainbike-Trails kommen, die immer mehr werden. Gerade wird ein wilder Bikepark geschlossen am Waldrand, nach vielen Gesprächen mit den jungen Fahrern, ihren Eltern und mit Politikern. An einem Baum sehe ich auch ein Plakat der Waldprotestler, die dem Forstamt vorwerfen, zu viele Bäume zu schlagen, und zum Widerstand aufrufen.

Der Pfad windet sich, eine Kreuzung noch, ich biege wieder ab und bin an der zweiten Quelle, dem Melitabrunnen. Benannt ist er nach der Prinzessin Victoria Melita von Sachsen-Coburg und Gotha, die mit dem Darmstädter Großherzog Ernst Ludwig verheiratet war, bis die Ehe 1901 geschieden wurde – ungewöhnlich für die Zeit. Der Brunnen war 1894 ein Hochzeitsgeschenk von Ernst Ludwig, der nach der Scheidung Melitas Namen überall im Stadtbild tilgen ließ, in allen Inschriften. Nur den Brunnen haben seine Leute vergessen, was ihnen die Darmstädter und Eberstädter heute danken, denn viele kommen hierher, um zu trinken oder Wasser zu holen. Der Melitabrunnen war ebenfalls schon versiegt und kaputt, doch brunnenkundige Darmstädter und auch die Brunnenputzer aus Eberstadt haben ihn immer wieder repariert.

Der Brunnen liegt direkt an einer größeren Lichtung, bei einem kleinen Bach und seiner Aue, ein fabelhafter Rastplatz. Ich gehe die drei Stufen zwischen den Brunnenmauern hinab zum Löwenkopf mit seinem kupfernen Rohr, spüre die Kälte von Wasser und Stein, beuge mich und trinke – voll und neu schmeckt das Melitawasser. Ich komme nur ziemlich langsam voran mit all dem Schreiben, Erinnern, Fotografieren. Jetzt gehe ich in einer weiten Runde zurück, von Süden nach Osten, wo die meisten Quellen liegen. Das helle Licht des wolkenfreien Frühjahrshimmels regiert mittlerweile den Buchenwald, flutet seine Kronen, unter denen ich den ganzen Tag laufe; das Zartgrün der Blätter, das nur einige Wochen hält, trägt die Stimmung weiter und macht mir das Laufen leicht, bis ich nach einigen Kilometern am Wildbrandbrunnen angelangt bin, der verborgen im Wald liegt, einen kleinen Pfad hinauf am Auwald, dort, wo die Darmbachaue beginnt. Hier raste ich kurz, trinke aus einem kräftigen Quellstrahl. Das Wasser schmeckt sehr mild und nicht so voll wie das Melitawasser.

Ich muss daran denken, dass hier wieder eine Aue ist und Deutschland eigentlich weithin ein Auenland, denn Biologen nennen jede Wiese neben einem Bach eine Aue, auch die Verwaltungssprache benutzt das so schöne, ausgewogene, dahinfließende Wort in ihren Unterlagen.

Die Darmbachaue ist allerdings Sinnbild einer kleinen Waldaue, mit Seggengras, Schilffeldern und Tümpeln, dichten Erlensumpfwäldchen, die in den Buchenwald übergehen, dazwischen die wilden Kurven des Darmbaches, der weiter unten unter Steilufern dahinfließt, sich dann aber, auf die Stadt zu, bei der Claudius-Anlage öffnet und ein Abenteuerspielplatz für Waldkindergärten und viele andere ist, mit umgefallenen Bäumen, die über ihn führen, Staudammstellen und sandigen Furten, die den Füßen guttun. Das Terrain ist ein »Natura 2000«-Schutzgebiet nach EU-Recht, Teil des Gebietes der Flora-Fauna-Habitat-Richtlinie, deren Areale zusammen mit der EU-Vogelschutzrichtlinie das größte Netzwerk an Naturschutzgebieten weltweit darstellt. Mehr als 18 Prozent der EU-Fläche stehen durch die beiden Gesetze unter Schutz, die vor allem 2004, nach dem Beitritt der östlichen EU-Staaten, dort den Naturschutz sprunghaft voranbrachten, zumindest auf dem Papier.

Die Umsetzung dieser großen Gesetze der Union ist, so zeigt mir die zwanzigjährige Arbeit als Umweltjournalist und Europaforscher, das schwerwiegendste Problem der Gemeinschaft überhaupt. Und immer wieder Grund, sich auf die Spurensuche nach der Wahrheit vor Ort zu machen – etwa entlang der Modau als einem Fluss der EU-Wasserrahmenrichtlinie. Die Darmbachaue steht mit dem Dommersberg und Dachsberg unter Schutz, weil hier auf kalkigen Böden Pfeifengras-Wiesen zusammenkommen mit Waldmeister-Buchenwald, Auenwäldern und Mähwiesen, wie der Bewirtschaftungsplan des Regierungspräsidiums Darmstadt für das Gebiet von 2017 ausführt. Solche Auenwälder sind Artenschätze; gerade bedrohte Amphibien kommen hier vor. Grasfrosch, Teichfrosch, Feuersalamander, Berg- und Alpenmolch leben in der Darmbachaue, doch ihr seltenstes Juwel ist die gefährdete Schmale Windelschnecke, eine kleine braune Sumpfbewohnerin mit wenigen Nachkommen, deren Lebensraum immer öfter zerstört wird. Für sie werden die Feuchtwiesen und Röhrichtfelder in der Darmbachaue alle drei bis fünf Jahre gemäht und zurückgeschnitten.

Vom Wildbrandbrunnen, der seinen Namen von einem ehemaligen Forstbeamten hat, ziehe ich weiter zu den Fischteichen, spreche kurz mit einem Angler am 5er-Teich und gehe dann den gewundenen Lauf des Darmbaches ein Stück hinab, bis ich dann rechts hoch in den Wald gehe, hin zum Albertsbrunnen, der laut Gewässerkundler Thomas Deuster das Darmstädter Pendant des Albert Memorial und der Royal Albert Hall in London ist. Denn der Brunnen ist benannt nach Prinz Albert von Sachsen-Coburg und Gotha, dem Mann der englischen Königin Victoria. An diesem adligen Platz mache ich meine Mittagsrast, denn die Quelle mit ihrer Schutzhütte und dem offenen Quelltopf, von dem ein kleiner Bach sehr freil iegend in den Wald abfließt, lädt zum Bleiben ein. Ich beuge mich über die Karte, markiere den nächsten Weg, der in den dunkleren Teil des Ostwaldes führt, in Richtung Dietersbrunnen, und bade meine Füße kurz im kalten Strahl.

Darauf höre ich kurz in die Stille hinein und mache mich auf, laufe vorbei an vielen Pfützen und feuchten Kuhlen, die am Wegesrand liegen. Hier sehe ich, wie viel stilles Wasser der Ostwald hat, Wasser, das geht und auch wieder verschwindet, im großen Kreislauf. Mir begegnet niemand, schon seit Stunden. Ein Reh schreckt hinter einem Stapel gefällter Buchen auf; dann ist es wieder still bis auf das Gurren von Ringeltauben oben aus den Buchenkronen.

Den Dietersbrunnen, der nach einem Köhler heißt, der hier mit seinen Meilern gehaust haben soll, sehe ich schon von Weitem – und auch die beiden Frauen, die vor ihm stehen. Der Brunnen liegt nahe an der Straße nach Roßdorf und ist von Darmstadts Waldbrunnen am besten mit dem Auto erreichbar. Ich komme ins Gespräch, zuerst mit der Mutter, die hier mit ihrer Tochter Wasser für die Buntbarsche im Aquarium holt, »weil es so viel weicher ist als das Wasser aus der Leitung«. Neben ihnen steht eine sehr gut gekleidete Dame in ihren Siebzigern, sie zieht einen Handwagen und zwei Wasserkästen darauf. Sie erzählt, wie sie hier seit Kurzem öfter Wasser hole, seit sie von den Arzneimitteln im Wasser gelesen habe; auch habe sie immer wieder Brechdurchfall gehabt, ganz unerklärlich, es müsse das Wasser sein. Dringend bräuchten alle Kläranlagen jetzt schnell die vierte Reinigungsstufe, damit die Arzneien und das Mikroplastik herausgefiltert würden. Außerdem hat sie noch Angst vor einem möglichen Chemieanschlag, den Terroristen auf die Quellen für das Trinkwasser verüben könnten. »Hier ist es sicherer, da scheue ich auch die Arbeit nicht«, sagt sie und beginnt, die Flaschen zu befüllen. Die Begegnung passt zum Befund, den das Stadtmagazin *P* kürzlich auf seinem eigenen Quellengang machte. Immer mehr Menschen kämen zu den Quellen, schreibt das Szeneblatt: »Neben einem gestiegenen Naturbewusstsein mag das auch daran liegen, dass das Quellwasser einfach besser schmeckt. Es ist viel weicher und nicht so kalkhaltig.«

Ich lasse die Quellenfrauen hinter mir und strebe weiter dem Kahlertbrunnen entgegen, den ich lange suchen muss im dunkleren Wald, der nun auch Fichten und Kiefern hat; Schonungen, die alles Licht nehmen, das heute so aprilhell strahlt. Dann entdecke ich in einer etwas schlammigen Senke, in der ich stecken bleibe, den Brunnen von 1906, der nach einem früheren Darmstädter Bürgermeister benannt ist. Das Wasser schmeckt gewöhnlich, zwischen Melitagehalt und Wildbrandmilde; mehr habe ich hier nicht zu tun. Es ist der dunkelste Brunnen der Gegend, kein Ort zum Nachdenken.

Zurück geht es ein Stück über den »Kotelettpfad«, einen früheren Trampelpfad, der im 19. Jahrhundert entstand, weil sonntags die Darmstädter nach Roßdorf gelaufen sein sollen, um in einer dortigen

Wirtschaft das beste Kotelett der Gegend zu essen. Ich biege ab und ziehe durch eine Schonung mit jungen Buchen, die eingezäunt sind zum Schutz vor den Bissen der Rehe an den Trieben. Dann bin ich bald zurück an der Fischerhütte und beim Oberjägermeisterteich, über dem die Quelle der Quellen entspringt, die Darmbachquelle. Ich bin froh, denn die Quelle schüttet, wie die Brunnenschützer sagen, wenn auch nur schwach, nachdem sie im vergangenen Jahr erstmals trockengefallen ist.

Die »Darmquelle«, wie auf ihrer Mauer steht, ist auch eine Sickerquelle. Sie speist sich aus mehreren kleinen Quellen aus der Erde, die dann in das Quellrohr münden, von dem das Darmbachwasser in die 1937 gebaute Wanne fällt und zum Bach wird, der einmal eine Kette aus drei Teichen versorgte, die Oberforstmeister August Friedrich von Minigerode 1700 anlegen ließ. Zwei Teiche wurden aber trockengelegt und aufgeforstet; der für den »Oberjägermeister« blieb, aus dem der Bach hinab zu den fünf Fischteichen der »Fischerhütte« fließt, sich durch seine Auen windet und dann in die Stadt gelangt, wo er wieder ganz offengelegt werden soll, wofür der Darmbachverein kämpft.

Dorthin führt mich mein Weg heute nicht mehr. Ich trinke noch einen Quellschluck, sortiere den Geschmack recht weit oben ein und mache mich auf den Rückweg nach Hause, die Schneise hinauf nach Traisa, Richtung Forsthaus zur Eisernen Hand, vorbei an Kahlschlägen und feinen Buchengruppen im letzten Licht, denn es wird doch noch früh dunkel. Ich gelange bald oben an und laufe dann ruhig hinunter ins Dorf, die Füße etwas müde, aber die Quellen nun besser in Gespür und Blick.

Kranichmond. Ich habe Schmerzen im Bein, weil ich mit einem viel Jüngeren um die Wette gerannt bin in großer Kälte, bei unserem Wildniskurs, der vieles freilegt und wiederbringt. Nun sitze ich im Bus zur Arbeit und bin dorthin in einen blauklaren Tag hineingelaufen, in dem die Sonne endlos regiert, bis zur Dunkelheit. Ich habe als Buslektüre die *Alten Wege* betreten, die Robert MacFarlane aufgeschrieben hat, um darin nach Wasserspuren zu suchen. Ich finde aber etwas anderes: Textstellen, die verstehen lassen, was Landschaft für uns ist, gibt, verschweigt, entfacht. Die Texte entfachen mich zusammen mit dem klaren Tag, sodass ich dann in der Straßenbahn langsam in die Welt der Sprache entgleite, die irgendwann heute zerbrechen wird, wenn jemand oder etwas, ein Mensch oder ein Fakt, hereinkommt und mich weckt. Jetzt lese ich von einer Lektion, die ich selbst am vergangenen Wochenende im Wald des Taunus erfahren habe – eine Erkenntnis von MacFarlanes Helden, dem britischen Dichter Edward Thomas und seiner Landschaftssicht. »Bäume, Vögel, Felsen und Pfade sind nicht einfach nur Objekte seiner Betrachtung, sondern werden zu einem aktiven Gegenüber, das es ihm erlaubt, Dinge zu begreifen, die ihm andernorts oder unter anderen Umständen unbegreiflich blieben.«

So ging es mir, als ich zu einer vorbereiteten Wanderung im Wildnisseminar aufbrach, bei der man sich ganz der Landschaft öffnet, ihr als Partner oder Medium begegnet, das einen befragt oder auch wieder zusammensetzt. Denn ich stieß in einer Stunde auf Formen von Natur und Landschaft, die sich so passgenau in meine Lücken einfügten, dass ich sie nicht anders begreifen kann als Hände, die mein Puzzle, das auf den Feldern ausgestreut lag, wieder zusammengesetzt haben; es waren die Formen der Äste, Bäume, des Wege, des Waldes und dann seiner Tiere, die mich formten, befragten, wieder entließen. So gehen die Gespräche mit der Landschaft, aus einer Haltung des Lassens und Lösens, die sicher erst entstehen muss.

Ich brach einen Stab zum Wanderstab und hatte plötzlich eine perfekte Sichel mit rosa Punkten in der Hand, einen Pilz, der die Buchen im Herbst ziert; ich machte mir bei einer weit verzweigten Buche Gedanken über das Verhältnis von Stamm und Ästen, Hauptwegen und Nebenpfaden, Zentrum und Peripherie – im eigenen Leben und in dem der anderen.

Als ich dann kurze Zeit später ein seltsames, verlassenes Baumhaus in großer Höhe einer Eiche sah, kam mir die Idee, dass der Stamm bewohnt sein will, wenn das Leben nicht gehen soll. Dahinter ragte eine Hütte auf Stelzen aus dunklem Fichtentann, ganz ohne Tür und Leiter, ich bin mehrfach drum herum gegangen; ebenso ein unbewohntes Haus, das für sich steht, ein seltsamer Bote. Und dann, bei der plötzlichen Kiefernreihe, die nach den gelben Herbstlärchen auch so stolz den Waldrand hin zum weiten Feld bewachen – ganz anders als die dunklen Nadelschwestern der Tanne und Fichte –, da höre ich, was ich hatte kommen sehen: Tiere, hier starke und weit gereiste, die von Aufbruch und Neuformation rieten, das zeigten ihre Bewegungen und Formen: Kraniche auf dem Weg nach Süden, deren Trompeten lange schon klangen, bevor ich sie sah. Es war die längste V-Formation, die ich jemals gesehen habe, und das, obwohl ich zweimal auf den Darß gereist bin, um diese Könige extra am größten Rastplatz zu beobachten, Zehntausende waren da.

Nun waren sie über dem Taunus und teilten sich dann bei ihrem Flug hinein in ein graulila Wolkengebirge, das vor dem scharfen Sichelmond in der Ferne einem Sägefisch glich, in drei Formationen auf, die in die gleichen Richtung flogen – nach Westen, hinein in die untergehende Sonne, bis ich sie nicht mehr sehen konnte, wohl aber hören. Ich hörte ihnen lange nach. Es standen unten auf dem Feld fünf Rehe, von denen vier erschrocken beim ersten Trompeten der Kraniche flüchteten; nur der älteste Bock blieb, um weiter zu äsen; ich schlich mich an, aber wie immer verlor ich das Spiel irgendwann.

Es wurde dunkler, und ich nahm dann den Weg zum Dorf hinab, sah den Wolkenburgen beim Verglühen zu und stieß unten im Tal auf einen Friedhof, einen Ort des Vergehens, samt Soldatenfriedhof, zwei Brüder waren 43 gefallen, Debus hießen sie, wie ein alter Klassenkamerad. Ich hatte von Beginn an auf Wasser gehofft und musste auch irgendwann formell diese Wanderung beenden, indem ich über meinen Stab stieg. Ich nahm aber die Sichel und stand unvermittelt vor einer Quelle, die ich hier, trotz aller Funde und Antworten, die ganzen Tage vermisst hatte. Es war ein kleiner namenloser Brunnen, der mir an einem Parkplatz Halt gebot. Ich trank, wusch mich, spürte Neues mit dem Wasser kommen und sprechen und zog langsam die Höhe hoch zum Waldrand, wo ich schon Schatten der anderen Kursteilnehmer sah. Wir durften aber nicht miteinander reden. Da tönte es aus dem Buchenwald hell, einmal kurz, dann länger mit einem klaren Ruf – Waldkäuze, wie früher, als wir mit ihnen sprachen. Ich habe es lange nicht mehr gemacht, vielleicht 20 Jahre war es her.

Und so war die Wanderung nicht zu Ende, nicht ich bestimmte darüber, sondern die Eulen. Ich unterhielt mich den Rückweg lang mit drei oder vier Käuzen, wartete, ging, hörte, schwieg und schmiegte mich an eine Buche, während im Dunkel des Waldes die Schatten der anderen an mir vorbeizogen, um gleich am Feuer von ihren Geschichten zu berichten.

Stauseetaufen. »Zu allen Zeiten und an allen Orten fühlten sich die Menschen zum Wasser hingezogen, dichteten Verse darüber oder besangen es, wiesen ihm zentrale Rollen in der religiösen Kosmologie und in kulturellen Ritualen zu«, schreibt Terje Tvedt. Und weiter: »Während ich hier sitze, gibt es wahrscheinlich rund um die Erde Millionen von Menschen, die einen Brunnen, eine Quelle, einen Fluss oder einen Wasserfall bestaunen.« Auch wegen dieser Zeilen habe ich in meinem Geläuf und Gefließe nach denen gesucht, die es besonders ernst meinen mit dem Wasser und ihm auch heute noch spirituell zugeneigt sind. Die Frage führte mich zu der baptistischen Gemeinde und einer ganz besonderen Taufe.

Zuerst folge ich der Überschrift »Modautaufe« über eine Nachricht in der Zeitung, nach der am Deutschen Mühlentag drei Pfarrer aus drei Ortsteilen unseres Mühltals vor großem Publikum in der geöffneten Pulvermühle an der Modau sieben Täuflinge taufen wollen. Ich stelle mir eine richtige Flusstaufe vor, die dem Gewässer alle Aufmerksamkeit schenkt und deren Predigten tiefer in die Wasserrituale und Taufbräuche des Christentums einführen. Ich fahre mit dem Rad dorthin, bin einer der Ersten und setze mich hinten auf eine der Bierbänke. Es ist ein Sonntag, die Dorfgemeinschaft ist da, viele fein gekleidet, drei Pfarrer mit Adjutanten, sie beginnen mit den Predigten, und ich warte. Eine halbe Stunde ist vergangen, und ich warte immer noch. Jetzt beginnen die Taufen, bei denen eine Gehilfin mit einer Kanne Wasser aus dem Mühlenkanal schöpft, es nochmals umgießt und dann sanft die Babys besprenkelt. Der Wasserkontakt ist indirekter, als ich dachte, aber das ist verständlich. Die Predigt geht weiter, ich warte; einmal fällt der Name der Modau. Es endet mit einem Bierdeckel, auf dem in drei Sätzen die Botschaft des Heiland steht.

Es ist den dreien, die sonst beliebte und begabte Prediger sind, tatsächlich gelungen, auf einem Mühlengrundstück am Fluss – unter der Überschrift der »Modautaufe« und obendrein am internationalen Tag der Umwelt –, den Fluss fast unerwähnt zu lassen, ebenso wie die Tauftraditionen ihres Glaubens und die Rolle des Wassers darin. Aus dem breit angekündigten Flussereignis wurde eine rein symbolische Anleihe an die Ursprünglichkeit, Reinheit und Festlichkeit des Wassers, dem Verhalten nach eine Fußnote aus der Ferne, obwohl man der Modau so nah war und es anders hätte machen können.

Ich verlasse die Mühle, erstaunt, betrübt, kritisch mit mir und meinen Erwartungen ans Wasser und an die Gesellschaft. Dann halte ich kurz an, lehne mich an ein Brückengeländer und erinnere mich an eine frühere Entdeckung: ein großer Staudamm im Waschenbach, versteckt in einer Flusskurve, in dem in den 1990er-Jahren die örtlichen Baptisten ihre Täuflinge tauchten, also untertauchten. So viel weiß ich noch und spreche am nächsten Tag den Leiter des Kindergartens an, in den meine Kinder gehen, so wie ich es auch getan habe. Er ist Baptist, und in Kürze würde, ein Zufall, eine der beiden Jahrestaufen stattfinden – nach dem Gottesdienst, mit der ganzen Gemeinde und im Stausee der Modau in Ober-Ramstadt.

Ich sage sofort zu und stehe ein paar Wochen später sonntagsmorgens zwischen laut singenden, tief bewegten Gläubigen, die zwei erwachsene Täuflinge, Studierende die von ihren Erweckungen sehr persönlich berichten, auf ihr Bad im See und dessen Bedeutung im baptistischen Glauben vorbereiten: Hier ist die Ganzkörpertaufe wie bei der christlichen Urgemeinde Tradition, weil der Täufling mit der Taufe auch ein Begräbnis begeht, wie es im sechsten Kapitel des Briefs an die Römer im Neuen Testament heißt: »Wisst ihr denn nicht, dass wir alle, die wir auf Christus Jesus getauft wurden, auf seinen Tod getauft worden sind? Wir wurden mit ihm begraben durch die Taufe auf den Tod; und wie Christus durch die Herrlichkeit des Vaters von den Toten auferweckt wurde, so sollen auch wir als neue Menschen leben.« Der Täufling erfährt so im Untertauchen das Sterben und im Auftauchen die Auferstehung Jesu.

Die antiken Quellen benennen verschiedene Orte im Freien, alles war möglich, dennoch bevorzugten die frühen Christen das fließende, kalte Wasser der Flüsse. Massentaufen sind aus dem frühen Mittelalter belegt, so etwa der Rus von Kiew im Dnjepr um 988. Später gab es die Täuferbewegung im 16. Jahrhundert, bei der die Ganzkörpertaufe aber nur mancherorts, etwa in der Schweiz, eine besondere Rolle spielte wie ebenso danach bei Mennoniten vor allem in Holland und manchen britischen Baptisten im 17. Jahrhundert, von denen es sich bis heute fortsetzte. Doch auch in der orthodoxen Kirche gibt es die volle Taufe. Und in der römisch-katholischen Kirche ist die Ganzkörpertaufe wieder wichtiger geworden; in manchen Kirchen wie in Bochum oder Hamm sind dafür neue Taufbecken gebaut worden. Auch in evangelischen Kirchen gibt es das Ritual mit eigenen Becken vereinzelt, so etwa in Eisleben, in Luthers Taufkirche.

Die Pfarrer tauchen einmal oder dreimal unter; die Baptisten aus Nieder-Ramstadt belassen es bei einem Tunken, was auch reicht. Denn das Wasser des Hochwasser-Rückhaltebeckens ist an diesem diesigen Morgen und nach tagelangen Regenfällen graubraun und schlammig, mit vielen Ästen und Blättern darin, sodass die beiden weiß gewandeten Täuflinge, eine junge Frau und ein Mann, etwas scheu sind. Doch die Gemeinde, mit der ich vom Parkplatz aus gelaufen bin, strahlt so voller Energie, singt und hat die Gitarren dabei, dass die heitere Stimmung das ungewohnte Bad angenehmer macht. Und dann wartet schon der Pfarrer im schlammigen See, er lächelt, hat die Arme verschränkt und steht bis zur Brust im Modauwasser.

Graf der Landschaft. Wer den Teichen und Flüssen hier folgt, kommt an den alten Herrschern nicht vorbei, vor allem den Darmstädter Landgrafen. Daher braucht es einen kurzen Überblick zu ihnen und vor allem einen, Georg I., Herrscher über die selbstständige Landgrafschaft Hessen-Darmstadt, die seit dem Jahr 1567 bestand. Kein Regent der Region hat vorher und nachher so sehr in die Landschaft eingegriffen und Spuren in ihr hinterlassen wie er – an der Modau, in meinem Dorf Trautheim, in Darmstadt, in den Wäldern. Georgs Wirken zeigt sich an vielen Orten.

Sein Vater Philipp der Großmütige hatte mit seinem letzten Willen die Landgrafschaft Hessen unter seinen vier Söhnen aufgeteilt, sodass sie die Landgrafen von Hessen-Kassel, Hessen-Marburg, Hessen-Rheinfels und Hessen-Darmstadt mit ihren jeweiligen Grafschaften wurden. Die Herren von Marburg und Rheinfels starben kinderlos, weshalb deren Gebiete nach einigen Streitereien zwischen Kassel und Darmstadt aufgeteilt wurden; Hessen-Kassel wurde 1866 in Preußen eingegliedert. Um mehr Profil ging es dem jüngsten Sohn Philipps des Großmütigen, Georg I., geboren 1547 in Kassel und Regent in Darmstadt ab 1567 – am Ende der Renaissance und in den Jahren der Gegenreformation, die in den Dreißigjährigen Krieg mündet. Wirtschaftlich eiferten viele europäische Herrscher dem französischen Merkantilismus nach und bauten in dieser Phase des Frühkapitalismus Handel und Produktion in ihren Ländern stark aus – unter anderem, um ihre erweiterten Heere und den größeren Beamtenapparat mit Lohn, Essen und Gütern zu versorgen. So auch Georg I. von Hessen-Darmstadt, unter dem die regelmäßigen, massenhaften Schießübungen fast zum Volksfest wurden und der eine straffe Verwaltung mit neuen Ämtern und Posten schuf. Darmstadt war zu dieser Zeit eine heruntergekommene Stadt in der Provinz, vernachlässigt von den Regenten in Kassel und weit weg davon, einmal Landeshauptstadt zu werden. Die Gegend war arm und galt als rückständig.

Den Aufstieg Darmstadts zum wirtschaftlichen und politischen Zentrum trieb Georg umso stärker voran; er war ehrgeizig, diszipliniert und ein äußerst frommer Lutheraner, der sein Land umgestaltete, wo es nur ging – sichtbar bis heute an vielen Stellen, an den Ufern der Modau, an

Gräben, Seen und Teichen. Georg ließ im Ried die Sümpfe trockenlegen und Kanäle graben, den Großen Woog in Darmstadt anlegen sowie viele andere Teiche in der Region, allesamt zur Fischzucht, aber auch zum Schutze vor Hochwassern, die in der zweiten Hälfte des 16. Jahrhunderts häufiger waren. Das Klima hatte sich geändert, Regen und Schneefälle zugenommen. Mit dem Teichwasser wurden Felder auch an trockenen Tagen berieselt, und den Schlamm brachten die Bauern als Dünger auf die Felder aus. Der Landgraf hatte selbst viele solcher Details geplant, las er doch fast nur Fachliteratur über Feld-, Weide- und Forstwirtschaft und führte eine Korrespondenz mit Fachleuten und anderen Herrschern.

Unter Georg entstanden Mühlen und auch eine neue Wasserversorgung in Darmstadt. Er trieb den Weinbau voran, ließ in Darmstadt den Herrngarten anlegen und Melonen anbauen; ebenso versuchte er es mit der Seidenraupenzucht und dem Silberbergbau im Odenwald. Die Futterpflanze Klee, die Baumarten Kastanie und Mandel, dazu neue Apfelsorten, Hopfenanbau und große, immer noch sichtbare Aufforstungen mit Nadelbäumen für die abgeholzten und überweideten Waldreste rund um Darmstadt – der Landgraf ließ wenig unversucht. »Er soll so viel gearbeitet haben, dass er kaum Schlaf fand und vielleicht deshalb früh – nämlich mit 49 Jahren – starb«, heißt es in der *Geschichte Hessens*.

Wegnamenspoesie. Straßen- und Ortsnamen stecken voller Geschichten und erzählen viel mehr, als sie auf den ersten Blick preiszugeben scheinen. So wohnt man hier in Mühltal – wie an anderen Orten ganz ähnlich – an Bachgasse, Brunnengässchen, Brückenweg, Wasserweg und Seegraben, in der Teichwiesenstraße oder dem Griesbachweg, der nach einem Zufluss der Modau benannt ist, in die – ebenfalls namensgebend wie die Modau selbst für einen Weg – auch Waschenbach und Beerbach fließen. Und weil alles auf den großen Strom zuläuft, wohnt es sich auch besonders lang und zentral in der Rheinstraße.

Mit den Namen wird der Charakter der Landschaft eines Ortes lebendig, wird man sensibel für die Formen der Umgebung und für das, was dort gewesen sein könnte. Mit Sicherheit lässt es sich oft nicht sagen, denn ob hier in Mühltal der Ahornweg voller Ahornbäume stand, lässt sich kaum mehr herausfinden; vielleicht war es auch nur ein großer Baum oder eine auffällige Gruppe, die zur Namensgebung inspirierte. Es sind aber die Bäume, die Flüsse, Bäche, Teiche, Hänge, Hügel, Bergspitzen und Täler, die in ganz Deutschland und überall in Europa und auch anderswo lange die wichtigsten Wegmarken und damit Lebensmarken waren, weil sie Orientierung gaben und deshalb Namen verdienten.

Wir haben 162 Straßen mit Namen in der Gemeinde, von denen die meisten irgendwie die Landschaft in sich tragen – 18 davon Wälder und Bäume direkt (Ahorn, Buche, Erle, Kiefer, Erle, Eiche) oder Vögel (Drossel, Fink, Amsel, Meise, Lerche) und das Wasser, das früher – wie im ganzen Land – noch viel präsenter war, sichtbar im Alltag als Fischteiche, Gräben, Kanäle, Tümpel oder kleine Seen wie auch feuchte Senken. Manche waren natürlichen Ursprungs und oft seit der Eiszeit da, andere wurden von Menschenhand geschaffen, die sie auch wieder verschwinden ließ. Deswegen gibt es auch Wassernamen an Orten, die heute wasserlos sind – so etwa gleich um die Ecke hier »Am Klingenteich«, wo heute nur noch eine kaum sichtbare Senke zu sehen ist. Aber es gab ihn mal als Teich, der nach dem Heimatforscher Volker Teutschländer »um etwa 1700 herum angelegt worden sein muss. Er wurde als Forellenteich benutzt und ist auf Karten noch bis zum Anfang des 19. Jahrhunderts zu finden.«

In den Namen steckt noch mehr, etwa die Klinge, eine wenig bekannte Landschaftsform, die im Unterfränkischen drüben am Main häufiger in den Landschaftsnamen auftaucht, hier im westlichen Odenwald aber selten ist. Klingen sind tief eingekerbte, schmale Täler ohne größeren Talboden und meist Seitenstränge von größeren Tälern. Ihre Keilform geben ihnen Rinnsale und kleinste Bäche, deren Wasser, befördert von Hanglagen, über die Jahrtausende die Erosion, also das Abrutschen, Abtragen und den Abtransport des Bodens, vorangetrieben hat.

Die früher weitverbreitete Fischzucht mit ihren vielen Teichen, den »ausgelagerten Kühlschränken der früheren Zeit«, wie ich bei einer Führung einmal gehört habe, ist ein Grund für das Aufkommen und dann auch das Verschwinden vieler Teiche in Deutschland und hier in Mühltal. Eifrig legten Fürsten und Grafen in vielen Gegenden über die Jahrhunderte Teiche an, um Forellen oder Karpfen abzuschöpfen – manchmal aber nur mit geringem Erfolg, weil im Wald die Teiche so schnell wieder verschlammten und viel Arbeit machten.

Deshalb laufe ich oft, wenn ich nach Nieder-Ramstadt gehe, eigentlich auf einem Damm entlang. Was kaum jemand zur Kenntnis nimmt, dabei springt es ins Auge: Rechts und links der Straße erstrecken sich weite Schilffelder, durch die der kleine Stettbach zuckelt, der auch einen Straßennamen hinterlassen hat. Vor 445 Jahren hätte ich hier schnorcheln und tauchen müssen oder zumindest bis zum Hals im Wasser eines Woogs gestanden, wie mittelhochdeutsch in Teilen des Südwestens stehende Gewässer genannt wurden. Und heute hier noch so heißen wie etwa in der hiesigen »Woogstraße« oder Darmstadts Stadtsee, der Woog.

Landgraf Georg I. ließ drei Wooge ab dem Winter 1573/74 zur Teichwirtschaft und Fischzucht anlegen, die bis 1845 auf den Karten eingezeichnet waren und bei der örtlichen Selbstversorgung halfen, denn »nach einer amtlichen Schätzung des Teichmeisters Reuling vom Jahre 1800 lieferten sie alle drei Jahre etwa 9 Zentner Karpfen und 1 ½ Zentner Hechte«, wie Teutschländer schreibt. Teiche entstanden später zu anderen Zwecken, weshalb man im Ortsteil Traisa heute »Am Vogelteich« wohnt, gleich neben dem »Röhrgewann«, was auf Schilfgründe hinweist, die heute noch bestehen, sowie auf die in Südwestdeutschland auftauchende, sehr lang gezogene Flurform aus den Zeiten der Dreifelderwirtschaft, das Gewann. Und dann sind da noch die Gräben, die bei uns auch namensgebend waren (Will-, Flut-, See-) und natürlich die Mühlen, die von einem eigenen Kapitel der Wassernutzung erzählen.

Von Naturbedarf und Eskapismus. Auch abseits meiner frühen Prägung verspüre ich heute wieder stärker als noch vor zehn Jahren einen starken Naturdrang. Er kann zum Schmerz werden, wenn ich Bilder sehe von brennenden Wäldern und ausgetrockneten Flüssen und wenn mir klar wird, dass wirklich sehr viel weniger Schmetterlinge im Garten sind. Es sind Umweltschmerzen, wie die Tiefenökologie sagt, eine naturphilosophische Schule, die den Menschen als Naturwesen betrachtet, das nicht abgegrenzt von ihr, sondern nur als sie und somit in ihr leben kann. Wenn die Erde leidet, Arten sterben, dann leiden wir mit, stirbt etwas mit, sagt etwa eine der bekanntesten Tiefenökologinnen, die amerikanische Systemtheoretikerin und Buddhistin Joanna Macey. Und so könnte man schließen, dass ein großer Naturdrang ausgebrochen ist, weil wir die Erde zerstören und damit Teile von uns selbst; dass wir uns aktiv auf die Suche nach ihr begeben, weil wir untergründig spüren, dass wir sie verlieren, und damit auch uns. Der Naturdrang, den ich vom allseitigen »Ergrünen« von Politik, Wirtschaft und Lebensstil unterscheide, ist oft rein symbolisch oder nur untergründig – zugleich aber explizit in seinem Ausdruck und der Werbung für das Wilde, Unberührte, Natürliche. Dieses Drängen und Sehnen ist an vielen Stellen sichtbar: bei Reiseveranstaltern mit Touren in die letzten Wildnisgebiete der Erde oder in der Textilindustrie, die schon länger Städter als rucksacktragende, urbane Entdecker in Outdoorkleidung in Häuserschluchten herumlaufen lässt. Ob Wandern oder Waldbaden, Imkern oder Waldkindergärten, städtisches Gärtnern oder solidarische Landwirtschaft, Kräuterwanderungen oder neuerdings das uralte Hobby Jagen – überall sprießen Angebote, Gruppen und Initiativen aus dem Boden, die Natur als neuen Erfahrungsraum in den Vordergrund stellen.

Das angloamerikanische Nature Writing boomt, der deutsche Förster Peter Wohlleben hat die Bestsellerlisten mit Bäumen bepflanzt. Und es geht in den Regalen auch um Bienen, Wölfe und viele andere Motive und Protagonisten der natürlichen Welt.

Manche Publikationen sind, wie die Landzeitschriften, ein Rückzugsangebot in eine schöne, heile und frühere Heimat und natürliche

Welt, die beruhigt, verführt und sogar lähmen kann. Zwar lässt sich mit diesem inszenierten Rückzug, diesem Eskapismus weder Klimaschutz machen noch das Artensterben aufhalten. Dennoch brauchen wir ihn wohl auch in einer Welt, die vor allem Wettbewerb und Eigennutz kennt und vielfach ohne Orte ausgekommen zu sein scheint in den vergangenen 30 Jahren. Jetzt wollen alle raus oder lesen zumindest darüber oder schauen es sich an, wie es draußen ist, wie es an Orten ist – auch in der Heimat, die als Begriff gerade wiederentdeckt wird in der Politik, von Konservativen mit ihren Heimatministerien und auch mit Büchern eines Grünen wie Robert Habeck, der die Heimat in die Mitte und nach links holen will. Es ist eine Suche nach Orten im Gang, nach dem Konkreten und Greifbaren, dem Schönen und Fühlbarem, nach Gerüchen, Farben, Geräuschen. »Die Auseinandersetzung darüber, welchen Begriff von Heimat wir verwenden wollen, was wir meinen, wenn wir uns über Heimat unterhalten oder auch streiten, ist ein Schlüssel für die Kultur einer kommenden Gesellschaft«, schreiben die Publizisten Markus Metz und Georg Seeßlen.

Vielleicht sagt es der englische Naturschriftsteller Robert Macfarlane in seiner *Karte der Wildnis* am besten: »Auf mannigfaltige Weise haben wir unser Leben vom Raum entkoppelt, haben unser Erfahren zu verschiedenen Varianten von Körperlosigkeit abstrahiert. Wie bisher in keiner anderen Epoche erleben wir Entkörperlichung und Entmaterialisierung. Die nahezu unendliche Vernetzung der technisierten Welt hat, so viele Vorzüge sie auch haben mag, ihren Tribut in Form der Abschaffung des direkten Kontakts gefordert. In vielerlei Hinsicht haben wir vergessen, wie sich die Welt anfühlt. Unzählig sind die neuen Krankheiten der Seele, komplizierte Ausprägungen von Unglücklichsein, die aus der Distanz zwischen uns und der Welt erwachsen. Wir verdrängen, dass unser Geist ebenso von unserem körperlichen Dasein in der Welt geprägt wird – von ihren Räumen, Materialien, Geräuschen und Gepflogenheiten – wie von unserem genetischen Erbe und den von anderen Menschen übernommenen Weltanschauungen.«

Heiliger Berg. Es geht heute auf meinen heiligen Berg zu, auf und um ihn habe ich Tage, Wochen und Jahre verbracht, die Landschaft erkundet, die mich formte, seine Tiere entdeckt und verfolgt. Aber der Berg ist eine »Sie«, so wie mein Fluss, die Modau: die »Schmallert«, was auch immer der Name sagt, ich konnte es nicht herausfinden. Es ist der Rhythmus unseres Dialekts, den er in sich trägt: ein Vokal, eine schnelle Silbe, doppeltes L, dann das stützende T, ein tragbarer Abschluss hinten. Man kann das Wort so hinklatschen im Satz und eine Pointe damit schaffen, nicht die beste, aber immerhin, das ist so in dieser raschen, derben Sprache, in der wir auch nicht sagen, dass wir nach Hause gehen, sondern es machen; wir machen nach Hause und vieles mehr, was sonst sprachlich nicht passt.

Zu meinem Berg, oder besser Hügel mit seinen 280 Metern, von denen man aber immerhin in das Himmelsfenster einsteigen kann, das ich schon geöffnet habe, gelangt man auch über die »Huhl«, einen uralten, tief eingeschnittenen Hohlweg mit einer zwei, drei Meter hohen Steilflanke, die von Haselnuss meist bewachsen ist, steil emporragenden, geraden Ruten, die die besten Bögen ergaben und die Wände für diesen Tunnelweg sind, den ich gerade nach oben gehe, vorbei an der alten Erdhöhle, die schon unsere Väter gegraben haben; ich blicke in die Stufen der Landschaft hinein, die früher ein Weinberg war, mit fünf Ebenen, die nun Heckenland sind, mit kleinen Wäldern, Goldrutenmeeren, Wiesen, die Wiesen bleiben, und manchen, die gemäht werden. Hier verstecken sich die Rehe tagsüber, lernt man, wie laut glucksend Fasane flüchten, um dann im Flug so schwerfällig zu sein wie kaum ein anderer Vogel. Walnussbäume sind da und immer wieder die wilden Reben, die wie Lianen die steilen Hänge zwischen den Stufen überranken und oft kein Durchkommen lassen.

Ich bin auf der Schmallert nun wieder öfter, habe meinen gleichnamigen Gedichtband unter die Bank ganz oben am Kirschbaum geklemmt, damit jeder Wanderer darin lesen kann, wenn er ihn denn findet. Die Touren hierhin nannten wir aber nicht Schmallerttouren, sondern Griesbachtouren, weil nach den vier oder fünf Stunden, in denen wir Rehe beobachteten, Bussarde zählten, Knochen und Gewölle für das Naturkundemuseum in der Garage der Eltern suchten und die Dachsbauten nach frischen Spuren überprüften, immer an einem Bach ankamen. Allerdings am Waschenbach, der oben vom gleichnamigen Dorf, aus dem meine ganze große Familie stammt und ich die ersten Jahre auch lebte, geflossen kommt. Er mündet in die Modau und nimmt hinter dem Bauernhof der Müllers den Griesbach auf, der durch ein eigenes kleines Tal mit Weiden und Wiesen fließt, »das Land der tausend Hochsitze«, wie wir das Tälchen auf den Karten unseres Reviers, in denen jede Wiese Namen hatte, markierten.

Auf das Griesbachtal zu, zum Waschenbach hin, so ging die Route, und auch heute laufe ich sie. Ich schreibe ein bisschen oben auf der Bank, dem alten Sammelpunkt, und schaue dann in mein Himmelsfenster, über die Rheinebene hinweg in die Pfalz, die an diesem Mittag in hellem Licht liegt und schwach glimmt. Die Gedanken fliegen mit weg, ich gehe den Hohlweg zurück, ein Turmfalke huscht vorüber, ein paar Rabenkrähen balgen sich in der Luft, und ich bin kurze Zeit später am Waschenbach, laufe sein gewundenes Ufer ab, über ein matschiges Feld, zwänge mich durch Weidenäste und Erlenäste und suche nach Spuren der alten Holzbrücke und vielleicht von Staudämmen, die früher die Baptisten hier bauten, um ihre Täuflinge ganz im Wasser zu taufen. Ich finde Dämme, die fast den ganzen Bach aufstauen, aber Kinder haben sie gebaut; etwas flussab stoße ich dann auf den perfekten Bachspielplatz: Alte Stühle haben sie sich hierher gezerrt, ein Seil an einen Ast geknotet, um sich über den Bach zu schwingen, dazu einen kleinen Tisch, um vielleicht Konferenzen ihres Detektivklubs abzuhalten. Die Kinder sind nicht da, aber der Bach ist ihr Platz, für Rückzug und Entfaltung; ich halte an und genieße das Bild.

Dem Waschenbach selbst geht es nicht gut. Denn er bekommt viel Staub vom Steinbruch des Dorfes ab; für größere Bachforellenbestände reicht es nicht, obwohl der Bach in den Wiesen nach der Waschenbacher Mühle schön mäandert, Steilufer bekommt und auch tiefere Stellen hat. Meine Eltern sind an diesem Bach aufgewachsen, der in den 1950er-Jahren noch viele Wiesen, seine Bachauen, überschwemmte, sodass sie in den Flutwiesen regelmäßig Frösche fingen, die die Klasse der Volksschule dann im Schulunterricht begutachtete; Teichwiesenstraße heißt daher auch das Grundstück, das heute ein Sportplatz ist.

Feuchte Wiesen gibt es nur noch wenige. Oft sind es Äcker oder Wohngebiete. Einmal mehr verlasse ich nach der kleinen Wanderung die Ufer mit gemischten Gedanken und Gefühlen. Denn unterhalb der Schmallert ist der Hang, der immer der Schlittenhang des Dorfes war, über Jahrzehnte, nun zugebaut – mit Weinbergen, weil ein Gastwirt wieder die alte Tradition beleben will, was ich als Weinliebhaber begrüße. Abschied nehme ich aber von dem Hang, den irgendjemand einmal den Cola-Berg getauft hat.

Waschenbach. Die Wanderung lässt mich daran denken, dass mein erster Lebensort, Waschenbach, dem Wasser nach heißt oder »der Bach« nach. Hier wohnt fast meine ganze große Familie, bin ich die ersten drei Jahre meines Lebens aufgewachsen – mit Blick auf einen alten, umzäunten Steinbruchsee, von dem noch die Rede sein wird. Und der vielleicht ganz früh das Gefühl bereitete, dass mich vom Wasser so oft etwas trennt, Zäune meist, obwohl ich einfach nur hinmöchte, um es anzuschauen.

Waschenbach hängt fein in den Hügeln des nördlichen Odenwaldes, eingerahmt von Buchenwäldern, in denen sich plötzlich große Schluchten auftun. Denn das hier ist das Revier der Hartsteinindustrie, die an vielen Stellen in der Gegend Steinbrüche in den Gabbrofels gesprengt und gegraben hat; viele sind nicht mehr in Betrieb, tauchen unvermittelt bei einer Wanderung auf als seltsame, überfallartige Steilhänge.

In Waschenbach läuft der Steinbruch aber noch; er hat den Menschen hier oft Arbeit gegeben, aber auch dem Waschenbach, der in die Modau mündet, viel Staub und Kies, weshalb er fast keine Fische hat, das Leben teils erstickt ist. Den stolzen und selbstständigen 600 Waschenbächern, die Feste feiern können wie wenige im Umkreis, ist »ihre« – freilich auch begradigte und oft kaum einen halben Meter breite – Bach ins Wesen übergegangen. Denn immer wieder kommt es nach oder während der berüchtigten hiesigen »Kerb«, dem traditionellen Kirchweihfest, zu Badeideen und Schwimmübungen; im Rausch sucht man das Wasser einmal mehr, auch das ist eine Flusserkenntnis. Oder man geht noch weiter, wie es immer wieder in der *Kerweredd* geschrieben steht, einer Chronik der lustigsten Dorfgeschichten, die im Dialekt vom Frack und Zylinder tragenden Kerwevadder vorgetragen wird, der hoch oben im einem eigens errichteten »Stuhl« aus Fichten steht, den er zusammen mit seinem »Glöckner«, einem stets nachgießenden, ebenfalls befrackten Adjutanten, ersteigen muss. Der Dorfbach ist über die Jahrzehnte ein fester Darsteller in den Dorfgeschichten geworden; bis hin zu seinem Aufstauen kam es, als die Jugend das alte, verrostete Wehr irgendwie herunterlassen konnte, um dann die Wassertiefe mindestens zu verfünffachen und mit Schlauchbooten ein paar Meter ausrücken zu können, bis die neu geschaffene Steilküste alles wieder jäh stoppte.

Sonst geht man in dem 1340 erstmals erwähnten Dorf, dessen Name nicht vom Waschen, sondern den »Wasen«, einer alten Schreibform für die Wiese stammt, entlang der »Bach« spazieren, spielt dort als Kind, baut Staudämme, lässt Flaschenposten los, holt später als Feuerwehrmann oder -frau Löschwasser oder als Bauer Wasser für die Felder – Taten, die sich an solchen Bächen überall anboten oder noch anbieten. Meine Eltern habe ich dazu befragt, auch meine Tanten und Onkel, für die »die Bach« nicht besonders ist – so ähnlich, wie sie es für mich auch lange war. Denn mein Interesse galt, wenn überhaupt, eher den größeren Flüssen, der Modau schon oder dem Rhein. Aber ich sehe langsam, dass die Bäche fließende Schätze sind, die uns daran erinnern, wie sehr wir das Wasser hüten sollten. Viele sind schon ausgetrocknet und manche fast, mit weiteren Hitzesommern wird es zunehmen. Wir brauchen Antworten dafür.

Bachstelzenflug. Der Weg steigt steil an, in das Dunkel hinein. In seiner Mitte ist er braun von Walderde, am Rand rostrot und manchmal mit dunkelgelben Punkten übersät, den noch immer liegenden Winterblättern. Davor das schimmernde Mosaik aus dunklen und helleren Grüntönen, gelegt vor allem von Buchen, kleineren Eichen und den Bleistiftbäumen ganz vorne – unseren Bergahornen gegenüber der Tür, die Äste nur in der Krone haben und sich stark dem Haus zuneigen.

Vor diesem Bild, das sich jeden Morgen auf den ersten Blick in allem gleicht und auf den zweiten in kaum mehr etwas ähnelt als der Aufstellung seiner Protagonisten, vor diesem Rahmen zuckt gerade eine Bachstelze vorüber. Wir haben kein Gewässer in direkter Nähe, weshalb ich auch noch nie eine Stelze hier gesehen habe, aber ihr zuzusehen, während ich Zähne putze, lehrt mich, ihren Rhythmus neu zu verstehen. Denn der Lauf dieses doch im Kern grauen und nur an den Rändern schwarzweißen Vogels, den ich schon immer als hektisch und ungerade betrachtet habe, ist dies nicht. Die Stelze wippt zwar nach vorne wie kaum ein anderer Vogel, sie wippt aber genauso zurück, schwankt auf und nieder wie ein leichtes Schiff in schwerer See, schnell aber, ausgewogen und rhythmisch, da vorne der Kopf ebenso nach unten schießt wie der lange Schwanz hinten in die Höhe. Es ist kein stelziges Stolzieren, sondern ein zackiges Wippen mit Gruß zum Himmel und zur Erde.

Sie fliegt übrigens sehr ähnlich, wippt im Ganzen, in dem sie hoch anfliegt und sich dann elegant wieder fallen lässt, das alles aber in einem großen Tempo, wodurch auch dort der Eindruck der Hektik entsteht. Tatsächlich bewahrt der Bachstelzenflug bei großer Geschwindigkeit Haltung und Rhythmus. Hoffentlich wird der Frühling irgendwann wieder melodischer, weil vertraute Vögel zurückgekehrt sind, die wir verloren haben.

Am Birkenwasser. Ich habe eben versucht, ein Stück Birkenrinde abzuziehen, und war erstaunt, wie schwer sie es mir machte. Kein Halt haben meine Finger gefunden, um ein erstes kleines Stück anzubrechen und es dann weiterzudrehen; die weißen, narbigen Rindenfenster saßen fest nebeneinander. Erst sahen sie alt und lasch aus, als ob sie gehen wollten. Aber sie haben sich behauptet, und ich habe aufgegeben.

Ich habe in den vergangenen 15 Jahren bestimmt mehr über Birken gelesen, als sie angefasst. Leicht sei der Baum, hell, ein Pionier auf neuem Boden, schnell im Wachstum und heilsam in der Wirkung, etwa bei Hautekzemen. Das haben sie im Hamburger Kräuterkurs gesagt, und es steht auch so in den Naturführern. Die Birke vorhin hatte einen anderen Charakter. Sie steht in einem kleinen Auwald, dem Darmbachtal, neben größeren und dunkleren Gesellen, Buchen die meisten. Hat große Birkenschwämme an sich, die ganz gerade von ihr abstehen. Stark, fest, schwarz, das war sie viel mehr als hell, weiß und voller Aufbruch.

Sie ist eine der wenigen Birken an dem Zusammenfluss kleinerer Bäche, der Birkenwasser heißt und an dem ich das letzte Mal vielleicht vor 20 Jahren war. Wir haben mit der Schule Staudämme hier gebaut, es gab einen offenen, maroden Spielplatz, ausgetretene, sommerwarme Erde, einen Holztisch mit Bänken. Es gab viele Geburtstage, immer mit Staudämmen. Heute ist nur die Aue da, die Spielgeräte sind fort. Ich werde für meine Kinder eine andere Stelle zum Dämmebauen suchen.

Claudius-Anlage. Ein Kleiber flieht unten am Ufer vor mir, die Mücken kommen, surren um mein Kinn, ich sprühe mich ein, setze mich auf eine Bank der Claudius-Anlage. Unter mir der vertrocknete, zum Sumpf gewordene Darmbach, von Schweinen zerwühlt, schwarze Erde, die Aue ist still. Ihre Quelle ist jetzt im August wieder versiegt, dafür sprießen die Nachrichten über Dürre, Wassermangel und Trockenheit den ganzen Sommer lang. Das Radio bringt eine Sendung um die andere: warum der Mensch die Natur braucht, den Wald, das Wasser, wie die Wälder kaputtgehen, wer Greta wirklich ist. Ich schaue derweil hinunter auf die wunde Aue, höre den Kleiber picken, eine Ringeltaube gurren, rieche die süße Duftmauer der Springkräuter, die drüben am anderen Ufer stehen, zur Lichtwiese hin. Die Odenwaldbahn dröhnt leise herüber, fast wie der Schlussakkord eines Trauerspiels, das ich verfolgte: Die Buchen gegenüber haben braune Äste und tote Blätter, Rindenrisse – auch die kleineren. Manche sind schon gestorben, wie es auf einem Schild steht, aufgestellt vom Darmstädter Forstamt, um den Spaziergängern und Auenbesuchern den Buchentod zu erklären – mit dem Wassermangel, weil im Sommer und Herbst 2018, im weltweit wärmsten Jahr seit Beginn der Aufzeichnungen, nur ein Drittel des üblichen Regens fiel. Das sind, so erklärt das Schild, gute Bedingungen für Rinden- und Holzfäulepilze, die die Nordwestliche Forstliche Versuchsanstalt hier 2019 massenhaft fand. Aber auch Hoffnung will das Forstamt verbreiten, mit den vielen kleinen Eichenschösslingen, die hier, zwischen den verdursteten Buchen, die Vorhut eines klimagerechten Waldes sein sollen, bald umzäunt, um sie vor den vielen Rehen zu schützen, die, wie fast überall in Deutschland, dem keimenden jungen Wald zusetzen.

Ich lese und starre dann etwas erschöpft wieder in die Darmbachaue. Alles ist wüst und sprachlos gerade an ihr und in ihrem Wald, in dem sonst der Bach musiziert und das Ufer voller Menschenleben ist, voller Radfahrer, Spaziergänger, Reiter und Besucher des Vivariums, dessen Tropenhaus und Affenkäfige nur fünf Gehminuten entfernt liegen. Tropisch ist meine Schreibwanderung geendet. Ich war nicht vorbereitet auf ihre tragischen Passagen, hatte anderes im Kopf, Texte für Seminare, Absprachen. Nun bin ich bestimmt vom Weggang, vom Welken und Darben statt der Poesie dieses so poetischen Ortes, der dem Abendlied von Matthias Claudius gewidmet ist.

Das aufgeschüttete Erdpodest über dem Darmbach und seiner Aue erinnert an den Hamburger Dichter und Journalist, der 1776 am Darmstädter Hofe als Redakteur der *Hessisch-Darmstädtischen privilegiert Land-Zeitung* arbeitete. Nach einem Jahr zog er, wohl wegen des ungewohnten Klimas und manchen Ärgers über den Beamtenapparat, der ihn als Freigeist umgab, zurück in die Hansestadt. In Darmstadt, hier am Schnampelweg, wo ich jetzt sitze, soll er das Lied verfasst haben, in dem der Wald schwarz steht und schweiget, die Welt so stillsteht, in der Hülle der Dämmerung, »als eine stille Kammer«, in kaltem Abendhauch.

Ich lese die Tafel mit den Zeilen und wünsche mir Kälte herbei, wünsche dem Bach das Wasser, den Buchen die Gesundheit, den Quellen das Sprudeln, den Blättern die Farbe, wünsche das herbei, was vermeintlich normal war in der Natur, die Normalität eigentlich nicht kennt. Aber wir kennen diese gewachsenen Landschaftsbilder eben doch, über unsere Sprache, von der die Natur erschaffen ist. Und nun scheint es, dass diese Wald- und Wasserbilder im Zuge der Klimakatastrophe und der Dürrewälder doch schwinden und sich ändern. »Stolze Menschenkinder, eitle arme Sünder«, steht hier noch aus dem Claudius-Text – zu einfach wäre es nun, die Brücke zu den ökologischen Sünden heute zu bauen, einen apokalyptischen Ton in meinen Zeilen zu finden und mich schreibend dem Schicksal des vertrocknenden Waldes zu beugen. Nein. Ich gehe weiter zu den Teichen und hoffe auf Wasser, hoffe auf ein Anbeißen der Fische, neue Worte und die kühle Ruhe, die ich schon so oft hier fand.

Salamanderregen. Wir sind bei feuchter Luft und schwüler Lage aufgebrochen, fünf alte Freunde, die einmal im Jahr gemeinsam wandern, sich erinnern und mancherlei erzählen, über Kinder, Reisen oder das berufliche Leben – eines Physiotherapeuten, Designers, eines Psychologen und eines Umweltschutzingenieurs, namentlich Rouven. Den Berg, den 517 Meter hohen Melibokus, der am Anfang des 150 Kilometer langen Nibelungensteiges steht, gehen wir langsam an, denn er dampft schon im Wald, dessen dunkles Grün uns an diesem Nebelmorgen im September schnell einfängt und verschluckt. Wir schwitzen schon nach wenigen Schritten und haben noch 20 Kilometer vor uns – durch einsame Gefilde und frankfurtferne Dörfer der Bergstraße, von denen manche einen seltsamen Streit um Deutschlands bekannteste Quelle, den Siegfriedsbrunnen, führen. Zu ihm soll es gehen bei einer Rast und von dort aus weiter, bis fast zum Ende der ersten Etappe des »Nibelungensteigs«, nach Schlierbach zum »Römischen Kaiser«, ein paar Häuser entfernt vom Geburtshaus meiner Großmutter.

Wir schwitzen weiter, weil das Wetter in den Bergen hängt, die sich jäh aus der Oberrheinebene erheben und von Darmstadt bis hinunter ins Badische den Odenwald wie eine Mauer schützen, die vieles abzuwehren weiß, auch aufziehende Gewitter bei bestimmten Wind- und Wetterlagen. Vielleicht sind wir auch deshalb recht alleine auf dem bekannten Wanderweg, weil wir in so einer nassschweren Lage nach oben gehen.

Und gerade, als wir den ersten Rhythmus gefunden und uns mit aufkeimender Lust ein wenig in den Berg geworfen haben, kommen die ersten Fabelwesen aus ihren Löchern; fabelhaft bunt sind zwei Feuersalamander, die vor uns langsam über den Weg kriechen und dann unerwartet flink wegschwänzeln, als sie uns auf dem Weg spüren. Doch wir versperren ihnen mit dem Stiefel sanft den Weg, um ihre Schönheit, ihre sofort ins Auge springende Exotik zu bewundern; einer entwischt uns, der andere erstarrt auf dem Weg, sodass ich näher und ganz nahe an ihn herankomme: Der Salamander glänzt noch mehr durch Tautropfen, die von seiner schwarzgelben, glatten Haut abperlen. Wie er da kauert und inmitten allen schwülen, wabernden Grüns strahlt und uns befeuert, kommt er mir nach einigen Augenblicken so weltfremd und deplatziert vor, wie kein anderes Tier es in diesem Moment sein könnte. Dann bricht plötzlich weiter hinten ein kleines Himmelsloch im trüben Bergstraßenhimmel über den Baumwipfeln auf und lässt schmale Sonnenstriche zu uns hinunter, die auch die Salamanderhaut treffen. Da wird er auch noch zum Sonnenboten, zu einem Farbengesandten, der in diese Welt hier so gut passt. Dann ist er schnell weg.

Die Pause kam ohnehin zu früh; wir treiben uns an und laufen in einem Schwung hoch zum Gipfel und zur Raubritterburg von 1230, der Feste Tannenberg, die zu den versteckten Burgen der Bergstraße zählt. Denn man sieht sie auf dem Weg gen Süden nicht von der A5 aus. Die Feste ist eine Ruine im Wald, sie wurde mit einer besonders großen Kanone, dem 3,5 Tonnen schweren und von zwanzig Pferden gezogenen »Frankfurt Geschütz«, von kurfürstlich-bischöflichen Truppen unter Beschuss genommen und danach nie mehr aufgebaut.

Vielleicht gibt es hier an der Bergstraße einfach zu viele Burgen, und der Aufbau der Feste Tannenberg lohnte sich nicht. Dennoch zieht sie die Menschen an, etwa kleine Gruppen fest entschlossener Mountainbiker, die zu meinen häufigsten Waldmitmenschen gehören. Auch sie teilen sich in unterschiedliche Milieus und Ästhetiken auf; in einfacher Jogginghose und altem Helm allerdings wurde schon lange keiner mehr gesehen. Die Schnellsten sind hochseriös, einfarbig, laut surrend, teils rücksichtslos gegenüber anderen Bewegungsformen und vor allem so schnell, dass sie in steter Trennung von der Landschaft leben müssen. Auch die beiden, die sich schwer schnaufend und strampelnd die steilste Stelle des Pfades neben uns hochkämpfen, sind schwarz von Kopf bis Fuß, mit kurzen Bikerhosen und engen Leggins, braun gesprenkelt vom Schlamm. Sie grüßen kurz und lupfen ihre Helme an, die auch in einer Schlacht ganz nützlich wären.

Wenig später, beim kleinen Wegbier am verbliebenen Turm, entpuppen sich die beiden Bergkämpfer als gute Gruppenfotografen und ebenso begeisterte Anhänger des Weitblicks, den nun die von der Sonne geschassten Wolken auf die Oberrheinische Tiefebene tief unter uns freigeben; wie ein Vorhang, der vor dem Schauspiel nach oben verschwindet, haben sich die nebeligen Schwaden fortgemacht und alle staunen lassen über die Fülle der sichtbaren Orte. Da schimmert der Rhein vor dem Gernsheimer Bogen graugolden wie ein Band, dem sich alle Täler und Höhen zuneigen; daneben glänzende Baggerseen um Eich, linksrheinisch und hingeworfen wie eine Gruppe schillernder Murmeln, die gleich wieder in Bewegung geraten könnten. Erahnen kann ich nördlich meinen Auenurwald am Kühkopf; südlich dominieren die Felder und Ebenen Rheinhessens mit Worms, dahinter die Pfalz mit ihren Wäldern.

Wir stapfen nach dem Himmelsgenuss weiter über feuchte Wege und geraten in wunderbare Sentimentalitäten, Jugendgespräche und die üblichen, seit 20 Jahren bekannten Witzeleien und Sprüche, deren Wirkung dann am Tagesende etwas nachlässt. Der Gesprächsritus verdeckt die Landschaft, durch die wir wandern. Ich rede mehr, beobachte weniger, bis wir weiter in der Höhe sind und durch einsameres Geläuf kommen, geradewegs auf das Felsenmeer zu, diese bizarre, riesenhafte Steinschüttung, die sich hier über einen Kilometer Länge hinab ins Tal zieht; häusergroß sind manche der runden Blöcke, die kleineren, auf denen man das Felstal eher hinab- oder hinaufklettert, immerhin noch höher als die meisten Wanderer, die sich, wie wir heute, auf einem schmalen Pfad am Rande des steinernen Meeres hinabschaffen.

Die Entstehung dieses mystischen Ortes ließ sich für mich schon als Kind am besten durch eine Sage erklären, wonach hier über dem Tal der Lauter bei Reichenbach zwei Riesen wohnten, der Felshocker auf dem Felsberg und der Steinbeißer drüben auf dem Hohenstein, über den uns heute der Weg auch noch führt. Als die beiden Streit bekamen, bewarfen sie sich mit Felsbrocken. Steinbeißer hatte mehr Munition, sodass er so lange Steine hinüber auf den Felsberg werfen konnte, bis sein Gegner unter einem Meer aus Blöcken und Brocken begraben war. Angeblich brüllt er noch manchmal und ist dann zu hören.

Von der Substanz bzw. den Gesteinen betrachtet, geht das Felsenmeer auf eine Kollision vor rund 340 bis 320 Millionen Jahren zurück. Damals stießen im heutigen Odenwald zwei Kontinente aufeinander, wodurch sich ein Gebirge aufschob und gleichzeitig in der Tiefe Gestein schmolz, das als flüssiges Magma hinauf in die Erdkruste stieg und dann über rund zehn Millionen Jahre in zwölf bis 15 Kilometer Tiefe zu einem Granitverwandten erkaltete, dem Melaquarzdiorit. Bei der Abkühlung des flüssigen Gesteins entstanden Risse, wodurch der eher einheitliche Bergsockel in viele Blöcke zerfiel. Im älteren Tertiär, vor rund 50 bis 30 Millionen Jahren, wurde das »Deckgebirge« hier am Felsberg dann Zug um Zug ganz abgetragen, und der Diorit kam der Oberfläche immer näher; zeitgleich brach der Rheingraben ein, weil von unten erneut Magma drückte.

Die Kruste des derart angehobenen Gewölbes riss an seinem Scheitelpunkt, brach ein und formte einen Graben, während die Ränder – Vogesen sowie Schwarzwald und Odenwald – sich hoben. Am Felsberg zerfiel das Gestein entlang von Klüften weiter, formte quaderförmige Blöcke, die der harten Verwitterung im damaligen (sub)tropischen Klima ausgesetzt waren. Zwischen den Blöcken reicherte sich feineres Verwitterungsmaterial an, in dem der so gar nicht ewige Fels gleichsam schwamm.

Tatsächlich gibt es viele deutsche Felsenmeere, dieses ist jedoch in seinem Ausmaß einzigartig. Auch weil es mit der Modellierung, der künstlerischen Kraft der Geologie, in der letzten Eiszeit (vermutlich in deren Hoch- und Spätzeit vor rund 25 000 bis 10 000 Jahren) intensiv weiterging, hin zum Verwitterungsfinale: Weil der Odenwald nur im Permafrost und nicht unter einem Eispanzer lag, tauten die Böden immer wieder auf; Wasser floss zwischen den Felsblöcken hindurch und wusch das mal grusige, mal lehmige Verwitterungsmaterial aus. Manchen Blöcken fehlte nun der Halt, weil der stützende Mantel fortgeschwemmt war – sie glitten hinab ins Tal. Als es nach der Eiszeit wieder wärmer wurde und der Boden auftaute, kamen die gewaltigen angerundeten Quader am Hang noch stärker in Bewegung, rutschten oder rollten hinunter – und bildeten ein Meer, an dem die Römer 200 Jahre lang einen Steinbruch unterhielten. Mehr als 300 Blöcke, die von römischen Steinmetzen bearbeitet wurden, liegen noch heute hier im Wald. Unter ihnen ist auch die mehr als neun Meter lange und fast 28 Tonnen schwere »Riesensäule«, die im vierten Jahrhundert herausgehauen wurde und von deren Höhe, ganz oben am Felsenmeer samt Kiosk, sich dann der Strom der Steine hinab ins Tal ergießt.

Dort stehe ich nun mit den Freunden am Fuße des Felsenmeeres und schaue in den Schlund unter dem großen Felsen, aus dem ein kleiner Bach hervorlugt. Darüber steht auf einem großen, aufrecht stehenden »Findling« in Fraktur **Siegfried-Quelle**, wobei die echte Quelle weiter oben bei der Riesensäule entspringt und hier, wo wir stehen, der Quellbach an einer offenen Stelle aus dem Felsen tritt. Das soll sie sein, die bedeutendste Quelle der deutschen Literatur und Sagenwelt, die Siegfriedsquelle, an der im »Nibelungenlied« der Bösewicht Hagen von Tronje den Speer in Siegfrieds Schulter rammte, am einzig verwundbaren Punkt seines Körpers nach Siegfrieds Bad im Blut des Drachen. Denn ein Lindenblatt hatte sich daraufgelegt und ließ das schützende Drachenblut nicht an den Körper. Hagen stieß zu und tötete den Helden, als dieser sich bei einer Jagd nach einem gemeinsamen Wettrennen zur Quelle bückte, um zu trinken.

Dies die Kurzfassung, doch es ist fraglich, ob wir hier an der richtigen Quelle stehen. Denn es gibt noch sieben weitere Dörfer, die von sich behaupten, die richtige Siegfriedsquelle zu haben: Grasellenbach, Hiltersklingen, Heppenheim, Lindenfeld, Amorbach, der Ludwigshafener Stadtteil Edigheim und Odenheim im Kraichgau, 25 Kilometer südlich von Heidelberg. Es ist vermutlich der seltsamste und kurioseste Streit um eine Quelle hierzulande. Nachzuweisen ist es bei einer Sage wie dem Nibelungenlied ohnehin nicht, und doch gibt es Hinweise, die vieles möglich machen – etwa die Entfernung der möglichen Quelle zu Worms, der Hauptstadt der Nibelungen, zu deren Kirche und Morgenmesse Siegfrieds Leiche gebracht wurde. Eine Rolle spielt daher die Geschwindigkeit, die damals ein Pferd für den Transport gebraucht haben könnte, ebenso wie die Lage des Orts, gemäß einer Zeile im Lied, »vor« und »nicht« im Odenwald oder Ähnlichkeiten von heutigen Ortsnamen mit Flurbezeichnungen im Originaltext, der um 1200 verfasst wurde. Letztlich sind die Mutmaßungen zusammen mit der Todesszene Siegfrieds fast wie ein Krimi, aber sie führen dann doch zu nichts.

Wir gehen an diesem Tag noch zehn Kilometer, über Knoden und Seidenbuch, bis die Füße müder werden und uns kurz vor den ersten Schlierbacher Häusern ein gepflegtes Kneippbecken neben dem Weg einen unverhofften Empfang bereitet. Ich bin schnell drin und drehe langsam meine Runden, sodass wieder Leben in die Füße und dann in den ganzen Körper kommt, alle Sinne sich berappeln und freuen, bis irgendwann diese tiefe Kälte zu schmerzen beginnt und es Zeit wird, weiterzugehen zum »Römischen Kaiser«, um den Tag dort zünftig zu beenden.

Mythen. Das Nibelungenlied ist die Sage schlechthin, und die Quelle spielt in ihr eine tragende Rolle. Ich wollte aber noch mehr über die Mystik und Bedeutung des Wassers in den Sagen und Märchen meiner Gegend erfahren und habe angefangen zu lesen. So unterschiedlich die Geschichten sind, das Wasser ist in ihnen immer zweierlei: Todesbringer und Lebensspender, Geburtsort und Medium des Sterbens. Manchmal dient es auch nur als Versteck für höhere und tiefere Wesen, aber es hält immer das Unbekannte, die Welt der Zauberer und Geister verborgen, weil es den Blick nicht freigibt. Immer bedeutet es eine Grenze für uns in eine andere Welt, die verschlossen bleibt und sich nur nach eigenen Gesetzen öffnet und wieder verschließt, um zu geben und zu nehmen.

Da ist der Zauberer in Lorsch unten an der Bergstraße, der zuerst das Vieh in den See führt und zum Schluss die Kinder der Dörfer fortbringt, in den Fels am Tannenberg, wo heute eine Burg steht; sie sollen nie mehr gesehen worden sein. Andernorts kamen die Kinder aus den Brunnen und entstand so das Leben, in Reichelsheim und im Balkhäuser Tal bei Jugenheim, einem engen, lang gezogenen Tal. Bei Darmstadt »nach Reinheim zu, liegen die drei Brunnen, auch Milchbrunnen und Kinderbrunnen genannt«, daraus stammen alle »Darmstädter«, wie es im Sagenbuch aus der südhessischen Region zwischen Bergstraße und Odenwald heißt. In Eberstadt, einem Stadtteil Darmstadts, soll es das »Brunnenkellerchen« geben, aus dem die Hebamme sich bediente, weil er voller Kinder immer war. Brunnen dienten in anderen Märchen einer verzauberten Magd als Versteck oder bei Hiltersklingen dem getöteten Helden Siegfried als ewige Heimat, aus der er mittags mit Hörnern teufelsgleich aufsteigt und sein Unwesen treibt. In Niedernhausen im Fischbachtal entsteigt ein Geist dem Dorfteich, verkleidet als Fuchs. Ein Geist wohnt auch in der Mümling bei Michelstadt, der den Tod eines Mannes herbeiwünscht, der sich beinah im Fluss ertränkt, gerettet wird, aber dann im Wirtshaus tot zusammenbricht. Im Auerbach wiederum sitzt ein Wesen, das laut niest und so den Geist eines toten Jungen erlöst, der darauf 30 Jahre gewartet hatte.

Ein Fluch liegt auch auf dem Großen Woog, Darmstadts heiligem See, denn bevor der Landgraf ihn anlegen ließ, hatte hier ein wohlhabender Müller eine gut gehende, große Mühle mit sieben Gängen. Für den See wurde der damalige Soderbach und spätere Darmbach aufgeteilt und umgeleitet, sodass der Mühle nun das Wasser fehlte. Der Müller kam »dermaßen in Rückgang, daß er sich am Ende aus Verzweiflung in den Woog stürzte«, wie das Sagenbuch festhält. Dabei soll er die Verwünschung ausgestoßen haben, dass von nun an einmal im Jahr ein Darmstädter im Woog ertrinken soll.

Die dramatischste Geschichte aus alter Zeit soll sich in meinem Mühltal zugetragen haben, am Fuße des geheimnisvollsten Waldberges, den wir haben, des Frankenstein mit der gleichnamigen Burg, Schauplatz eines der größten Halloween-Feste in Deutschland. Er ist ein geologisches Wunder mit Magnetsteinen, die jeden Kompass verrückt spielen lassen, und war tatsächlich ein Ort früher Experimente des auf der Burg 1673 geborenen Alchimisten Johann Konrad Dippel, der aus Knochen und Fleisch Öle destillierte, unter anderem für eine Universalmedizin, die er in seiner Dissertation anpries. Mary Shelleys Frankenstein hat wohl nichts mit ihm zu tun.

In Beerbach, gelegen am gleichnamigen Bach, Zufluss der Modau, steht heute oben am Lindwurmteich die Statue des Ritters Hans, den andere auch Georg nannten. Er befreite das kleine Dorf im sagenhaften Kampf, denn im Dorf gab es einen Brunnen, aus dem die Bauern und die Burgherren ihr Wasser holten; aber ein Drache, ein Lindwurm, bewachte den Brunnen und ließ niemanden durch, so er ihm nicht ein Tier opferte, »und solange er fraß, konnte jedermann zum Brunnen – wenn er aber nichts hatte, so fraß er die Leute, die zum Brunnen kamen«. So steht es im *Deutschen Sagenbuch* von 1853. Nieder-Beerbach litt unter der Bestie so sehr, dass Hans sie herausforderte und schlug, selbst aber am Drachengift starb. Begraben wurde er in der Kirche des Dorfes.

Wildschwimmen und Wasserfürchten. In Märchen und Sagen sterben Menschen und andere Wesen oft im wilden Wasser. Die Geschichten der Ertrunkenen bewegen mich immer wieder. Im Hitzesommer von 2018 schauten wir wie selten zuvor nach den Flüssen und Seen, weil sie begannen, kleiner zu werden oder ganz zu verschwinden. Ausgerechnet da waren die Medien voller Berichte über Ertrunkene, die den Rhein unterschätzt hatten. Oder ihre Kräfte nach einer Feier am Baggersee, diesen tückischen Kunstgewässern voller Ödnis und Tiefe, überschätzt.

Diese tiefe Angst vor dem Unsichtbaren, vor den bedrohlichen Seiten der Wildnis, kommt in vielen Gesprächen gerade im Sommer zum

Vorschein: Wenn Freunde sagen, dass sie nicht in den See gehen, es sei halt nichts für sie. Manchmal schieben sie etwas nach, den Schlick, die Wasserpflanzen, teils die Karpfen, ja immer wieder diese Abneigung gegen diesen dicken Kulturfisch. Sie fürchten alles, was uns von unten angreifen könnte in der Sphäre, die nicht unsere ist, wie wir glauben und lernen.

Eigene gefährliche Erfahrungen mit freiem Wasser sind spärlich, stimmen mich aber bis heute bedenklich. Glimpflich ging eine Neckarüberquerung im angetrunkenen Zustand aus. Nach erfolglosem Nachtangeln und ein paar Bieren waren wir einfach so hineingesprungen, wo in Neckargerach – häufiges Ziel unserer Angelausflüge vor dem Abitur – die Frachter ankerten. Der Neckar war nicht kalt, sondern sehr mollig und angenehm. Am anderen Ufer war auch noch alles gut, aber deutlich abgetrieben sind wir auf dem Rückweg, was uns klarmachte, dass das ganze Unterfangen nicht wirklich ratsam war. Ausgerechnet in der siffigen Mündung des Seebachs mussten wir hinauskrabbeln, auf den Schlicksteinen und Algenvorlegern, die es nicht leichter machen, die Steinpackung zu erreichen.

Vor ein paar Jahren bin ich beim Zelten mit Freunden in Eberbach, etwas stromab, nach dem Barbenangeln wieder einmal hineingesprungen und bis zur Mitte gezogen, auch weil ich wissen wollte, wie die Strömung sich nun ein paar Jahre später anfühlt. Ich musste kräftig schwimmen, um mich überhaupt auf der Stelle zu halten. Deshalb habe ich jetzt noch mehr Respekt, wenn ich in den Rhein hüpfe und zwischen den Buhnen ein paar Bahnen ziehe. In den Hauptstrom habe ich mich wohlweislich noch nie gewagt.

3

Im Teichreich

Noch ländlich und seenarm. Meine Seen sind nicht viele, denn ich komme aus einem Landstrich ohne natürliche Seen und einem Bundesland, das nur eine Handvoll hat. Dennoch gibt es ganz verschiedene stille Gewässer, die längst zur vertrauten Natur geworden sind, wenn auch sie von Menschen angelegt wurden. Im Zentrum meiner Stillwasserliebe stehen die Teiche, die es in ganz unterschiedlichen Formen mit verschiedensten Aufgaben gibt. Der Gartenteich und der Fischteich gehören dazu, ebenso wie der Feuerlöschteich, der Mühlenteich, der Parkteich oder der Schlossgraben, der oft ein Schlossteich ist. Sie dienen der Zierde, der Begrenzung, dem Löschen, der Ernährung, der Erholung und Zerstreuung, aber weniger dem Sport, also dem Schwimmen, Segeln, Surfen oder Tauchen. Dafür braucht es schon Seen, von denen es in meinem Beritt bei nicht so strenger Auslegung nur zwei oder drei gibt, darunter der Darmstädter Woog und eine alte Tongrube mitten im Wald, die schon früh auf meinen Wegen lag und nun wieder liegt. Sie ist voller Geschichten und ökologischer Botschaften. Daneben sind es die Fischteiche, denen ich mich widme und damit auch dem häufigsten Grund, aus dem stehende kleine Gewässer in der Historie entstanden sind, der Fischzucht und Teichwirtschaft.

Der Gartenteich. Ich habe am Gartenteich gelernt, was Symbiose heißt, als wir in dem klaren Wasser des Gartenteiches an der Hausnummer 15 bei Rouven so oft saßen und die Weibchen des Bitterling bei der einen großen Teichmuschel sahen. Sie leben miteinander und voneinander, dabei entstehen sogar neue Farben: Der Bitterling ist eigentlich graugrün, die Seiten silbrig, über die Mitte zieht sich ein leuchtender, blaugrüner Streifen. In der Laichzeit aber wird das Männchen fast zu einem Papagei: Rot schimmern die Kehle wie auch Flossen und Augen, blaugrün färben sich der Rücken und das Hinterteil. So versucht er, Weibchen zu seiner Muschel zu locken, die er heftig gegen alle Vorbeischwimmenden verteidigt.

Hat sich ein Weibchen für ihn entschieden, wird der Bitterlingmann friedlich. Er und seine Dame schwänzeln nun vor der Muschel und tummeln sich hier, bevor das eigentliche Schauspiel samt aller Instrumente dafür beginnt. Dem Weibchen wächst hinten am After eine Legeröhre für die Eier, den Rogen, den sie damit punktgenau in die Kiemen der Teichmuschel legt. Das Männchen schwimmt dann herbei und gibt seinen Samen dazu. Ein Weibchen entlässt in jede Muschel ein oder zwei Eier, dafür besucht sie aber viele Muscheln, sodass sie bis zu 100 Eier ablegt. Wenige Eier reichen, weil sie in der Muschel geschützt sind; nach zwei bis drei Wochen schlüpfen die Jungfische, die noch eine Zeit lang in der Muschel bleiben. Die Teichmuschel wiederum profitiert vom Bitterling, weil sich ihre Larven, die winzigen Glochidien, an die Kiemen oder Haut des Fisches heften und dort mehrere Tage bis Wochen bleiben. So breitet sich die Muschel aus, die allerdings auch selbst mit ihrem ausstülpbaren Fuß über den Grund wandern kann. Dort wühlt sie den Boden auf, saugt das Wasser ein und filtert mit ihren Kiemen das Plankton und die Algen heraus, von denen sie sich ernährt. Eine Muschel filtert so bis zu 40 Liter Teichwasser am Tag und ist deshalb wichtig für dessen Wasserqualität.

Bitterling und Teichmuschel – der Kleinste der Karpfenartigen und die (bei uns) größte der Muscheln mit 20 Zentimeter Länge und mehr –, sie sind aufeinander angewiesen und teilen das gleiche Schicksal: Die Bestände schwinden, teils stark, weil kleine Gewässer verschwinden, verschlammen, verlanden, also nicht mehr entschlammt werden, weil Dünger und andere Gifte in sie gelangen oder die flachen Uferzonen fehlen. Früher war es anders, gab es den Bitterling teils so oft, dass er mit Netzen herausgeholt und als Schweinefutter genutzt wurde. Wegen seines angeblich bitteren Geschmacks kam er kaum auf die Teller der Menschen.

Diese Lektion einer Symbiose war grundlegend; wir konnten sie selbst sehen. Doch an diesem Teich lernten wir noch viel mehr – auch mit Bestimmungsbuch und angetrieben von einem naturkundigen Erwachsenen. So etwa, dass ein Rückenschwimmer tatsächlich immer auf dem Rücken schwimmt. Wir sahen, wie die so selten gewordene Teichspinne aus dem Laichkraut heraus Wasserasseln jagt, kritisierten die Larve des Gelbrandkäfers, wahrlich keine Schönheit, für ihre Brutalität, denn diese bis zu acht Zentimeter lange Raublarve frisst Kaulquappen, indem sie sie mit den Zangen packt und dann langsam aussaugt. Danach formt sie ein Nest aus Holz und Speichel, in dem sie sich verpuppt und überwintert, um als Käfer im Frühjahr ein weiteres Leben zu bestreiten.

An diesem Teich stand irgendwann der erste Reiher, wohnten ein paar Stockgänse wie auch Bergmolche, die wir unerlaubterweise aus dem einzigen Kneippbecken des Dorfes im Mittelbachtal eingesammelt und hierhergebracht hatten. Zu dem Becken bin ich kürzlich zurückgekehrt.

Kneippland. Das Becken liegt knapp 30 Jahre später vor mir und meinen Kindern. Wir haben uns durch eine enge Wand aus Wilden Reben gezwängt, die das verwilderte Vogelschutzgebiet am Teich im Mittelbachtal einfasst, haben uns dann mit Stöcken durch Brennnesselwände geschlagen und lange gesucht. Dann ist da das Geländer, tauchen die Formen des alten Kneippbeckens aus der schwarzen Erde auf, größtenteils unter Ästen und Matsch begraben. Ich versuche zu erklären, wie es früher war, hier die Füße zu baden und Molche zu fangen, aber es gelingt mir nicht so richtig. Denn ich bin in Gedanken an jenen

Kneippbecken, die frei sind, etwa in Alsbach unterm Schloss oder in Schlierbach über dem Dorf, eingebettet in eine Wiese, direkt am Weg, wie aus einem Bäderbuch.

Wie gesund und wohltuend Kaltwasserbäder sind, weiß die Medizin eigentlich immer noch; und es ist leicht selbst zu fühlen, wenn man das kalte Duschen etwa zur Gewohnheit macht oder in einen Fluss steigt oder Kneippbäder aufsucht; es gibt mehr, als man denkt, mindestens 684 derzeit, die »Liste öffentlicher Kneippanlagen in Deutschland« zeigt sie alle an. Kneippbecken schaffen solch eine tiefgehende und landschaftsfreundliche, ganz eingebettete Art, sich dem Wasser hinzugeben, dass ich sie, etwa als kurfürstlicher Wasserplaner, wenn es noch Kurfürsten gäbe, wieder großflächig einführen würde, um Beziehungsbrücken zu den Quellen und Bächen zu bauen. Wir brauchen diese Brücken gerade in den neuen Hitzesommern, in denen wir um jedes kleine Gewässer zum Kühlen des Mikroklimas froh sein werden. Ich stelle mir Kneippbecken am Waschenbach und der Modau vor, am Darmbach in Darmstadt, mit Lehrtafeln und ökologischen Bildungsrouten. Sie wären fast so en vogue, wie sie es in Bad Wörishofen, der Heimat von Sebastian Kneipp, heute noch sind.

Teich im heimlichen Tal. Der Mittelbachteich ist der Held einer Geschichte der Genesung, einer hoffnungsvollen Wassergeschichte. Denn er war fast ganz verlandet, und wo wir früher erst heimlich und einmal auch ganz offiziell viele Karpfen mit Schwimmbrot fingen, konnte man hintreten, war kein Wasser mehr. Dann nahm der Naturschützer Karlheinz Waffenschmidt alle Kräfte zusammen und schaffte es 2015, mit Getreuen in zehn Arbeitseinsätzen den Schilfteich zu retten. Denn das Wasser drohte zu kippen, wie so oft bei diesen Teichen, die von Menschen gemacht sind und Pflege brauchen – eine oft unterschätzte und vergessene Aufgabe.

Hier haben Ehrenämtler des Nabu und des BUND geschaufelt, Hecken gestutzt und wieder alte Baumstämme und Windschutz aus

Zweigen um den Teich gelegt. Später sind sie in Wathosen hineingegangen und mit dem Boot, haben Algen mit Holzrechen entfernt, Elritzen und Stichlinge ausgesetzt, das Schilf gelichtet. Es sind Arbeiten, die Naturschützer und Angler oft machen, damit die Teiche Artenschätze bleiben können, Arbeiten, die meist unbesehen verlaufen, an Wochenenden, irgendwo an abgelegenen Ufern, die vermutlich Hunderttausende Stunden Arbeit jedes Jahr im ganzen Land ausmachen.

Karlheinz Waffenschmidt ist in Nieder-Ramstadt aufgewachsen, nahe beim Mittelbachtal. Er hat hier heute noch einen Garten unterhalb des 700 Quadratmeter großen Teiches, den die Naturschützer 1976 selbst anlegten und den der kleine Mittelbach speist, der in die Modau mündet. Der Naturschützer gibt manchmal Führungen durch sein Revier, das wir früher auf unseren Touren immer wieder angesteuert haben – des Schwarzangelns wegen, bei dem einer am Weg Schmiere stand und die anderen beiden sich über die Brüstung beugten und dann nur einen Ast mit Schnur und Haken oder ganz ohne Rute ins Wasser hielten, um kleine Rotaugen und Brassen zu ziehen und diese wieder zurückzuwerfen.

Es war auch der Ort der Königslibelle, die sich auf den Blättern der See- und Teichrosen oft niederließen. Sie kommt nun wieder. Denn wie in einem Brennglas zeigt sich jetzt am Mittelbachteich, wie ein Ökosystem neu entsteht: Der erste Eisvogel fliegt nach der Entschlammung von der Modau herüber; gleichzeitig ist in das große Schilffeld vor dem Teich wieder ein Röhrichttrio eingezogen: Rohrammer, Sumpfrohrsänger und Rohrschwirrl. Weniger geworden ist das Indische Springkraut, weil es die Naturschützer Jahr für Jahr ausgerissen und weggeschafft haben, andernfalls es zur dominanten Pflanze an Teichen und Flüssen wird. Ihr schwerer, süßlicher Duft ist inzwischen schon zum natürlichen Parfüm heimischer Ufer geworden.

Der Mittelbachteich liegt in einem abgeschiedenen Tal, das jäh nach dem Tunnel eines Viadukts beginnt, von dort geht es im Osten steil hinauf in den Wald zum Kaiserberg und über die Streuobstwiesen hinweg, die die Vogelfreunde von Traisa angelegt haben. Im Westen zieht sich das Tal mit seinen steil aufsteigenden, weiten Wiesen, eingerahmt von Buchenmischwäldern, unterhalb der Höhenrücken von Vogelberg, Schlottenberg und Birkenberg, im Dorf »Köpfchen« genannt, entlang bis zu den Anfängen des Golfplatzes in Traisa.

Der Artenreichtum ist hier wunderbar; da spießt der Neuntöter Käfer auf die Dornenhecken, leuchtet grellgelb der Pirol und blühen im Frühjahr Wildkrokus, Narzissen, Anemonen, Schneeglöckchen, Winterling, Märzenbecher und die Herbstzeitslose. Darüber ziehen Rotmilane ihre Kreise, coraxt der Kolkrabe, gehen die Rehe auf die hochgelegenen Wiesen und kommen die Fledermäuse im Sommer heraus. Wir haben als Jugendliche mit der Umweltgruppe hier einmal eine Exkursion gemacht und den Ultrallschalllauten der Flugmeister am Teichufer gelauscht, es war ein Fest des Hörens mit all dem Klicken, Ziepen, Tocken und Tackern, das aus dem Detektor herauskam. Bei der letzten Exkursion des Naturschutzbundes schrien am Teich neben der häufigen Zwergfledermaus auch Mückenfledermaus, Rauhautfledermaus und der Große Abendsegler ihre Jagdlaute in die Nacht. Allerdings haben Rebhuhn und Fasan im Mittelbachtal stark abgenommen über die letzten 40 Jahre, wie die steten Vogelzählungen des Nabu hier zeigen. Auch das Breitblättrige Knabenkraut, eine purpurrote Orchideenschönheit der ungedüngten Feuchtwiesen, ist mit den Düngern und der Gülle verschwunden.

Ein solcher Teich ist auch Kristallisationspunkt für die Nutzung der Landschaft, für Streitereien um Land- und Wegerechte, die so alt sind wie die ersten Zäune. Hier standen sich Golfspieler und Umweltschützer gegenüber – aber auch die Bauern kommen ins Spiel, wenn es ums Düngen ihrer Felder geht, die direkt an Bach und Teich grenzen. Hier im Mittelbachtal ist es nie laut. Nur manchmal gibt es traditionell hessische Kelterfeste, zu denen die Besucher an der Scheune kommen, wo in der Nähe sich auch ein Waldkindergarten niedergelassen hat. Man kann eigene Äpfel mitbringen, die dann in der Handpresse zu Saft gemacht werden, ein Brauch, den wir in der Familie selbst lange pflegten mit den beiden steilen, dunklen Apfelgrundstücken, der »Erre« und der »Heckmit« bei Bensheim an der Bergstraße, wo mein Vater seine ersten Jahre verbrachte. Eine lange Winterwanderung mit ihm, der Mutter und meiner Schwester kommt mir in den Sinn – durch das Mittelbachtal hinterm Eisenbahntunnel, in dem das Echo besser klingt als sonst wo im Dorf.

Landart-Insel. Wenige Teiche fangen mich so ein wie Biberteiche, nach wenigen Tieren sehne ich mich so wie nach dem Biber. Einen Biber zu sehen, länger zu beobachten, der Wunsch ist lebendiger denn je, nun, wo der Biber an der Modau ist, in meinem Revier. Welchen Sinn für Schönheit und Kunst er hat, durfte ich ganz unverhofft an einem kalten Märztag nicht weit von der Modau sehen, im System ihrer Flussschwester, der Gersprenz, an der er sich über die Jahre stark ausgebreitet hat. Vom Main ist er gekommen und wohnt nun in kleinen Bächen bei den Gemeinden Otzberg und Reinheim.

Irgendwo hinter Nieder-Klingen parkt dann Karsten Heinrich, der Biberbeauftragte des Landkreises Darmstadt-Dieburg, seinen Wagen an einem Feldweg und neben einem Acker, der hinten, zum dichten Heckenstreifen aus Weißdorn und Schlehen, nass wird, dann überflutet ist, so viel ist zu sehen, nicht mehr. Bis wir dort sind, dauert es, denn jeder Schritt braucht einen klugen Gedanken; der vermeintlich feuchte Acker ist ein Sumpf, in dem Heinrich bald schon stecken bleibt, ganz fest, Vorankommen unmöglich. Ich stapfe zurück, falle selbst fast und packe dann beide, erst den einen Gummistiefel, dann den anderen; der Berater ist frei, und wir können weiter schmatzen und stapfen, bis zum Heckenvorhang, an dem es kein Durchkommen zu geben scheint. Wir waten auf und ab, schauen nach einer Lücke. Dann scheint der Weißdorn doch ein kleines Fenster gelassen zu haben. Wir zwängen uns hinein, bleiben aber hängen, müssen zurück, neu ansetzen, irgendwie geht es, ich bin zuerst durch und stehe dann gebannt an einem unvermuteten Schauplatz. Mein Landschaftsschauder zieht stark herauf, das Kribbeln vom Rücken hoch in den Kopf, Zeichen für eine spontane Ergriffenheit, auf die mich der Biberroutinier Heinrich, eher still als Biologe, Antwort- statt Fragemensch im Beruf, nicht vorbereiten konnte.

Was ich sehe, ist Kunst, Feinsinn. Ein Werk der Großen, wie ich es nicht erdacht hätte, obwohl ich schon einmal mit einem Biologen tief in der Eifel für eine Biberreportage unterwegs war und wie im Hürtgenwald auch die schönen Teiche des Baumeisters sah. Hier hat der Biber auf einer kleinen Insel eine Landart-Ausstellung mit Baumskulpturen geschaffen, die von klaren Bächen umspült wird. Ihr Sand schimmert so hell, dass ich sofort eintauchen und ihn greifen will, und die Bäche gurgeln so leise und fein, als wären sie Hintergrundstimmen in einer Sinfonie. Wir sind hinter einen Vorhang getreten in eine andere Welt, die jetzt ganz vollkommen vor uns liegt mit ihren Klängen, Formen und Farben. Trotz der verwaschenen Märzbräune, die im Erlenwald vorherrscht, flackern helle Lichter auf bei den frisch gefällten, benagten, gedrechselten, gesägten, geschnitzten und gefeilten Stämmen und Stümpfen auf der kleinen Insel da drüben. »Letzte Nacht muss es passiert sein«, sagt Heinrich leise.

Es ist das Hellbraun von fünf fast gleich großen Erlen. Die fünf Hölzer ragen dicht nebeneinander empor, inmitten eines kleinen Zweignestes im Biberbach, scheinbar bewusst komponiert, wie eine Familie, die die Köpfe in die Höhe hält und im Wasser zusammen glücklich ist. Die Erlen sind sorgsam entrindet und scheinen fast weiß herüber durch das Braungrau der anderen, noch lebenden Erlen, durch das fahle Gelb vertrockneter Gräser und die grünen Flecken der Grasinseln, die nicht überflutet worden sind. Doch die Fünf sind nicht ganz weiß und nackt: Sie tragen gesprenkelte Rindenmäntel, haben noch dünne braune Linien, die der Nagekünstler ihnen gelassen hat. Hinter den fünf Figuren liegt ein vier Meter langer Erlenstamm, der blank ist, gelbweiß, noch heller und fast ganz ohne braune Rindenlinien, er stammt aus einer großen Erle, die mitten im Bach stand und dann auf die Insel gefallen ist. Er liegt nun da wie eine Brücke, die zum Einritt in das eigentliche Biberreich auf dem Eiland einlädt, das hinter dichten Weißdornvorhängen weiterzugehen scheint.

Der lange nackte Stamm scheint aber auch wie ein Wächter, der die Erlenfamilie bewacht, sie als Barriere schützt. Denn vor ihnen stehen, mitten im strudelnden Bach, zwei weitere Skulpturengruppen aus sehr gründlich abgenagten und entrindeten, aber nicht ganz so frischen Stümpfen. Sie sind mehr beige und in der Form sich noch stärker zugeneigt, haben dabei aber den Blick auf die Familie gerichtet, die so hell am Ufer hinter ihnen steht und strahlt.

Heinrich spricht mich an, aber ich antworte erst nach einem langen Moment. Wir sind dann wieder bei den Fakten, dem Tennisplatz, den die Biber in der Nähe manchmal überschwemmen, der Herausforderung für den Kreis, Flächen von Bauern zu kaufen, damit der Biber weiter bauen kann. Wir fahren dann noch zu weiten Seen, die voller Wasservögel sind, Biberseen, und schreiten an einer anderen Stelle die kleinen Dämme an dem Tennisplatz entlang, die irgendwer illegal in der Mitte aufgerissen hat, vielleicht damit keine Flut mehr die roten Plätze tränkt. Ich notiere, fotografiere, stelle Fragen, bin Reporter, wie immer. Aber mein Ortssinn und auch der für die Landschaftserhabenheit, sie sind beide noch nicht hierher mitgereist. Sie sind auf der Kunstinsel geblieben, bei den klaren Biberbächen und den Skulpturen.

Wassermenschen. Die Wassermenschen, sie sind mehr, als ich vor den Erkundungen dachte. Natürlich war ich davon ausgegangen, ganz verschiedene zu treffen wie die Naturschützer, Angler, Kanuten, Wissenschaftler, Fährleute, Verwaltungsreferenten oder Klärwerker, und sie alle haben hier ihren Platz, ebenso wie die, die ich erst entdecken musste – die hingebungsvollen alten Männer, die die Brunnen schützen, die singenden Baptisten, die ganz untertauchen, der Deichwart in Rente oder die Kinder, die das Bachufer als Schatz zum Spielen begreifen. Und viele andere, von denen hier die Rede sein wird. Manche sind eng mit ihrem See oder Fluss verwoben, arbeiten seit Jahren dazu, haben starke Gewässerbeziehungen aufgebaut ähnlich wie ich, der mit dem Wandern, Schreiben und Beobachten in ein seltsames Flussverhältnis geraten ist. Manches habe ich über die Fakten hinaus von den Wassermenschen mitgenommen; einzelne Sätze, in denen mehr lag als bloßes Wissen – etwa vom Brunnenputzer, wie wichtig das Gurgeln eines Brunnens für das Leben in der Stadt ist, oder vom Quellenschützer, dass sich hier am Anfang besonders viel Wasserliebe stiften ließe.

Es wird stadthaft – Städte und Wasser. Ich bin zum Schreiben in der Stadt, arbeitsnomadisch in Cafés, und treffe auch hier die alltäglichen Wassermenschen, bekomme nur einen Gesprächsfetzen mit, bevor der stämmige Schnurrbartträger mit leichtem Stolz durch die Tür im Septembertaumel wieder geht. »Jeden Morgen?«, fragt die Bedienung. »Ja, ich gehe jeden Morgen im Woog schwimmen.« Der Stadtsee gibt das her, so klein er auch ist und sosehr dieser Stadt die größeren Wasser fehlen, die sonst den Städten so überaus guttun. So habe ich es zumindest immer erlebt, in Hamburg natürlich, aber auch in Düsseldorf, das vom Rhein bestimmt war, oben in Benrath beim Schloss, wo er breiter wird, in die Kurve geht und die Auen beginnen. Paderborn hatte die Pader, Deutschlands kleinsten Fluss. Ich weiß nicht, wie oft ich diesen Satz beim Volontariat schreiben musste, ein immer wiederholter Glaubenssatz dieser tiefschwarzen Bischofsstadt.

Sind es nur Kanäle, war die Wasserlandschaft in oder um die Stadt für mich zu gerade gebogen, aber auch zu versteckt. Vielleicht fühlte ich mich deshalb in den Dortmunder Studienjahren nie ganz wohl, wobei der dreckigste Fluss des Landes, die Emscher, auch ihren Beitrag leistete. Denn damals, Ende der 1990er-Jahre, schwamm in ihr noch das Klopapier mit der Morgenfracht durchs Wohngebiet am Campus. Wenigen Flüssen ging es schlechter in Deutschland. Aber diese Misere führte zu einer der größten Renaturierungen in den letzten Jahrzehnten und damit zu einem Beispiel, was Politik an Flüssen erreichen kann, wenn sie nur will. Der Umbau des alten Industrieflusses zur neuen Emscher sei »das größte Projekt weltweit dieser Art«, sagte die nordrhein-westfälische Umweltministerin Ursula Heinen-Esser Ende Juni 2019, als sie die umgebaute Kläranlage an der Emschermündung in die Ruhr einweihte. »Das, was hier passiert, ist beispielgebend für vieles, was vielleicht in dieser Welt noch passieren könnte und müsste.«

In Brüssel, wo ich eine Journalistenschule besuchte und zu Forschungen immer wieder zurückkehrte, war es etwas ähnlich – wenig Wasser, nur ein dröger Kanal samt Industriehafen, dafür aber ein lebendiges Hafenviertel mit gediegenen Restaurants und immerhin so etwas wie marinem Flair und Meereszuneigung durch die Muschelküche.

Auch in Aachen, wo ich studierte und 2003 in einem alten Bauernhof unterm Dach wegen der großen Hitze meine Diplomarbeit fast nackt schrieb, fehlte das Wasser ganz: kein Fluss, kein See. Ich bin aus der Wasserlosigkeit dann an die Maas in den Niederlanden geflohen und habe dort nach sieben zehrenden Jahren der Angellosigkeit wieder begonnen, die Rute auszuwerfen – ein Sieg über mich selbst und die wasserlosen Orte, auch wenn am langsamen Strom in diesem zersiedelten Land keine Feierlichkeit aufkam. In Bonn habe ich gearbeitet, und der Blick auf den Rhein, der durch die Fenster der Redaktion der Deutschen Welle immer sehr gut und mächtig unten lag, war eine gute Ablenkung in der Pause. Berlin ist so voller Wasser, dass diese Kanal- und Seenwelt ein Extrakapitel, ein Extrabuch braucht.

Und dann ist da noch die Wasserstadt meiner Studienzeit, Tours an der Loire, das so sehr von diesem letzten wilden Flusswesen Westeuropas beherrscht wird, dass mir die Gänsehaut kommt, wenn ich an meine Zeit dort als Student an der Journalistenschule denke. Der Fluss fließt in das Leben, vor allem das junge, in die Stadt hinein, schenkt ihr Inseln und wunderbare Geheimnisse aus Sand und Stein, die mich antrieben und auf der großen Hängebrücke staunen ließen. Denn die unbegradigte Loire ist in Tours so machtvoll und schnell, dass sie immer wieder das Bild ändert: Neue Sandbänke tauchen von einen Tag auf den anderen auf, wabernde Wasserpflanzen erscheinen plötzlich wie neu gepflanzte Flusswälder in der Strömung, »Findlinge« ragen heraus, wenn der Wasserstand sinkt. Nichts ist mehr zu sehen, wenn die Loire nach Regen anschwillt und vieles mitreißt. Sie ist auch hier in der Stadt so ein wildes, unberechenbares Lebewesen, wie es einmal alle unsere Flüsse waren.

Verzaubert hat mich, ähnlich wie die Loire, aber auf noch städtischere, eigene Weise, in Hamburg die junge Kraft der oberen Alster, an der ich einmal ein paar Monate wohnen durfte, während die Elbe die Weite brachte, gerade in den Sandbuchten am Falkensteiner Ufer, das mit Gerüchten und Winden so sehr schon vom Meer kündet.

Der St.-Lorenz-Strom lag in Kanada so groß und diesig über Tage neben mir im Nebel, dass ich hier von einem anderen Land, nicht mehr von Wasser ausging; die Wale, über die ich dort schrieb, waren Nebelwesen und Bewohner einer Zwischenweltwelt, einer Flussmündung, die eigentlich ein Meeresarm ist.

Noch weiter erschien mir nur der Mekong, vielmehr seine Arme, die wir mit den Dozenten der nationalen Medienakademie befuhren, die ich in Vietnam drei Jahre lang mit einem Kollegen im Umweltjournalismus schulte. Ein kleiner Hafen, übervoll mit Plastikflaschen, Styropor und Tüten; man hätte wohl darauf laufen können, so dicht war der Teppich. Dieses Bild hat sich festgesetzt neben den Stümpfen der abgeholzten Mangrovenbäume an den Ufern, den armen Schilfdörfern mit den schiefen Hütten an den Ufern und der einzigen Bootstankstelle, die ich kenne.

Es sind viele Flüsse, die wir alle treffen, jede und jeder von ihnen ist mindestens eine lange Gedankenreise wert oder besser einen Gang am Ufer entlang. So könnte die neue Stadtgestaltung, die die Folgen des Klimawandels nun einfordern, eine große Chance sein: Wasser und Bäume könnten zurückkehren in die Innenstädte, zum Kühlen des aufgeheizten Mikroklimas, aber auch für Erosionsschutz, Sauerstoff und für die Schönheit selbst, die jedes kleine Wäldchen und jeder kleine See in die Stadt bringen, selbst wenn Beton im Spiel ist. Das Wasser wird ihn in seiner Wirkung immer besiegen. Ich hoffe, dass die Politiker auf die neuen Stadtgestalter hören werden; die klimagerechten Innenstädte, sie fangen hie und da schon an, in Seoul, Kopenhagen und Amsterdam.

Kranichzug. Wir sind an die Ostsee gefahren, auf den Darß, um vom Ausguck aus großer Nähe die Kraniche zu sehen. Das ist uns zweimal nicht gelungen, sie waren immer Hunderte Meter weg, standen in der flachen Boddenbucht im Nebel, erhoben sich von dort in die aufkeimenden Wintersonnenstrahlen des frühen Morgens oder kamen im Fahlrot des Abends über die Felder hereingeschwebt, um in der Bucht wieder zu übernachten. Sicher, es waren Hunderte in der Luft und Tausende im flachen Wasser.

Ich hätte aber nie gedacht, dass ich später, heute, die schönsten Blicke auf Kraniche direkt über Darmstadt haben würde. Das war heute Morgen gegen 10.30 Uhr. Da sind 80 Kraniche in drei großen V-Formationen über das Martinsviertel gezogen; sie sangen dabei laut ihre trompetenden, blechernen Melodien des weiten Reisens. Es war ein besonderer Moment, so wie Tage mit großen Vögeln in klarer Luft immer etwas zu bedeuten scheinen. Dann ist mir noch aufgefallen, dass im Teeladen auf dem Riegerplatz ein spanischer Wein steht, der Kraniche im Titel führt – eine gute Abrundung für diesen unerwarteten Zaubervogeltag.

Sonnenkarpfen. Ich könnte den Karpfen das geruhsame Erlebnis des Sonnenbadens und Dahintreibens in dieser Seerosenbucht niemals abschlagen; den Genuss und die Leichtigkeit, die auch sie fühlen müssen – denn Fische wie diese Großkarpfen hier am Darmstädter Woog hegen sicher noch andere Empfindungen und Neigungen, als sich nur fortpflanzen und ernähren zu wollen. Diesen vier Karpfen, zwei davon geschuppt, zwei spiegelglatt am Körper und daher Spiegelkarpfen, alle um die zehn Kilogramm, traue ich von meiner Warte am Ufer hinter Bäumen aus fast alles zu, was mit Entspannung zu tun hat. Sie schieben ihre großen Körper sanft und langsam durch die flache, grünliche und sonnendurchflutete Bucht, halten inne in dem gerade metertiefen Wasser, schwänzeln unter Rosenblätter, gleiten heraus, lugen kurz aus dem Wasser, tauchen wieder ab, kreisen dabei, gehen hin und schwimmen wieder her; all das ohne Nahrungsaufnahme, gegenseitige Kontaktaufnahme oder andere Zerstreuung. Sie scheinen für sich zu sein, in einer Art des Genießens oder, wie man es eben sieht, des öden Hindümpelns, das keine Bedeutung und keinen Sinn hat, nicht für die Kreatur und nicht für die Beobachter.

Die Größe der Fische verleiht ihnen Erhabenheit und macht das Gleiten, Sonnen und Sichbelassen deutlicher und mächtiger; vielleicht fällt es mir deshalb so auf. Auch kleinere Fische haben sicher ähnliche Momente, die wir bei Säugetieren, spielenden Fischottern oder sich sonnenden Bibern etwa mit Bedeutung aufladen und mit ihrer Vermenschlichung beginnen würden, wobei über den Begriff zu streiten wäre, denn die Anerkennung von Genussfähigkeit muss nicht schon eine komplette Vermenschlichung einer Art bedeuten, auch wenn sie in vielem weniger komplex ist als der Mensch.

Am Woog. Immer wieder sitze ich am großen Fenster das Cafés am Woog, dem Platz mit der besten Aussicht und der einzigen Steckdose für den Laptop. Oder ich treffe hier Ufer- und Wassermenschen wie Thomas Deuster, den ich zuerst von seinem Buch über Darmstadts Gewässer kannte, in dem er alle Teiche und Bäche der gesamten Region historisch wie auch ökologisch porträtiert und in dem trotz aller Fakten seine prächtige Mischung aus Wasserdrang und Heimatliebe durchscheint. Als Thomas merkt, dass ich mit Teichen und Flüssen Ähnliches im Sinn habe wie er, beginnt er zu leuchten – das ganze Gespräch über hier auf dem Balkon über dem Woog, wo unten die Karpfen ziehen und nebenan die Jungen von denkmalgeschützten Sprungtürmen in die braune Kostbarkeit springen, von der die Stadt so wenig hat: Wasser in größeren Flächen. Für seine kleine Fläche von sechs Hektar hat der Woog viel zu bieten: Zwei Schwimmbänder gibt es hier, das Anschwimmen im Mai, das Abschwimmen im September, den Bootsverleih, eine Jugendherberge und das 2010 eröffnete Café am Ufer vor den Sprungtürmen, die im einzigen neueren Kinofilm über Darmstadt – dem Studentenstreifen »16 Semester« – immer wieder zu sehen sind, weil man hier feiert und springt, nachts und tagsüber in ein Wasser, das höchstens 3,3 Meter, meist aber nur 1,8 Meter tief ist und für seine braune Farbe bekannt. Seit 1820 ist der Woog ein Badeteich. Oder eben See.

Um den verehrten Stadtsee kümmern sich viele, zuvorderst die Woogfreunde, die sich 1973 im Widerstand dagegen gründeten, aus dem Woog ein Leistungszentrum für Schwimmer zu machen, mit beheiztem Becken, was dem Naturbadesee ein Ende bereitet hätte. Dazu kommen, wie Thomas Deuster in seinem Buch aufzählt, die Anglergemeinschaft, die Aquarianer und Reptilienfreunde der »Hottonia« und die 1911 gegründete Schwimmgruppe »Schlammbeißer«, die nach dem gleichnamigen bemerkenswerten Schmerlenfisch benannt ist, der wiederum auch Furzgrundel oder Gewitterfurzer heißt, weil er Luft schluckt und sie bei Gefahr über den After wieder ablässt. Nur kommt der Fisch im Woog nicht vor, die Namensherkunft bleibt ein Rätsel.

Dem Woog verpflichtet ist auch die Gruppe, die sich um seinen Zulauf, den Darmbach, kümmert und dafür kämpft, dass dieser in der Darmstädter Innenstadt offen gelegt wird – ganz so, wie es in den vergangenen Jahren in vielen Städten wieder geschehen ist, etwa in Siegen. Dort blüht das städtische Leben in der Innenstadt an den Ufern wieder auf, weil man nach langem Ringen und Streiten den Fluss aus dem Dunkel geholt hat und die Menschen ganz nah heranlässt auf Terrassen und Treppen. In Ingolstadt hat man das auch irgendwann erkannt und den Ingoldstädtern Buchten und Nischen hin zur Donau geöffnet, wo vorher nur steile Ufermauern waren.

Thomas Deuster ist bei den Darmbachkämpfern dabei, seit Jahren, zäh und ausdauernd. Den Anfang haben die organisierten Bachfreunde geschafft, oben am Vivarium, wo der Bach aus der Waldaue fließt und renaturiert wurde. Sie machen immer weiter, auch mit dem Ziel, ein weiteres Gewässer aus dem Osten der Stadt mit dem Woog zu verbinden, den Meiereibach, der in der Hitze und Dürre leidet, der stinkt und manchmal nur noch wenig Wasser führt. Thomas Deuster hat seine Kinder mit Wasser aus dem Woog taufen lassen, das er von Darmstadt nach Karlsruhe gebracht hat, wo er nun der Liebe wegen wohnt. Er ist oft hier in der Stadt für Besuche und Vorträge zu den Gewässern, gerade den kleinen, die keiner kennt wie er.

Die Taufen haben Tradition an diesem See, denn alle drei Jahre tauft der Pfarrer der Evangelischen Thomasgemeinde woogliebende Eltern und vor allem deren Kinder zum Spätsommer im See, als den die Darmstädter ihr Heiligtum begreifen – und eben nicht als Teich, der der Woog ganz früher einmal war, als ihn Landgraf Ludwig IV. um 1568 als Fischteich anlegen ließ. Und als Staubecken, das einen geregelten Zufluss für Mühlen flussab ermöglichte.

Der Woog ist heilig, weil in Darmstadt der große Fluss fehlt. Der Darmbach ist zu klein, als dass man in ihm schwimmen könnte, und auch als Ort für Heiratsanträge eignet er sich nur bedingt; schon besser ist hier die alte »Liebesinsel« im Woog, auf dem in alter Zeit ein Wächter im Boot patrouillierte, um sicherzustellen, dass sich Männer und Frauen in den für sie abgetrennten Badezonen nicht zu nahe kamen oder in der Seemitte gar trafen. Sonst, so heißt es, teile der Bootsmann mit dem Paddel aus. Am Großen Woog war noch mehr los: Hier fanden nationale Meisterschaften und internationale Schwimmkämpfe statt, 1937 gegen Frankreich, 1955 gegen Schweden. Und hier stellte der Darmstädter Hof 1660 eine große Seeschlacht nach. Am Woog gab es auch eine Schwimmschule für das Militär, hatten die Tuchmacher ihre Bleichplätze, liefen die Darmstädter Schlittschuh und brachen die Brauereien das Eis für die Lagerkeller.

Es gibt Bücher und Gedichte zu diesem kleinen großen See, wie ohnehin in Darmstadt jeder Straße ein Buch gewidmet ist, wie man behauptet. In der Tat sind sehr viele Darmstädter Orte und Menschen zu Papier gebracht worden, was auch in einer Stadt der Literatur nicht verwundert, in der, neben einigen anderen Literaturhäusern und -instituten, die Deutsche Akademie für Sprache und Dichtung sitzt und den Georg-Büchner-Preis verleiht. Manchmal mutet Darmstadt wie Island an, die Dichterquote ist ähnlich hoch, und jeden Monat schwirrt es in der Stadt vor literarischen Treffen, Konferenzen, Ausstellungen, Lesungen und Symposien.

Auch der größte der Dichter ist hier geschwommen: Am 15. Mai 1775 sprang der junge Goethe mit drei Reisegefährten und seinem Darmstädter Freund, dem Schriftsteller Johann Heinrich Merck, nach einem »Pflichtbesuch bei Hofe«, wie es im Stadtlexikon heißt, nackt in den Woog. Es gab ein »öffentliches Ärgernis«, weshalb die Reisegruppe Darmstadt sehr schnell wieder verließ. Goethe kam immer wieder nach Darmstadt, um mit Merck, dem Philosophen Johann Gottfried Herder und anderen im »Kreis der Empfindsamen« zu dichten und in der Natur zu schwelgen. Es gab Leseabende, Mondscheinspaziergänge und Ausflüge, bei denen die Poeten Briefe und Gedichte austauschten und über Literatur sprachen.

Es gibt den Goethefelsen oben im Buchenwald, nicht weit von meinem Zeugenbaum, wo der Poet gedichtet haben soll, wohl seinen »Felsweihgesang an Psyche«; von hier geht der Blick die Steilwand des jäh auftauchenden Herrgottsbergs hinab in den Wald. Dort wurde 1975 der »Goetheteich« angelegt, ein Teichrund, zu dem ich manchmal Schulklassen bei Schreibkursen hinführe; ein Wasser der Kraft am wundersamen Darmstädter Waldkunstpfad. Auch den Goetheteich hat Thomas Deuster kurz porträtiert und hinzugefügt, dass es hier bis 1823 mehrere Forellenteiche gab; wieder wird damit das Teichreich größer, denn obwohl wir seine versunkenen Teile nicht mehr sehen, können wir sie noch ahnen in Trautheim und Traisa und ihren alten Woogen, die heute kleine Schilfmeere sind.

Andere Teiche, Senken, Pfuhle, Tümpel und Wooge wie auch Brunnen, Quelltöpfe und Badebecken sind längst verschwunden und fügen sich nur in das Wald- und Wasserheute ein, wenn man die Landschaftsgeschichten liest, die gerade die Heimatforscher, stille alte Helden, die weniger werden, festhalten wie auch solche lokalen Sachbuchautoren wie Thomas Deuster. Sie treibt die Ortspassion an zu Akribie, Recherche und unzähligen Wanderungen und Rundgängen an ihren geliebten Plätzen.

Thomas ist für mich zu einem steten Gesprächspartner geworden. Denn wir sind etwas alleine mit Wasserdrang und Schreiblust, der Paarung, die im eigenen Umfeld nicht immer verstanden wird. Kürzlich telefonierten wir noch mal, und er erzählte mir vom schlechten Zustand des Waltersteichs unweit von meinem Haus im Trautheimer Wald; der Förster würde nicht reagieren, der Schlamm das Gewässer zerstören; besorgte Bürger hätten ihn in Karlsruhe angerufen. So ist der

Darmstädter Wasserautor auch aus der Ferne so etwas wie ein Wächter der Teiche in seiner Heimatstadt, die er vermisst, wenngleich er in seinem Alltag ganz neue Gewässer gefunden hat, die aus der Perspektive des Anglers, der Thomas auch ist, ziemlich kurios sind. Er arbeitet als Ingenieur für Liegenschaften der Bundeswehr in Karlsruhe. Da gibt es eine noch nie benutzte Panzerwaschanlage, denn in sie sind Karpfen geraten; sie dient nun als Angelteich.

Seeleid. In und am Woog zeigen sich alle kleinen und größeren Dramen eines Stadtsees. Da geht es um die Nilgänse, die viel öfter als früher auftauchen und kaum andere Arten neben sich dulden, weshalb sie auch seit 2017 in der EU als invasive Art gelten. Die Gänse wollen nur ihre Brut verteidigen, die in warmen Zeiten besser durchkommt, Eroberung haben sie weniger im Sinn. Dennoch stimmt es, dass der Kot Krankheiten bringen kann – wie auch der anderer Arten, die unsere Gewässer nach Jahrzehnten des Naturschutzes, der Programme für Kläranlagen und bessere Wasserqualität wieder besuchen, darunter Graugänse, Kormorane und Fischreiher. Sie alle waren vor 40 Jahren sehr selten geworden und besteigen nun, welch Erfolg, wieder die Ufer – zum Verdruss der Badenden in der Stadt. Am Woog dürfen Nilgänse inzwischen geschossen werden, auch sind Zäune für sie aufgespannt. Offenbar sinkt ihre Zahl inzwischen, wie die Stadt Darmstadt verkündet.

Man wird an den dicht gefüllten Ufern eines Stadtsees wohl gewisse Erfolge des Naturschutzes oder einfach frühere Absichten immer ad absurdum führen. Aber gravierender sind andere Probleme einer Zeit, die mit ihren Klimafolgen kleinen Gewässern eine neue Aufmerksamkeit und Bedeutung gibt. Das Wasser des Woog hatte 2019 zu hohe Werte an Cyano-Chlorophyll, einer Bakteriengruppe, die seit Urzeiten in Gewässern auftritt. Doch weil der Darmbach wegen der Dürre trockengefallen war, seine Quellen im Wald versiegten und der Woog kein neues Wasser bekam, das vorhandene verdunstete, sank der Wasserstand stark; die Cyanobakterien nahmen zu, und es ist ihre Konzentration, nicht ihr Auftreten an sich, das entscheidend ist. Empfindliche Menschen und Kinder sollten nicht mehr im Woog schwimmen, ließ die Stadt mitteilen, weil Haut und Schleimhäute durch das Bakterium gereizt werden könnten.

Mit diesen einzelligen Bakterien, die früher wegen des Farbstoffs Phycocyan fälschlicherweise »Blaualgen« hießen, werden sich die Städte in den kommenden Jahren noch stark beschäftigen müssen, ebenso wie Parkbesitzer, Angelvereine, Teichfreunde und viele andere, die Teiche und flache Seen besitzen oder verwalten. Sie sind schon 3,5 Milliarden Jahren alt, kommen jetzt aber in die Schlagzeilen, weil sie im Klimakontext stehen, dem Handlungsraum, der sich vor Ort in einer neuen Stärke überall dort sichtbar aufspannt, wo Menschen mit den veränderten Bedingungen für Wälder, Böden und Wasser zu tun haben.

Cyanobakterien bilden eine Brücke zwischen Bakterien und Algen und können selbst Photosynthese betreiben. Sie sind zäh und sehr anpassungsfähig, treten sogar an Thermalquellen und im Gletschereis auf. Sie nutzen und schaden, je nachdem, wie der Mensch sie braucht und sieht, denn die Bakterien sind in der Teichwirtschaft Dünger, die organische Stoffe schaffen, andererseits überdüngen sie schnell ein Gewässer, was dem den Sauerstoff raubt und in der Fachsprache »Eutrophierung« heißt. Die Cyanobakterien bilden außerdem Gifte, die dem Nervensystem von Tier und Mensch schaden oder die Leberzellen angreifen, auch aus diesen Gründen kommt es zu Fischsterben, wo sie überhandnehmen.

Dem flachen Woog jedenfalls setzt die Hitze, setzt der Klimawandel mit seinen Folgen zu, so wie vielen schlammigen Teichen und flachen Seen im ganzen Land; sie brauchen immer mehr Hilfe: Belüfter sorgten im Woog schon für mehr Sauerstoff; Teichmuscheln setzte die Stadt ein, die das Wasser filtern und den Boden in Bewegung halten, sodass sich der Faulschlamm nicht so schnell bildete. Und entschlammen müssen die Städte solche Seen, was viel Geld kostet, am Woog geschah es 2016 wieder nach 50 Jahren. Es war schön anzusehen, wie andächtig manche Darmstädter in ihrem neuen Watt spazierten und eine ganz neue Landschaft behutsam erkundeten.

Duschanweisung. Bei uns zu Hause saß im Juli 2019 am Küchentisch eine Schulkameradin meiner Tochter, aus dem Ortsteil Frankenhausen, oben an der Hutzelstraße. Sie erzählte, wie sie zu Hause gerade versuche, wenig zu duschen, um sich an die Regeln zu halten. Denn die Gemeinde hatte die Frankenhäuser mit Wurfzetteln dazu aufgefordert, wo immer möglich, Wasser zu sparen, weil dem 600-Einwohner-Dorf das Wasser der langen Trockenheit wegen ganz ausgegangen war – so weit, dass Lastwagen mit Wassertanks kamen und das Dorf versorgten. Eine Situation, die zuvor nur schwer vorstellbar war; jetzt war sie für uns, die wir um das Mädchen saßen und ihm mit seinen Sorgen zuhörten, real und nah. Denn sie kommt aus unserer Gemeinde, einem Dorf hinterm Wald, das durch die Wasserlieferungen bundesweit in die Schlagzeilen kam.

Was in Frankenhausen passiert ist, könnte öfter noch geschehen: Brunnen und Quellen, aus denen sonst das Wasser kam, waren trockengefallen und der Hochbehälter, der Wasserspeicher des Dorfes, fast leer gelaufen. Das Dorf ist, wie weitere fünf unser sieben Mühltaler Ortsteile, nicht an ein Verbundsystem für die Wasserversorgung angeschlossen, mit dem Unterschiede ausgeglichen werden können. Es schöpft die eigenen Brunnen und Quellen ab, wie auch in den anderen Dörfern der Gemeinde, wo die Pegel in den Hochbehältern der Wasserwerke ebenfalls sanken. Auch wir hatten einen Zettel aus dem Rathaus im Briefkasten mit der Bitte, Garten und Rasen nicht mehr zu sprengen, und dies alles, weil die Politik – hier die Bürgermeisterin, anderswo Landräte, Landesminister, Parteivorsitzende Bundeskanzlerinnen, EU-Kommissare und ihr Präsident – die Prognosen der Studien nicht ernst genommen hatten, die sie oft selbst finanzierten. Weil sie den Klimawandel und seine Folgen als eines von vielen Themen sahen und nicht als Daseinsdimension, die sich auf alles und alle auswirkt, vor allem auf Quellen und Brunnen, dann Teiche und Seen, Bäche und Flüsse, mit deren Darben und Trocknen sich die Wasserfrage existenziell stellt.

Tatsächlich gab es diese Prognose vor sieben Jahren ganz im Detail für Mühltal. Denn 2012 beauftragte der Landkreis Darmstadt-Dieburg ein Ingenieurbüro mit dem Forschungsprojekt Kladadi (Klimawandelanpassung im Landkreis Darmstadt-Dieburg), das für jede der 23

Kommunen eine Seite Voraussage zu den Klimagefahren ausarbeitete. Auf der Rückseite stand, was angesichts der erwartbaren Unwetter und Dürrezeiten zu tun wäre. Genauer und lokaler geht es nicht: In der Wassergemeinde Mühltal, die nach den Mühlen an der Modau benannt ist, sind nach Unwettern die Kanäle besonders schnell voll- und die Keller zugelaufen, weil die Kanalsysteme alt und zu eng geworden sind. Quellen liegen besonders nahe an der Oberfläche, weshalb die Umweltingenieure vor »Trübung und möglichen Qualitätseinschränkungen des Trinkwassers« warnten – ebenso wie davor, dass in Trockenperioden »die Quellschüttungen nachlassen oder versiegen«. Weitere mögliche Folgen seien »Ernteausfälle, Waldbrandgefahr und Bewässerungsbedarf«.

Die Trauer des Holzrückers. Der »Bewässerungsbedarf« ist sieben Jahre später Wirklichkeit geworden, in Frankenhausen. Die »Waldbrandgefahr« führt zum zweiten Schauplatz, in dem die Dramen der Trockenheit spielen, dem Wald. Zwei Monate nachdem das Frankenhäuser Mädchen am Küchentisch besorgt von der neuen Duschregel erzählte, stehe ich mit meinen Kindern an einem heißen Septembertag vor der alten, großen Buche, die gegenüber unserem Haus am Waldrand wuchs und jetzt, ganz überraschend, gefällt war und in Stücken vor uns auf dem Waldweg lag. Die Zeitung war voller Berichte in den vergangenen Wochen über die Dürre, den trockenen Wald, sterbende Bäume und Borkenkäfer.

Wir gehen um die Buche herum, staunen und versuchen zu verstehen, warum gerade sie gefällt wurde, als ein lautes Dröhnen und Brummen immer näher kommt. Eine gelbe Rückemaschine mit Greifarm kommt den Waldweg heraufgerollt, stoppt, und heraus springt ein verschwitzter Mann, der sich kurz als »der Holzrücker« vorstellt. Er fängt sofort an zu erklären, zeigt uns dunkle Flecken im Stamm, die die Buche zur Gefahr am Wegesrand machten. Sie sah so gesund aus, aber sie war geschwächt durch den Wassermangel, im Inneren hatte sie ein Pilz befallen, der den Stamm verfärbt hat. Und auch die ersten Blätter ganz oben sind schon braun. Nach dem ersten Faktenpaket schweigt der gestandene Forstarbeiter erst mal, wartet vermutlich nun auf ein Faktenpaket und Wissensfeuerwerk als Antwort von informierten und besorgten Bürgern, mit denen er jetzt 2019 so viel spricht wie nie zuvor. 30 Jahre arbeitet er im Forst, meist schweigend, jetzt muss er den Wald erklären, dessen Leiden und dabei auch sich erklären, sein Leiden. Denn wir sehen, dass der Holzrücker leidet. Er stockt immer wieder, setzt aber neu an, geht tiefer in sich: Eine Tragödie, so traurig sei er, das würde aber keiner verstehen. Er fälle, ja, mache kaputt, »aber es sind auch meine Bäume. Es tut weh.« Und er müsse es machen, weil sonst die Bäume auf den Weg krachen könnten. Und er komme mit den Kollegen nicht hinterher, nicht im Ansatz. Zu viele Bäume gingen kaputt.

Vor 25 Jahren waren sie noch 25 Arbeiter im Wald, jetzt nur noch fünf, zuständig für drei Gemeinden. Das ist das Ergebnis selbstständiger Forstverwaltungen, die in den 1990er-Jahren von den Kommunen als Unternehmen neu erdacht worden waren; zusammengespart, um Geld zu verdienen. Klimawandel und Waldsterben waren Nischenthemen, jetzt, in den Hitzesommern, fehlen die weggesparten Kollegen an jeder Waldwegbiegung. Kürzlich, so erzählt der Holzrücker noch, bevor er weitermuss, hätten sie einen Betriebsausflug gemacht, ein paar Holzrücker und Holzfäller aus der Gegend auf dem Anhänger eines Traktors, mit Bier und guter Laune. Doch er habe die Kollegen dann mal runtergebeten, um ihnen zu zeigen, »wie's unsern Beem werglisch geht«. Er ging mit ihnen ganz nah heran und zeigte ihnen genau die Pilze an den Buchen, die braunen Blätter in den Kronen, die aufgeplatzte Rinde. »Da woarn se still«, sagt er, »die Riggfoart wie ufm Flannertz«, was im Dialekt der Leichenschmaus ist.

Trockenbauer. Ich stehe in dem kleinen Hofladen neben unserem Campus, wo ein Dieburger Bauer seine Waren verkauft, dazu noch Wein und Schnaps, Honig und Gemüse von anderen Bauern und Händlern. Es ist mitten im Jahr, heiß, sehr heiß; er sieht zerknirscht aus, weshalb ich ihn auf seine Felder anspreche und das Wasser. Da sprudelt es aus ihm heraus, seine Sorgen zur Dürre und Hitze, seine Erfahrungen. Er habe dieses Jahr 50 Meter für einen Brunnen bohren müssen, wo es noch vorher zwanzig Meter gewesen seien; alle Gräben seien leer, die Ernten geringer. Es könne so nicht weitergehen, gerade für die Bauern. Ich erzähle ihm von meinen anderen Gesprächen mit Landschaftsmenschen in der Hitze, und er nickt nur, stimmt zu, erzählt von Kollegen, denen es ähnlich gehe. Ich kaufe während dieses kurzen Gesprächs, einem weiteren Mosaik, das sich ins große heiße Bild dieser Sommer setzt, eine Flasche Johannisbeersaft.

Die Grube. Weil Angelvereine auch forschen und Naturschutzarbeit machen, sitze ich mit Patrick Heinz, unserem Gewässerwart, im Vereinsheim an der Fischerhütte und zähle und vermesse Rote Amerikanische Sumpfkrebse, die wir vorher abgeseit haben, um daraus später eine kleine Krebsmahlzeit zu machen. Denn die knallroten, mehr als handlangen Krebse schmecken bestens; nur das Putzen ist etwas mühsam, weil die Scheren schmal und nicht sehr lang sind. Rund neunzig Krebse, weniger als erwartet, haben wir am Morgen aus den 15 Reusen gezogen, die wir am Vorabend an der Grube Prinz von Hessen ausgelegt hatten. Ich kam mir fast vor wie ein Fischer auf einer tropischen Insel, als ich im warmen Halbdunkel im Wasser stand und die Fangkörbe weit in die flache Westbucht der alten Ölschiefergrube warf, die sonst schnell tief abfällt, bis auf 16 Meter, und viele Geheimnisse hat. Neuerdings gehören die Krebse dazu, die sich so rasant vermehrt haben, dass die Wasserpflanzen schwinden und das ökologische Gleichgewicht in der »Grube« zu kippen droht. Deshalb fängt Patrick sie immer wieder, auch mit der Jugendgruppe, um den Bestand zu kontrollieren. Sie machen Krebsfeste oder geben die edlen Tiere an das Darmstädter Vivarium, dessen Fischotter sie gerne fressen – eine gute Verwertung.

Die Roten Sumpfkrebse graben tiefe Löcher in den Ufersand der Gewässer, in denen sie hausen; kein Fressfeind kommt dorthinein, weshalb ihre Population so schnell zunimmt. Es ist eine der vielen Geschichten vom Einfluss fremder Arten auf heimische Seen und Flüsse. Hier ist es eine doppelte Geschichte, weil der Rote Amerikanische Sumpfkrebs den Amerikanischen Kamberkrebs, der auch über Vögel, Angler, Badegäste oder wie auch immer in die sechs Hektar große Grube gelangte, abgelöst hat. Der wiederum hatte den Europäischen Sumpfkrebs verdrängt, der einmal in der Grube gelebt hat.

Ansonsten nutzen das Wasser hier viele Badende im Sommer, wir Angler, viele Feiernde und auch Meditierende wie Künstler, die sich ein paar Kilometer vor der Stadt in die dichten Wälder des Darmstädter Ostens zurückziehen, um sich inspirieren zu lassen. Denn das kann der klare, tiefe See, der still und sanft grüßt, wenn man sich morgens durch die ersten Waldnebelbänke geschlichen hat, an seinem Sandstrand sitzt, schwimmt oder angelt. Wenn noch niemand da ist, das Wasser sprechen darf, seine Tiefe sich entfaltet und Hilfe in den Tönen und Melodien von den ihn umstehenden Bäumen bekommt.

In den Sommernächten ist hier viel los, dann gibt es hie und da die üblichen Konflikte an Badeseen vor einer Stadt: Randale, Lärm, Diebstahl; wieder zu viele Nilgänse und Graugänse, angeblich, samt Kot. Das wahre Problem für die Grube ist eine alte wasserrechtliche Lizenz von 1967. Ein Betonhersteller darf täglich bis zu 300 Kubikmeter Wasser abpumpen, auch in trockenen Zeiten. Nach Briefen, die Patrick Heinz an die Stadtverwaltung schrieb, reagierte auch die Tageszeitung, und jetzt haben die Behörden zumindest ein halbes Auge darauf, selbst wenn sich rechtlich bisher an der Genehmigung nichts geändert hat.

In Hitzesommern geht es dem früher so starken See nicht gut, ist der Wasserstand gesunken und steigt nicht wieder, sodass das Schwinden der Wasserpflanzen sich noch mehr bemerkbar macht. Um den Schwund zu stoppen, helfen nur Aale, »weil sie die einzigen Fische sind, die in die Krebshöhlen gehen und den Nachwuchs fressen«, sagt Patrick, der neben mir sitzt und das Geschlecht der Krebse bestimmt und sie misst; ich notiere alles. Er müsse einen Sonderantrag stellen, damit Aale besetzt werden könnten, was mittlerweile, nach den riesigen Verlusten beim Europäischen Aal, verboten sei.

Es gelingt dem Gewässerwart später, die Genehmigung zu bekommen, sodass wir neue Hoffnung für die geschröpfte Grube haben. Patrick behandelt die Gewässer, für die er zuständig ist, wie wertvolle Schätze; er redet wenig über die größten Fänge, eher über Tannenbäume, die er mit Helfern ausgebracht hat, damit die Zander laichen können, über pH-Werte, Wasserqualität, den Zustand der Hechtbestände in den Vereinsgewässern und auch die Überfischung in den Meeren. Er ist das Paradebeispiel eines ökologischen Anglers, der Gewässer entwickelt, schützt und weit mehr will als nur etwas fangen. Viel habe ich von ihm gelernt in Gesprächen, er ist immer auf dem neuesten Stand der Forschung und der Genehmigungen, weil er im Fischereiwesen des Regierungspräsidiums arbeitet. Am Ende darf ich die Krebse mitnehmen und präsentiere sie am nächsten Tag stolz Freunden, mit Kräutern, Öl und Knoblauch in der Pfanne gebraten.

Zur Grube gehe ich auch sonst, manchmal nur kurz, sie liegt auf dem Weg zur Arbeit, wenn ich zur Hochschule mal mit dem Auto fahre und die Route durch Darmstadts Ostwälder nehme. Dann sitze ich still am kleinen Strand. Kürzlich hab ich eine Tiefenkarte aufgetrieben, deren Kreise etwas haben von den Lamellen eines aufgespaltenen Halbedelsteins, mit einem Zentrum, bei dem die Ovale eng zusammenstehen und nach außen hin größer und immer heller im Blau werden. Das symmetrische Farbspiel dieser Tiefenkarte ist so besonders, weil es in der Grube eine Stelle von 13 Meter Tiefe gibt, von der aus die jeweiligen Tiefenstufen treppenartig in die Höhe steigen und so die ovale Harmonie und weichen Übergänge der Farben auf der Karte schaffen.

Bis 1924 war der See 40 Meter tief; hier schufteten 150 Arbeiter, um Braunkohle und Schieferkohle im Tagebau zu fördern, die sich in den früheren Kratern der Gegend, in der es vor rund 50 Millionen Jahren viele Vulkane gab, gebildet hatten. In den alten Kratern entstanden Seen, sauerstoffarme Maare, die wir etwa aus der Eifel kennen und in denen Pflanzen sehr langsam verwittern. Bei Darmstadt wurde Ölschiefer daraus, in dem unter anderem Braunkohle enthalten ist. Die geologische Schwester der Grube Prinz von Hessen ist die nur wenige Kilometer weiter gelegene Ölschiefergrube von Messel. Sie ist wegen ihrer sehr gut erhaltenen Fossilien und des »Urpferdchens« zum Weltnaturerbe geworden; auch hier führt mein Arbeitsweg vorbei, wenn ich mit dem Auto durch den Wald nach Dieburg fahre.

Und überhaupt sollte an dieser Stelle hinzugefügt werden, dass wohl kaum eine andere Stadt von sich sagen kann, so viel Weltkultur- sowie Naturerbe im weiteren Umfeld zu haben, sei es der Oberrhein, das Kloster in Lorsch, der Limes, der Speyerer Dom, das Würzburger Schloss oder das Kloster Maulbronn.

Darmstadt ist keine Schönheit, aber ein Ort der Extreme. Wenn man im Besucherzentrum der Grube Messel mit einem geologischen Aufzug in die maximale Erdtiefe rauschen kann, so geht es während einer Führung bei der ESA, der Europäischen Raumfahrtagentur, im Kontrollzentrum der Satelliten so hoch hinaus wie nur möglich. Dann sind da der Jugendstil, eines der wenigen funktionierenden Rudel Indonesischer Schopfmakaken im Zoo »Vivarium« und das chemische Element Darmstadium – welche Stadt könnte sonst schon sagen, ein eigenes Element im Periodensystem zu haben. Das ist alles handfest, gewachsen und der Ehre wert, sicher auch all die Titel, die die Stadt jüngst abgeräumt hat bei Wettbewerben von *Managermagazin* und anderen: Zukunftsstadt Deutschlands Nummer eins, mehrfach, dazu Digitalstadt Deutschlands, der ganzen Start-ups, Institute, Mittelständler, Hochschulen und Studierenden wegen.

Aber wenn vor dem städtischen Kongresszentrum der teure Prototyp des »City Tree«, eines Computers in Baumgestalt mit einer Menge Sensoren und bestückt mit sensiblen Moosen, gefeiert wird, weil er die dreckige Darmstädter Luft ein bisschen reinigen und analysieren kann, so ist dies im engen Rahmen eines immer jubelnden Roboterdenkens vielleicht verständlich. Weitet man den Blick aber und schaut nach Westen, sieht man den sterbenden Westwald, dem durch Dürre und zu viel abgepumptes Grundwasser das Wasser fehlt. Dort ist ein Geisterwald entstanden, der sich nur noch für düstere, flächendeckende Prognosen der nahen Klimazukunft eignet. So lange der City Tree nicht im Westwald steht oder zumindest tiefe Bezüge zu ihm herstellt, ist nichts gewonnen trotz aller Innovation, Erfinderkraft und Unternehmergeist.

Die Fischerhütte. Später im Jahr stehe ich mit Patrick Heinz oberhalb des ersten Teichs an der »Fischerhütte«, dem Sitz des Darmstädter Angelvereins, gelegen in Wäldern im Osten der Stadt nach Rossdorf hin und ein Ausflugsziel mit dem gleichnamigen Restaurant. Wir reden kurz über das abgezweigte Wasser in der »Grube«, das ihn ärgert, und schauen dann auf die Schilfwiesen, die gewachsen sind in den vergangenen zwei Jahren, denn der erste Teich direkt unter der Terrasse des Restaurants ist leer gelaufen, und heute werden die Uferböschungen instand gesetzt. Wir haben Arbeitseinsatz und Patrick eine Fischereischulung im Vereinshaus.

Ich springe wieder hinunter ins Schilf, greife zum Rechen und setze mein Tageswerk fort. Schon vier Stunden reche ich das Schilf, das andere mit Freischneidern gemäht haben, zu großen Haufen zusammen, die morgen von einem anderen Trupp eingesammelt und mit Schubkarren weggefahren werden. Andere schleppen Balken drüben zum Teichufer hin, das mit einer Holzwand ausgekleidet wird, dafür gräbt eine Gruppe Löcher, die der Baggerführer vorher gestoßen hat. Motorsägen heulen, Schubkarren quietschen, laut rufen die Einsatzführer manchmal dazwischen; 25 Männer brauchen samstagsmorgens acht Uhr genaue Anweisungen bei so einer großen Bauarbeit. Denn das ist die Renovierung eines Teiches, sie gehört für jeden, der Teiche verwaltet, ob Verein, Pächter oder Kommune, dazu, damit die kleinen Gewässer nicht verlanden, flacher werden durch Holz und Laub, das hineinfällt, absinkt, verrottet und zu Schlamm wird.

Deshalb muss sich in der Teichwirtschaft der Grund des Gewässers erholen, sodass die Teiche etwa alle zehn Jahre abgelassen werden und nun »sömmern« und »wintern« sollen. Beim Wintern und Sömmern, das schon im Mittelalter die fränkischen und böhmischen Mönche in der Karpfenzucht nutzten, geht es traditionell um die Fruchtbarkeit der Teiche, deren Wasser gesund bleiben soll, damit dort möglichst viele und gute Fische wachsen. Jetzt ist der erste Teich dran, die anderen vier folgen in den kommenden Jahren. Während dieser Zeiten werden oft der Ablass des Teiches, der sogenannte Mönch, repariert und die Uferwand aus Holz erneuert, was heute unsere Aufgabe ist. Die Sanierung an der Fischerhütte kostet zwanzig Tausend Euro, einen Betrag, den der Verein nur mit einer Crowd-Finanzierung im Internet aufbringt. Dazu kommen große Sonderarbeitseinsätze wie der heutige, unentgeltlich. Zuerst haben Angler den Teich im Herbst mit Netzen abgefischt; die 3800 gefangenen Fische kamen fast alle in die Nachbarteiche. Nur vier Graskarpfen und einige Sonnenbarsche, beides keine heimischen Arten, sind herausgenommen und gegessen worden. Dann lag der »Einer« über den Winter brach, der Boden fror und trocknete langsam aus. So gelangen Sauerstoff, Bakterien und Pilze in den Boden, sodass sich dort, wie in einem Komposthaufen, der Faulschlamm langsam zersetzt, was stinkt und Besuchern, gerade hier an einem Restaurant mit Teichblick, erklärt werden muss. Patrick Heinz hat daher große Plakate entworfen, die den Gästen der »Fischerhütte« erklären, warum der Teich leer ist und was hier geschieht.

Auch im Sömmern schwindet der Schlamm im trockenen Teichboden weiter. Außerdem blühen nun Samen auf, die lange im Teichboden versteckt waren, so etwa der tiefrote, hoch stehende Blutweiderich, dessen abgemähte Reste mich heute schwitzen lassen. Die Pflanzen entziehen dem Teichboden Nährstoffe, was insgesamt Ziel der Brache und des Austrocknens ist. Wenn weniger Nährstoffe bleiben, schwächt das die Sauerstoffzehrung im Wasser, das heißt, Bakterien zersetzen weniger organisches Material und verbrauchen weniger Sauerstoff. Wenn der nämlich schwindet, kann der Teich »umkippen«, und die Fische ersticken. Beim Sömmern und Wintern schickt der Teichwirt sein Gewässer in eine »Verjüngungskur«, wie es Patrick auf den Plakaten im Restaurant erklärt. Danach ist das Wasser klarer, Wasserpflanzen kehren zurück und mit ihnen viele Insekten und Amphibien, die in ihnen laichen, ebenso wie viele Fischarten. Das Leben im Teich blüht neu auf, selbst in seinem Grund, in dem wieder mehr Würmer, Larven, Krebse und Schnecken wie auch Muscheln gedeihen.

Mir wird heute wieder klar, was »Teichwirtschaft« im Wortsinn heißt: den Teich zu reparieren, abzulassen, zu kontrollieren, ihn zu pflegen wie einen Garten. Deshalb braucht unser Verein auch die Arbeitseinsätze, bei denen ich hier schon mit 14 Jahren dabei war. Wir schneiden die Ufer frei von Hecken und Bäumen, ziehen umgefallene Weiden mit Winden aus dem Wasser, wofür es in der großen Werkstatt des Vereins genug Werkzeug gibt; ein paar Angler haben Motorsägenscheine. Wir putzen, spülen, warten und säubern Werkzeug und holen Müll mit Booten aus den fünf Waldteichen, die wie eine Perlenschnur aneinandergereiht im Wald liegen und 1957 mithilfe der amerikanischen Armee und ihrer Bagger ausgehoben wurden. Dazu kommen noch andere Teiche in Darmstadt, der Müllersteich etwa im Bürgerpark und ebendie »Grube Prinz von Hessen«, für die der Vorstand immer wieder neue Pachtverträge schließen muss – eine Prozedur, die seit wenigen Jahren viel schwieriger geworden ist, denn inzwischen fordert die Stadt eine Bewerbung mit Bewirtschaftungsplan, wo vorher eine einfache Zusage genügte.

Darüber reden die anderen Arbeiter an diesem Morgen viel, dazu kreisen die Handys mit großen Fischen darauf, berichtet einer von der Kutterfahrt in Norwegen und der andere von Welsen im Main. Ich brauche heute Ruhe wie so oft bei diesen wuseligen, lauten Einsätzen und habe mich in die stete Ruhe des Heumachens geflüchtet, so komme ich mir nach fünf Stunden der immer gleichen Bewegungen vor: Mit Rechen, bei dickerem Schilf mit der Heugabel ziehe ich sternförmig das abgemähte Schilf und den Blutweiderich, der auf dem Teichboden gewachsen ist, zu mir heran und reche sie dann zu einem großen Haufen zusammen. Ich komme in einen schwingenden Rhythmus, setze Haufen für Haufen und höre die Laute von Sägen, Baggern und Menschen nur noch von weither.

Der Buchenwald schickt seinen Herbstduft von Erde, Blättern und etwas Moder herüber. Die kalte Luft, es sind fünf Grad, hält das gute Gemisch für mich fest; Wolken gehen oben, die Sonne biegt um einen letzten Wolkenfetzen, und meine Gedanken und Sinne gehen darin auf, im Wetter, der Bewegung, der Kraft der Monotonie und in der Landschaft.

Heute fange ich keine Karpfen mehr, habe aber viel gelesen darüber, wie wichtig der Fettgehalt und die Schlammmengen im Boden sind in der traditionellen Karpfenzucht, die etwa im fränkischen Aischgrund mit Erfolg betrieben und inzwischen bundesweit vermarktet wird. Doch die Teichwirte dort haben Erfahrungen über Jahrhunderte gesammelt; für den Fischesser ohne Expertise, gewöhnt an Forelle, Seelachs oder Fischstäbchen, bleibt der Karpfen schwierig, der in katholischen Gegenden noch immer zu Weihnachten gegessen wird, auch wenn der Brauch abnimmt. Die Umweltverbände WWF und Greenpeace empfehlen in ihren bunten Führern für nachhaltigen Fischkonsum nur eine einzige Fischart bedenkenlos: den Karpfen. Er ist eine Chance für eine nachhaltige Aquakultur, genauso wie eine andere Fischart, die ich an Teich 4 und 5 noch öfter gefangen habe: die Schleie.

Lateinisch heißt dieser wunderbare, sanfte dunkelgrüne Fisch des Teichgrundes mit den runden Flossen und gelben Augen *Tinca Tinca*. Und so nennen wir sie bis heute; eine vorsichtige Gründlerin, die minutenlang nur am Maiskorn nippt, sodass der Schwimmer leicht zittert, tänzelt, ein klein wenig abtaucht, wieder nach oben kommt und insgesamt einen langen Tanz vollführt, bis er dann, wenn die Schleie sich nach allem Probieren doch entschlossen hat, richtig zuzubeißen, langsam doch verschwindet und der Anschlag kommen sollte. Oft haut man zu früh an oder dann auch wieder zu spät. Die Schleie ist kulinarisch weit unterschätzt, in vielen Varianten habe ich sie zubereitet und gegessen. Auch sie könnte Teil einer Renaissance der lokalen Aquakultur sein, mit pflanzenfressenden Arten aus den eigenen Teichen, nachhaltiger Zucht und kurzen Transportwegen.

Von den Teichen habe ich aber auch viele Rotaugen und Brassen mitgebracht, ebenso vom Rhein und vom Main und Neckar. Und ich mache es manchmal immer noch, nur versuche ich nach fast dreißig Jahren erfolgloser Überzeugungsarbeit nicht mehr, diese grätenreichen Schwarmfische der Familie zu kredenzen. Tatsächlich könnte man viel mit ihnen machen, ein Blick in die Kochbücher der russischen und polnischen Mitangler lohnt. Man kann sie etwa an der Seite einschneiden und braten, sodass die Y-Gräten verbruzzeln, als Bratfisch in eine Lauge einlegen, in der die Fischknochen weich werden und sich auflösen, Frikadellen machen im Fleischwolf; auch lassen sie sich filetieren, zu Suppe kochen, zum Sud für andere Fischgerichte oder einfach auch als Köder für Raubfische, die an manchen Gewässern mittlerweile das ganz grellbunte Plastik der ganzen Gummiköder der vergangenen dreißig Jahre satthaben und wieder einen toten Köderfisch vorziehen, der an einem selbst gebauten Drahtgestell behutsam geführt wird.

Anleitungen dazu gibt es in den Klassikern aus den 1980er-Jahren, den Anglertricks 1 bis 4, oder den Werken der wenigen deutschen Angler, die erzählen konnten wie etwa der Pragmatiker Rudolf Sack in seinem Klassiker *Biss auf Biss*. Noch mehr in den Bann schlugen mich englische Werke, die in der Tradition des großen Angelpoeten Izaac Walton geschrieben sind, ein fischender Herrenschneider des 17. Jahrhunderts, der unter anderem in der Themse angelte und 1653 mit dem *The complete angler or an contemplative man's recreation* das Standwerk der Angelliteratur herausbrachte, das in der Zunft eine ähnliche Rolle spielt wie Henry David Thoreaus *Walden* für die Literatur mit Naturbezug.

Köhlbrandbrücke. Einer meiner Anfangsorte liegt am Fluss und seiner Mündung, wo alles hinfließt und wo ich daran dachte, Student der Journalistik zu werden, als ich im Zivildienst nach Hamburg fuhr. Es war ein besonderer Moment: Ich stand mit einem Freund, der mich immer zum Angeln im Hamburger Stadtgebiet überreden wollte, eines Morgens unter der riesigen Köhlbrandbrücke mitten im Schotter, in der Industriezone, im Hafengebiet mit seinen Betonufern. In den Händen hielt ich eine riesige Brasse, die ich gerade gefangen hatte, mein Rekord. Ich hätte mich nur freuen müssen, da ich Jahre zuvor drei Freunde zu einem Brassenurlaub auf dem Campingplatz in Prien am Chiemsee überredet hatte, wo wir zwei Wochen lang versuchten, solche Großbrassen zu fangen. Wir zeichneten eine Tiefenkarte der Bucht, nachdem wir sie tagelang mit Luftmatratze und Lotblei vermessen und dann einen Platz angefüttert hatten, ohne schon die Rute auszuwerfen. Wir wollten wie Profis sein, waren es aber nicht und fingen auch nichts außer kleinen Barschen zwischen den Stegen. Zurück blieb der Großbrassentraum, den ich dann in Hamburg in den Händen hielt.

Aber es kam kein gutes Gefühl auf, nur ein leichter Ekel vor diesem geschundenen, alten Tier mit seinen Fetzenflossen, das schon manche Narbe auf dem Schuppenkleid hatte. Ich habe ihn mitgenommen, zwei Jahre in der Tiefkühltruhe geparkt und dann mit einem Alibiritual im Kanal nahe unserer Wohnung zurück in sein Element gebracht.

Die Brasse von der Kohlbrandbrücke verfolgt mich manchmal immer noch im Schlaf, und sie brachte mich zum Umdenken. Denn ich hatte sie umsonst mitgenommen. Sie machte mich zu dem Kochtopfangler, der ich heute bin, Angehöriger einer im eigenen Milieu oft kritisierten Minderheit, der aber an der Köhlbrandbrücke eine zweite Bedingung begriff: dass die Flüsse, die ich meine, Bäume brauchen, dass ich dann erst anfange, in sie einzutauchen und mich zu verlieren in den Uferwelten.

Angelethik. Das Töten ist eine Grundfrage des Angelns. Es zu diskutieren macht Arbeit, weil man schnell zwischen die Lager gerät und vor allem an die Frage, ob und wann man Fische zurücksetzen sollte und darf, sie also ins Wasser zurückwerfen. Rein formell ist das Zurücksetzen der Fische dann verboten, wenn es das Ziel des Angelns war, weil Lebewesen laut Grundgesetz nicht unnötig Leid angetan werden darf. Und ein Fisch, der im Drill mit dem Angler um sein Leben kämpft, leidet.

Die Definition von Leid und Schmerz ist dann schnell entscheidend in diesen Debatten; da geht es um die Zahl der Schmerzrezeptoren auf der Haut, darum, ob Schmerz und Stress verschieden sind, was dazwischenkommt, und vor allem darum, dass Fische keinen Neocortex haben, den Teil der Großhirnrinde, in dem bei Säugetieren Sensorik und Motorik verortet sind. Darauf beziehen sich in den Debatten oft die Angler, unter anderem auch Robert Arlinghaus, der als Professor für Fischereimanagement an der Humboldt-Universität in Berlin und dem Leibniz-Institut für Gewässerökologie und Binnenfischerei forscht. Er gilt als Deutschlands »Angelprofessor« und hat auch Bücher verfasst wie *Der unterschätzte Angler*, in dem es um die wirtschaftliche Bedeutung der Branche, aber auch die Naturschutzarbeit der Angler geht, die mittlerweile in Deutschland knapp vier Millionen zählen.

Die althergebrachte Lesart spricht Fischen Gefühle ab und auch tiefere Wahrnehmungszustände, die über den reinen Selbsterhaltungstrieb hinausgingen. Neuere Arbeiten etwa von der Kognitionsbiologin Victoria Braithwaite oder dem Ethologen Jonathan Balcombe sind aber komplexer und gestehen den Flossenwesen viel mehr zu, eben auch Schmerzempfinden. Balcombe etwa argumentiert in seinem Buch *Was Fische wissen*, dass das Fehlen des Neocortex als Argument zu einfach sei und nicht greife. Er trägt viele Forschungsergebnisse zusammen und schließt: »Die Belege dafür, dass Fische Schmerzen empfinden, wiegen heute so schwer, dass auch hoch angesehene Institutionen diese Ansicht vertreten.« Er eröffnet eine ganz andere, empathischere Sichtweise auf Fische: »Sie besitzen die spezialisierten Nervenfasern, die auch bei Säugetieren und Vögeln das Erkennen schädlicher Reize ermöglichen. Sie können lernen, wie man Stromschlägen und Angelhaken aus dem Weg geht. Sie sind kognitiv beeinträchtigt, wenn man ihren Körper schädlichen Eingriffen aussetzt, und diese Beeinträchtigung kann aufgehoben werden, wenn man ihnen etwas zur Schmerzlinderung gibt.«

Das stellt die Frage nach dem Ziel des Angelns, seinem Bezugspunkt. Die Erkenntnisse eignen sich aber nicht zur Schlussfolgerung, das Angeln ganz zu verbieten, wie es seit wenigen Jahren die Tierschutzorganisation PETA propagiert – samt Anleitung für Tierfreunde, wie man Angler stört, wenn man auf sie trifft. Die Gruppe konzentriert sich dabei auf die gängige Praxis des geplanten Zurücksetzens, das heißt, dass Angler nur Fische zu fangen, um ein Erfolgserlebnis zu haben, einen neuen Rekord zu erzielen, das nächste Trophäenbild zu schießen, und dafür letztlich das Tier fangen und ihm dabei Stress und Leid zufügen – eine Zielsetzung, die dem uralten Kreislauf des Fischens als Teil der Ernährung ethisch entgegensteht. Für mich ist es heute einzig dieser Kreislauf, in dem mein Angeln steht. Anders als früher, wo ich vor allem für das Trophäenbild und den Drill angelte und zurücksetzte.

Es gibt aber nicht nur Schwarz und Weiß bei dieser Debatte. Die Lage ist komplexer: Fische zurückzusetzen ist nicht ganz zu vermeiden.

Und es kann auch, wenn es nicht geplant war, sinnvoll sein – etwa wenn ein großer Fisch in einem kleinen Gewässer an den Haken geht, der dort als Laichfisch wichtig ist. Ihn wieder hineinzugeben kann dann der gute Schritt sein, auch wenn der Angler eigentlich loszog, um die Beute zu essen. Vorgeschrieben ist das Zurücksetzen generell, wenn Fische zu klein sind, das »Mindestmaß« unterschreiten – oder teils auch zu groß sind, also das neu eingeführte Maximalmaß als wichtige Elternfische überschreiten. Eine Bachforelle muss in Hessen zurückgesetzt werden, wenn sie 60 Zentimeter und größer ist.

»Kochtopfangler« sind ethisch in der Szene unterlegen, denn das schonende, waidgerechte Zurücksetzen, in der Fachsprache »Catch-and-Release«, gilt öfter als die bessere Art zu angeln, weil sie die Bestände schont – und nicht tötet. Doch sie gibt ebenden Drill als Hauptziel aus und damit den Spaß des Menschen auf Kosten des Leids der Tiere. Natürlich lässt sich beides, der Jagdtrieb und die Spannung sowie das vernünftige Verwerten, nicht ganz voneinander trennen. Aber alle Angler haben gelernt, mit Fischen schonend umzugehen und waidgerecht zu angeln. Hier hat die Angelei Fortschritte gemacht. Lebende Köderfische etwa, denen ein Haken in den Rücken gerammt wird und die damit umherschwimmen, bis ein Hecht zubeißt, sind schon lange in Deutschland verboten.

Insgesamt ist es viel zu weit gegriffen, das Angeln zu verbieten. Angler leisten viel im Naturschutz, als Helfer der Wissenschaft, als Landschaftspfleger und Bewahrer von Teichen und Seen, die längst verlandet wären ohne sie. Sie fungieren auch als Artenschützer, die große Anteile daran haben, dass Lachs und Meerforelle wieder in deutschen Flüssen schwimmen. Das alles muss Teil einer vernünftigen Debatte über das Angeln und Angler sein, die mit der Pflege der kleinen Gewässer einen immer wertvolleren Beitrag für den Umgang mit den Klimafolgen leisten. Dieser Aspekt wird wichtiger werden, je bedrohter die Bäche, Teiche und Seen in den Hitzezeiten sind, je mehr Wasser sie verlieren und je mehr wir sie brauchen zur Kühlung, aber auch schlicht als Wasserquellen. In diesem Sinn könnten sich Angler viel deutlicher ökologisch positionieren, als sie es bisher tun.

Die Angelei könnte sich selbstbewusster geben und dabei Aspekte wie Genuss, Nachhaltigkeit und Entschleunigung in den Vordergrund stellen. Mit solch einer Perspektive würde Angeln noch mehr ein kultureller und ökologischer Faktor, wäre feierlicher, naturverbundener und kulinarischer. Und dadurch auch gemeinschaftlicher, danach, beim Zubereiten, Kochen, Räuchern, Einlegen, Frikadellen kneten, Suppe abschmecken.

In Angelvereinen könnte eine kulinarische Kultur entstehen, die Zulauf von einer ganz anderen Richtung erfährt, die noch weitaus wichtiger werden kann: die nachhaltige Fischzucht vor Ort, vor allem von Friedfischen, die keine anderswo gefangenen Fische für ihr Wachstum brauchen. Und von Arten wie etwa Forellen, bei denen die Aquakulturforschung schon den Fischanteil in den Pellets größtenteils ersetzt hat, durch Ersatzstoffe wie Algen etwa. In die Zukunft gedacht, könnte so die alte Teichkultur, die wir aus Bayern und Böhmen kennen, wiederaufleben und die Ernährung vor Ort bereichern – auch wieder unter der Voraussetzung, dass wir anders über die Pflanzenfresser wie Karpfen, Schleie und Brassen denken und diese Arten neu kennenlernen. Denn ein Karpfen schmeckt nicht nach Schlamm, wenn der Fettanteil niedrig bleibt und das Wasser sauber ist, in dem er lebt. Die Teichgenossenschaft Aischgrund zeigt im Fränkischen, dass das geht und wie edel der Speisefisch Karpfen sein kann. Und das Öko-Institut hat mit einer Studie skizziert, dass eine neue lokale Aquakultur in Deutschland funktionieren kann – und Sinn macht.

Der Kritik am Angeln ist teils berechtigt, sie bleibt aber in der untersten Etage stecken. Denn an den Ufern geschieht nicht das Massenleid, auch nicht auf dem kleinen Küstenkutter. Die weitaus größte Umwelt- und Tierschutzkatastrophe, die Tierschützer und auch die Politik viel mehr in den Blick nehmen müssen, ist die industrielle Massenfischerei mit mehr als drei Milliarden Haken auf den Langleinen, an denen viele andere Tiere sterben, mit Millionen von Tonnen sogenannten Beifangs, also ungewollt gefangener oder zu kleiner Arten und Fische, die tot oder sterbend wieder über Bord gehen. Mit Treibnetzen, die hundert Kilometer lang sein können, und mit Grundschleppnetzen, die alles rasieren, was da unten lebt und wächst, so vorgehen, als wenn man für ein Reh, das der Jäger schießen will, den ganzen Wald rundherum abholzte, um es besser zu sehen. Diese schwimmenden Fischfabriken haben die Fischbestände auf den Meeren ruiniert, teils auch als Kriminelle unter fragwürdigen Flaggen, die weit mehr fischen als erlaubt, völlig ohne Kontrolle. Ein Drittel der weltweiten Fänge, so eine Schätzung, geht auf das Konto dieser sogenannten Illegalen und Unkontrollierten Fischerei (IUU).

Hier ist viel mehr Kritik gefordert, doch die Politik bleibt gesetzeslos, schon lange. Und hierfür ist die Aufmerksamkeit aller gefordert, die Fisch kaufen und essen. Denn ein Meeresfisch wird aus großer Tiefe im Netz, manchmal eingezwängt zwischen Hunderten Artgenossen, nach oben geholt, wobei ihm die Schwimmblase platzen kann. Er erstickt langsam an Bord oder wird teils lebendig aufgeschnitten – für Angler undenkbar, die beim Fang von wilden Fischen mit dem waidgerechten Betäuben und dem Herzstich danach der Biobranche angehören, das sagt nur bisher niemand; die Jagd hat im Zuge des Booms von regionaler und ökologischer Ernährung schon mehr Akzeptanz bekommen; Forstämter und Jägerverbände werben mit »bio« und »lokal«. Wir Angler bisher kaum, warum nicht?

Es macht Sinn, Angeln anders zu betrachten – mit mehr Kontext und den Themen, die damit eng verbunden sein können wie Gewässer- und Naturschutz, die Orts- und Heimatgeschichte, Umweltpädagogik, Basteleien, Kochen, Gemeinschaft und Vereinsleben. Dies alles aufzuwerten könnte bedeuten, auch neue Menschen für Vereine zu gewinnen, deren Mitgliedszahlen längst nicht überall ansteigen – auch wegen des Images, das das Angeln hat als eine eher verschlossene Welt von vor allem Männern, die an Ufern schweigend verharren oder unter Einsatz von viel Geld und Technik den größten Fischen an den fernsten Orten nachstellen, um sie wieder zurückzusetzen.

Aber es ist so viel mehr; Angeln ist vielfältiger – und könnte es noch mehr sein.

Mitschwimmen. Ich habe mir nach den Teichen vorgenommen, ganz mit dem Fluss, meinem Fluss, zu gehen, erst schmaler zu sein und dann breiter zu werden; enger im Blick, der zu Beginn ganz auf den Fluss und seine Ursprünge gerichtet ist, ihm folgt, eintaucht, mitschwimmt, ergründet und gründelt. Mit der Zeit kommen mehr Fragen auf, weshalb ich mit dem Lauf des Flusses und dem Lauf der Zeit gehe, mehr und mehr Menschen treffe, die sich dem Wasser widmen, auf die eine oder andere Weise. Am Mittellauf, wo ich wohne, halte ich an, unterbreche das Wandern und steige da immer wieder aus für die Erkundungen der Vergangenheit und Zukunft, der Zuflüsse und Seitentäler. Hier werde ich breiter, offener für all das Wissen und die Geheimnisse, die die Ufer verborgen halten, samt den Schauspielen und Geschichten, in denen sie die Hauptdarstellerin ist; hier nehme ich Fracht auf, bekomme schweres Gepäck, das ich bis zur Mündung mitnehme, ins Auenland und zur Stromwelt, die ich verpasst habe.

II

Modaupfade

4

Am Quellenberg

Hexenwald. Wir parken unsere Wagen nahe der Wallfahrtskirche von Neukirchen gegenüber dem Höhenhaus, über dem ein weißes Banner für eine Hochzeit flattert; ein Motorradfahrer am Straßenrand, über sein Handy gebeugt, andere Wanderer, meist Ältere, die ihr Rucksäcke aufschnallen. Unser Weg führt über die Bundesstraße entlang ungemähter, zartgrüner Wiesen, in denen die Kinder schnell verschwinden. Wir schauen in die Weite, die sich vor diesem Himmelsfenster, dem höchsten im Odenwald, auftut; auf den Großen Feldberg, der gegenüber am Horizont, in 66 Kilometer Entfernung, wie die Schautafel sagt, mit seinen rund 900 Metern die Höhe sucht. Im Osten Offenbach und die bayerischen Ausläufer, westlich dann Frankfurt, seine unförmige Gabelzacken-Skyline, hilflos vor den Gebirgen, danach Wiesbaden und das Rheingau. Und vor uns die Ebene mit ihren vielen Siedlungsflecken, die Wella-Fabrik vor Darmstadt, in den Waldflächen dann die ersten Odenwalddörfer. Eine löchrige Weite, die aber den Betrachter an den Rändern mit Bergen und Wald versöhnt; eine verstörende Sichtfläche, deren Formen herausfordern und locken.

Wir sind zwei Familien, die ab und an auf Touren gehen, zuletzt zu einer wunderbaren Greifvogelburg bei Heilbronn, von deren Mauern Geier und Adler in die Tiefe schießen und Punkte in der Ferne werden, bis sie wieder auf dem Arm landen. Viel Geschäft ist dabei, aber auch große Momente; ich habe dort ganz nah bei einem Bartkauz, meinem Lieblingsvogel des Nordens, sein können und ihm in die gelben Stechaugen gesehen, die seine vornehme, königliche Aura grell ausleuchten. Der Tag war danach reicher. Heute soll er es auch werden, denn die Sonne hat alle anderen oben weggejagt, und leichter, kratzender Wind mischt gerade die Wiesen auf, aus denen die Kinder wieder langsam auftauchen, zerstochen, aber vor Freude schrill.

Wir suchen den Hexenstein auf dem Hexenweg, der hier oben auf der Neunkirchner Höhe mit dem Quellenweg einhergeht. Denn von hier entspringen die größeren Rheinzuflüsse Gersprenz und Modau, zwei rote Fäden in meinem Flussdenken. Und hier kommen auch kleinere Fließe wie die Lauter her, aus deren Tal die Familie meines Vaters kommt; die Lauter formt ein enges Bachtal, das um 1880 böhmische Wandersteinmetze anzog. Sie stießen hier auf viele frei liegende Felsen und Steinhänge, auch auf das Felsenmeer, aus dem schon die Römer Steine brachen. Die böhmischen Steinmeister blieben und zogen viele andere an, Italiener, Metze aus dem Fichtelgebirge und Kollegen aus dem Bayerischen Wald mit dem Namen Kindinger. Mein Urgroßvater war einer ihrer Nachfahren. Er hatte einen eigenen Steinbruch im steilen Geläuf oberhalb von Schönberg bei Bensheim. Heute sind im Lautertal immer noch viele Steinfirmen; manche heißen Kindinger. Grabsteine stellen sie her, wobei sie nur bearbeiten; die Steinbrüche sind geschlossen, und die Steine kommen von weither, auch aus Übersee.

Wir sind nach den Bilderbuchwiesen nun in einem lichten Wald aus Buchen und sehnen die Quellen herbei. Denn sie werden uns retten können, hier können die Hexen nicht hin. Die Kinder sind längst bewaffnet mit Kampfstäben und Knüppeln. Sie drängen sich um mich, und wir schauen gebannt in den Wald, den ich wohl als etwas zu unheimlich beschrieben habe – als Hexenhort, dem sich nur die Elfen nähern können. Und das auch nur an den Quellen, die ihre Plätze sind und nie solche der Hexen, die ich sonst verteidige und als kluge Kräuterfrauen in die Geschichten einbaue. Heute sind sie mir entglitten und wabern als böse Wesen durch die dunkler gewordene Gegend; Tannen und Fichten treten nun auf. Es wird kühler. Der Kinderpulk um mich ist leise geworden, bereit, Angriffe abzuwehren, und voller Hoffnung, die Lauterquelle im Elfenreich zu erreichen, die wenige Hundert Meter vor uns liegen muss..

Wir laufen weiter. Abrupt beginnt ein farbflackernder, mächtiger Wald, wie ich ihn bisher nur in den französischen Vogesen bei Gérardmer gesehen habe: Dort türmten sich auch ganz plötzlich bei einem Spaziergang moosüberwachsene Felsen im Wald auf, entlang eines urwalbewachsenen Steilhangs, der dort immer höher anstieg, bis ganz hinauf zu den stummen Wänden aus Dunst. Zottige Kiefern und Fichten im Herbstnebel, Kälte. Zwielicht. Steine, die zu Figuren im Halbdunkel des Waldes wuchsen, mehr und mehr, je höher der Berg geht. Wir standen schweigend davor, auch die Kinder wurden ruhig.

Ähnlich ist die Szenerie jetzt hier im Wald bei Neunkirchen: Eine zerrüttete Tiefe ergreift mich, die in die steile Bergflanke voller Wald und Geröll hineinführt, mit Haldenschüttungen und Quadern, mit Moosen und Farnen überzogen, so dicht, dass kaum ein Tritt möglich wäre. Alles liegt im mittäglichen Zwielicht, das von turmhohen Kiefern und Fichten noch zugelassen wird. Dunkel stummes Grün stößt hier aus der Nadeltiefe hervor, ebenso das Schwarz der Löcher und Höhlen im Hexenwald, der zugleich anzieht und abschreckt. Wir stehen, schweigen, schauen, staunen. Warten.

Dann durchbreche ich fast ungewollt die Stille, als ich auf eine Burg aus mächtigen Felsen deute, in der sicher eine Hexe wohnen könnte. Es bleibt uns nur die Flucht zur Quelle. Alle sechs schreien, mein Sohn hebt drohend seinen dünnen Fichtenstab, wir spurten durch das fahle Hanglicht bis zum Quellrohr. Und sehen in die Trockenheit. Die Lauterquelle hat kein Wasser, das Rohr ist stumm und trocken. Doch weiter oben rinnt Wasser aus dem Hang, was mich vermuten lässt, dass das Quellrohr verstopft sein könnte. Ich muss jedenfalls improvisieren und verlege den Kern der Geschichte auf die besondere hexenfeindliche Kraft des Waldes rund um die Quelle. Die Kinder sind nicht überzeugt. Erst mein Verweis auf die machtvollen und besonderen Zauber der Elfen dieser Gegend bringt ihre Zuversicht zurück. Beide Matildas, siebenjährig, schreien selbstgereimte Zaubersprüche in den Wald, voller

Mut und magischen Wissens, die sie in unzähligen Bibi- und Tina-CDs erworben haben.

Wir finden wenig später noch den Hexenstein, eine hausgroße Granitpyramide am Wegesrand, in die ein eiserner Besen eingelassen ist. Ich kämpfe bergab im Felsschatten gegen eine Hexe, doch die Spannung ist vergangen; Durst herrscht vor. Selbst die Dreijährigen lispeln, dass es ja eigentlich keine Hexen mehr gebe.

Blaumannferne. Ich widme mich nun mehr dem Wald und seiner Auslage: Wildschweinspuren im Schlamm, Lichtschätze, ein zeternder Eichelhäher, Bussardrufe von weiter her, der ätherische Kiefernharzbrocken, den ich mit dem Messer zum Räuchern abschneide. Dann grüne und gelbe Lichtfluten, die uns erfassen und weitertreiben in Richtung des 34 Meter hohen Kaiserturms, an dem viele Wanderungen enden. 1907 vom Odenwaldklub neu eingeweiht – der 1888 für Kaiser Wilhelm I. errichtete hölzerne Vorgänger war in einer Sturmnacht eingestürzt –, ist hier heute eine Schenke alter Art zu Hause, eine gelbliche Zeitmaschine mit dem Flair einer gerade erst verlorenen Zeit. Es gibt nur einen steifen Kaffee mit Dosenmilch. An der Wand Ehrerweisungen für die Gaststätte des hessischen Mundartvereins und ein Plakat, das zu Hessens höchstgelegenem Traktorentreffen in Neunkirchen einlädt.

Am Stammtisch sitzen Einheimische, die den Dialekt meiner Großmutter sprechen: ein südliches Südhessisch mit viel »Sch«, länger gezogenen Satzenden, melodischeren Wortfetzen und dem rollenden »R« des schon Mainfränkischen, in dessen eigentliche Verbreitungsgegend manche Bachtäler von hier oben weisen. Sprachforscher sagen, unser Dialekt sei ohnehin eine Spielart des Fränkischen.

Den Sprechern ist es gleich, sie glauben an die Eigenständigkeit des Odenwälderischen, den ein Endsiebziger am Nachbartisch innig zelebriert. Er hat den Schlapphut auf, den auch mein Großvater bei samstäglichen Besorgungen und Fahrten trug, die alle im Zeichen des Werktages standen. Dazu zog er den Blaumann an. Der Alte gegenüber aber trägt eine Outdoorhose, Symbol einer blaumannfernen Zeit, das von der Mountainbikerkluft übertroffen wird, getragen von den anderen vier Stammtischgesellen, zwei Männer und zwei Frauen. Die allgegenwärtige Sportlichkeit hat die Kleidung aller erfasst, die im Freien etwas tun. Sie tragen es als Tarnkleidung, wie die anderen, kaum verschwitzten Einheimischen am Stammtisch oder als wirkliches Gebrauchsstück; zielgerichtet und funktional. Also so, wie der Wald nicht ist.

Nach Kuchen und Wurst kraxele ich mit den Kindern die 146 Eisenstufen zur Turmspitze hoch und spüre Höhenangst in Finger und Füße ziehen. Oben am Ausguck bin ich streng und hebe jedes Kind viel zu kurz hoch, so können sie kaum über das helle Land in alle Richtungen des Odenwaldes schauen und weiter bis hinüber ins Hessische Ried, die Pfalz oder den Taunus. Schnell wieder runter, zur Gersprenzquelle, dorthin will ich. Doch wir machen Rast zwischen Felsen in der Sonne. Die Kinder spielen in Spalten, und ich schlafe auf einer steinernen Freiliege ein, die zwischen großen Buchen steht und Blicke in ein zartblaues Himmelsfenster zulässt, das die grünen Blätterwände der Buchen hier für Dösende geöffnet haben.

Flussschwestern. Wir gelangen an die Quelle der Gersprenz, die eigentlich die Quelle des Mergbaches ist. Der speist hauptsächlich diesen zweiten größeren Mittelgebirgsfluss, der den Steinen der Neunkirchener Höhe entspringt. Das Wasser schmeckt voll, sanft mineralisch und besser als das der faden Darmstädter Waldbrunnen. Allerdings nicht so metallisch und kräftig wie das Quellwasser der Modau, die nur einen Kilometer weiter ihren Anfang nimmt. Der Mergbach kommt als dünnes Rinnsal aus einer kleinen Höhle zwischen den Ufersteinen, sodass ich nur aus der ersten Lache trinken kann, die dann zur Pfütze wird, danach zum kleinen Rinnsal, Bächlein, Bach und irgendwann zum Fluss mit Namen Gersprenz, die nach der Definition der Bund- und Länderarbeitsgemeinschaft Wasser ein kleiner Fluss ist. Sie hat 31 Zuflüsse, ist 62 Kilometer lang, durchfließt drei Landkreise sowie acht Ortschaften und ist, wie die amtlichen Zahlenreihen und Tabellen schnell zeigen, ein Paradebeispiel eines seit der Römerzeit genutzten, vielfach übernutzten und seines ursprünglichen Aussehens beraubten Industrieflusses, der aber heute so niemandem erscheint, da er oft ruhig und klar dahinfließt, mit einer Menge Fisch darin und mitten durch romantische Tallagen des östlichen Odenwaldes auf Bayern zu, wo sie einst in den Main mündete. Sie war für mich, im Gegensatz zur westlich ziehenden Modau, immer ein Fluss des Ostens. Hier oben auf der Neunkirchener Höhe, verläuft die Odenwälder Wasserscheide, entspringt die Gersprenz und unweit davon die Modau am Gehrenstein, nahe unter der 605 Meter hohen Neunkirchner Höhe. Die Modau fließt von da aus 44 Kilometer bis ins Hessische Ried; durch zwei Landkreise und elf Ortschaften, die zu fünf Kommunen und der kreisfreien Stadt Darmstadt gehören.

Ein erhabenes Gefühl steigt in mir auf, wenn ich an die Neunkirchener Höhe denke, denn Wasserscheiden sind starke Orte, trennend und einend, voller Aufbruch, Höhe und Wagnis. Natürlich können wir nicht mit dem Fichtelgebirge konkurrieren, diesem weithin unterschätzten Ort, der eine europäische Wasserscheide ist. Denn Flüsse wie Main und Saale entspringen hier und fließen in Richtung Nordsee ab, wohingegen sich etwa die Naab zur Donau und zum Schwarzen Meer aufmacht.

Alle sind sie »verbaut« worden, und am Ende der Gersprenz kann man auch ihre Geschichte des Verbauens beginnen lassen. Denn früher mündete die Gersprenz beim bayerischen Stockstadt in den Main. Anfang der 1970er-Jahre haben sie sie dann begradigt und verlegt, sodass die Gersprenz jetzt die Mainstaustufe Kleinostheim direkt mit Wasser versorgt und so dort das Stauen planbarer macht. Immerhin liegt die neue Mündung noch auf der Stockstädter Gemarkung, ganz so wie die Modaumündung, die in Stockstadt im Ried in den Altrhein mündet; es sind zwei Flüsse, die von der gleichen Höhe kommen und an gleichen Plätzen wieder aus der Welt verschwinden, dies aber nur dem Namen nach. Denn unterschiedlicher könnten die beiden Mündungsplätze nicht sein: einerseits eine regulierte, stille Staustufe im Main, der mit seinen unzähligen Stauanlagen und seinen trägen Strecken manchmal eher wie ein Kanal dahergeschlichen kommt. Gute 50 Kilometer südwestlich davon nimmt der flirrende Auenurwald des Kühkopfs mit seinem unsteten Wesen, mit seinen Wasserpflanzenwäldern und Frühjahrshochwassern die Modau in sich auf.

Richtet man den Blick flussauf, nehmen die Ähnlichkeiten der Schwestern wieder zu, da beide wie viele andere Flüsse dieser Art in Mitteleuropa ihren Lauf und ihr Wesen mit dem Lauf der Siedlungs- und Industriegeschichte veränderten. Mühlenkanäle wurden abgezweigt, Ufer aufgeschüttet, Mauern hochgezogen, Wehre errichtet, Inseln und Halbinseln geschliffen, Steinblöcke entnommen, Drainagen zugeführt, Einleiter eingelassen. Alles der Durchlässigkeit und Schiffbarkeit wegen oder der Geradlinigkeit und Berechenbarkeit der Wassermengen halber, auf die Müller, Färber, Fischzüchter, Elektrizitätsfachleute oder Klärwerker angewiesen waren und sind. Zudem, und das vor allem, sind die Schwestern bis heute fließende Müllkörbe, deren Abfall zwar seine alten lackfarbenen Gesichter und fletschenden Fratzen verloren hat, der aber immer neue Masken trägt, um nicht erkannt zu werden.

Die frei zugängliche Software zur Europäischen Wasserrahmenrichtlinie identifiziert die Masken, in allen Farben, je nach Geschmack. Wer nur Rot sehen will, nimmt die »ubiquitären Stoffe« in seine Kartenansicht auf, also die Spurenstoffe, die immer und überall da sind, in jedem Gewässer. Vor allem Quecksilber, das die Fachleute aber in der normalen Kartenschau wieder ausblenden, weil sie sonst die Einfärbungen für die anderen Belastungen nicht sähen. Quecksilber ist in allen Gewässern, weil es über Müllverbrennungsanlagen und Reifenabrieb in die Luft gelangt und damit in den Wasserkreislauf mit Niederschlag, der die Oberflächengewässer speist. Deshalb ist in Hessen die chemische Wasserqualität durchweg schlecht; andere Stoffe wie Pflanzenschutzmittel tragen ebenfalls dazu bei.

Die Veränderung der Flüsse hört nicht auf, weil sich Gesellschaften und ihre Flussbeziehungen immer neu entwickeln, auch zurückentwickeln hin zur alten Gestalt der Flüsse, wenn Strecken renaturiert werden, und hin zum Schutz der Städte vor den Fehlern der Länder, wie etwa dem, die Flüsse zwischen Wände zu pressen und ihnen die Auen zu nehmen, die das Hochwasser aufnehmen und damit auch die Gefahren, die von Sturzbächen und Schlammlawinen ausgehen, den häufigen Folgen zu enger und zu gerade verlaufender Betten.

Dass die Städte und Dörfer davor zu schützen sind und sich Deutschland mit der Begradigung so vieler Ströme und Flüsse seit dem Krieg in große Not gebracht hat – diese Erkenntnis ging den Bundesländern erst mit den großen Hochwasserkatastrophen an Elbe und Rhein in den 1990er- und 2000er-Jahren auf. Obwohl Gewässerökologen viele Bibliotheken schon lange zuvor und stetig mit Büchern dazu versorgt hatten. Als Folge sind viele neue Stauseen entstanden, oft Hochwasserrückhaltebecken genannt, ein wunderbar deutsches Wort, das zwar auch ein eigenes Biotop beschreibt, in dem sich neue Arten ansiedeln. Das aber andererseits eben aufstaut und den Fluss zum Stehen bringt, was die wandernden Arten wieder vor Probleme stellt und Menschen mit Gerüchen kommt, weil die neueren Rückhaltebecken oft nicht sehr tief sind und leicht in Hitzesommern trockenfallen können. Dann stinken sie und halten sich mit nichts aus ihrem Inneren zurück.

Die Modau hat einen, die Gersprenz gleich zwei solcher Kunstseen bekommen: 2010 in Reichelsheim-Bockenrod und 2003 in Wersau nahe Groß-Bieberau, das im Wappen den Biber trägt und diesen Landschaftsarchitekten seit zehn Jahren zurückhat – im Gegensatz zur Modau, die ein Bibererwartungsfluss ist und damit an dieser Stelle sehr anders als ihr östliches Pendant. Ich warte auf den Biber, weil er für den fälligen Rückbau der Flüsse der gescheiteste Ingenieur mit der besten Erfahrung ist und zudem Bote einer Wasserwildnis, die der Bewusstseinsprozess hin zu einer allseitigen, geistigen Wildniswerdung braucht; Luchse, Wildkatzen und Wölfe sind nur die eine Gruppe der Boten, deren wichtigste die kleinsten, die eigentlich ubiquitären sind, die Feldlerchen und Mauersegler, die Admirale, Schachbretter, Holzschlupfwespen und Mauerbienen.

Doch daneben gibt es die Boten des Wassers – wie Bachforellen und Atlantische Lachse, Fischotter und Europäischer Biber, Eisvogel und Wasseramsel. »Zeigearten«, sagen Biologen zu ihnen.

Ihre zwei Gesichter. Muda, Mudaw, Mudaha, Modach, Modawerbach, Modau – die Modau trug über die Jahrhunderte viele Namen. Doch »das Grundwort des Kompositums entspricht mit *mot*«, so das *Deutsche Gewässernamenbuch*, Bezeichnungen für »schwarze torfartige Erde, Moor, Schlamm«. Die Modau muss vielleicht, obwohl sie zuerst ein klarer Fluss des Mittelgebirges ist, etwas mit Schlamm zu tun gehabt haben, jedenfalls mit etwas, das so prägend war, dass die ersten Modaumenschen den Fluss danach benannten. Der Schlamm wird in diesem Flussporträt eine Rolle spielen, eine traurige. So ähnlich wie die tragische Heldin der Modau, die Bachforelle, deren Leben und Schicksal ich auf der Reise von der Quelle bis zur Mündung verfolge.

Auf dieser Reise ändert die Modau einmal komplett ihr Wesen und wird nach Darmstadt-Eberstadt vom Mittelgebirgsfluss zu einem Fluss des Tieflands. Deshalb ist sie »ein Fluss mit zwei Gesichtern«, wie der Wasserverband Modau schreibt. Nicht viel steht über die Modau geschrieben. Es gibt keine Bücher, Lexika oder Ausstellungen. Doch wenn jemand über sie schreibt, meist Behörden oder Forscher, dann sind es immer die großen Unterschiede, die darin auftauchen: ein Fluss zwischen Mittelgebirge und Ebene, Odenwald und Ried, Land und Stadt. Sie ist ein Fluss, der unter Druck steht, schon immer. Ihr Einzugsgebiet wird »durch Landwirtschaft und Urbanisierung intensiv genutzt. Darüber hinaus ist das Gewässer selbst durch wasserbauliche und städtebauliche Maßnahmen im Mittel- und Unterlauf sehr beeinflusst«, schreibt 2000 ein Diplomand an der TU Darmstadt in seinem Werk zur Bewirtschaftung der Modau. Er kommt zu dem Fazit, »dass zwischen Schutz des Gewässers und seiner Nutzung erhebliche Konflikte bestehen, die langfristig zu lösen sind.«

Eine weitere Kraft bestimmt die Modau, der Rhein, in den sie bei Stockstadt mündet – auf einer Höhe von 84 Metern. Mehr als 400 Höhenmeter liegen zwischen Quelle und Mündung – und damit ein mächtiges Gefälle samt Strömung. Grund genug, vom Mittelalter bis ins beginnende 17. Jahrhundert viele Mühlen zu bauen, fast 70 waren es zu Hochzeiten, davon 18 alleine in der Gemarkung Nieder-Ramstadt im heutigen Mühltal. Sie prägen die Modau wie kaum einen anderen

Fluss mit ihren Geschichten und Namen, bis heute. 16 Zuflüsse speisen die Modau. Und ein Stausee bremst sie aus, bei dem viele Fehler gemacht wurden.

Die Reise, die ich in mehreren Etappen über zwei Jahre unternehme, startet an der Quelle, im Odenwald auf der Neunkirchner Höhe. Sie startet in der Natur, direkt aber auch mit »Modaumenschen«, den Hauptdarstellern am Ufer, nach denen Flussreporter suchen. Und ich mit meinen Onlinejournalismus-Studierenden schon suchte, mit einer Übung an der Hochschule in Dieburg. Denn ich habe im Sommer einen Kurs für Flussreportagen angeboten und bin mit den Studierenden einige Male am Fluss gewesen.

Wir konnten nicht alle möglichen Modaumenschen treffen. Denn wir sind nicht überall durchgekommen, bekamen den Hörer von Mühlenbesitzern aufgeschmissen, die für Journalisten keine Zeit haben, trafen auf wenig interessierte Kläranlagenleiter oder konnten Unternehmen wie DAW (Deutsche Amphibolin-Werke) in Ober-Ramstadt nicht dazu bewegen, ein Interview zu führen. Wir wollten etwas wissen über Historie und Fortschritte der Abwasseraufbereitung von »Murian« oder »Caparol«, wie die Firma im Volksmund heißt. Denn in den 1960er-Jahren sorgten die Einleitungen dafür, »dass die Modau blau, grün oder gelb war«, wie ich oft flussab bei Gesprächen mit Uferbewohnern hörte.

Modaumenschen. Ich habe die Übung für meine Studierenden »Heldensuche« genannt, bei der man zu einem definierten, begrenzten Ort, am besten mit einer Karte, potenzielle Hauptdarsteller sucht, die eine Geschichte zu diesem Ort zu erzählen haben. Man muss sie dann natürlich suchen, treffen und sie zum Reden bringen, um das Porträt eines solchen Ortes zu zeichnen, sei es eine Halbinsel, ein Bahnhof, eine Hochschule selbst oder eben ein Fluss. Da geht es um Biologen, Umweltschützer, Fischereipächter, Angler und speziell Fliegenfischer. Ob es einen gibt, weiß ich nicht, ich werde ihn suchen. Ebenso die Klärwerker, Papierhersteller, Chemiefabrikanten, Brücken- und Wasserbauer, Brauerei- und Bergwerkbesitzer sowie Beamten, die sich alle mit der Sauberkeit des Flusses herumschlagen und -schlugen. Es geht auch um Restaurantbesitzer, die in früheren Mühlen auftischen, um den letzten Müller, der noch Korn mahlt, um heutige Mühlenbesitzer, die jetzt Strom aus Wasserkraft gewinnen, und die so wichtigen Heimatforscher, die altes Wissen aufstauen, damit es abgeschöpft werden kann. Die Mühlen, sie sind wichtig für diesen Fluss.

Es geht um eine Schule, deren Kinder einmal im Jahr von der Quelle bis zur Mündung laufen. Um Täufer, die ihre neuen Gemeindemitglieder im aufgestauten Wasser baden, den möglichen Tourismus entlang der Modau, ihre Bibertauglichkeit und ihre Rolle als Ort der Inspiration für Künstler und Fotografen, Spielplatz für Geocacher, Revier für Kanuten, Modellbootbauer, spielende Kinder und natürliche Routen für Wanderer, Spaziergänger, Reiter und womöglich auch Flüchtlinge – denn keine Wege sind älter als die der Flusstäler. Die Landwirte sind die Wassermenschen mit dem meisten Kontakt, von den Flächen her. Auch sie sollen eine Rolle spielen auf dieser Wasserreise, auf meinen vielen Gängen und den drei Touren mit den sieben Studierenden.

Gedichtmorgen. Ich bin früh dran bei meinem Gang zur Quelle, stehe auf dem Dorfplatz am Restaurant »Grüner Baum« und schaue wohl hilflos um mich auf der Suche nach einem Kaffee. Da kommt sie aus dem Nachbarhaus, und ich spreche sie an. Einen Kaffee habe sie, auch wenn das Restaurant noch zu sei; Julia Schmidt geht hinein und kommt kurz darauf wieder mit einer warmen Tasse heraus. Wir setzen uns auf dem verwaisten Dorfplatz auf die leeren Restaurantstühle, und sie erzählt: von ihrer Jugend in Neunkirchen, dann dem Leben in Frankfurt, ihrer Arbeit als Yogalehrerin dort und nun der Rückkehr ins Heimatdorf Neunkirchen, wo sie wieder Yoga unterrichtet – »Yoga am Berg«, ganz oben im Odenwald.

Wir sprechen über die Quelle, die unter dem Pfarrhof der Kirche, gleich hier neben dem »Grünen Baum«, entspringt. Unten im Dorf sprudelt sie bei der Feuerwehr seit 1997 in einem Ring aus rotem Odenwälder Buntsandstein, ihrem Quelltopf, aus der Erde. Die Quelle geht der Sage nach auf eine Einsiedlerin zurück, die sie um das Jahr 300 fand und die Heilkraft des Wasser entdeckte, worauf die Wallfahrt begann, die auch zwei arabische Ärzte, Cosams und Damian, hierher nach Neunkirchen geführt haben soll. Nach ihnen ist die Kirche benannt.

Ich frage die Yogalehrerin auch nach einem Dorfteich, worauf wir über den hiesigen sprechen – und seine heutige Funktion als eingezäuntes »Löschwasserbecken«, in dem sie aber dennoch manchmal schwimmt, weil sie sich den Schlüssel für das Tor besorgt hat. Dann sagt sie plötzlich, dass sie mich kenne, von einer Lesung, und ich überlege, denn so viele Lesungen hatte ich hier noch nicht. Dann fiel es mir ein: Ich las einige Heimat- und Liebesgedichte im vergangenen Jahr bei »Nonstock« im Fischbachtal, dem Rockkonzert im Odenwald, auf einem Bauernhof, das ein guter Freund von mir schon vor vielen Jahren ins Leben gerufen hat und immer noch mit einer Schar ähnlich musikbegeisterter Fischbachtaler organisiert. Ganz hinten in der Scheune saß ein Paar im Schatten, das mich kurz darauf ansprach, mir dankte und meinen Gedichtband *Schmallert* kaufte.

Sie, die Frau, sitzt mir nun gegenüber und erzählt jetzt von der traurigen Geschichte ihres verlorenen Kindes. Und davon, dass eines der Gedichte aus der Scheune, eines aus dem Band, den ich meinem heiligen Hügel gewidmet habe, eine Freudenquelle für sie und ihren Mann gewesen sei, sodass sie es auf die Website der »Neunkirchner Steine« setzte, eines Vereins, der Familien unterstützt, die ihr Kind verloren haben. Ich war sprachlos, hätte mit vielem gerechnet an diesem lauen Sonnenmorgen vor dem großen Wald und den Quellen; ich hatte nun, schon bevor ich dort hinging, eine Quelle unter einer Kirche entdeckt und die wundervollste und stärkste Reaktion einer Leserin auf einen Text, die ich vielleicht je gehabt haben werde. Danach ging ich zur Quelle und wanderte die Modau entlang, die Gedanken hingen der Geschichte nach, die ich gerade gehört hatte.

Quellenlehrstunde. Zur Modauquelle kommen Wanderer nicht so leicht, weil kein direkter Weg hinführt. Man muss etwas in den Wald steigen und dem Bächlein dann querfeldein folgen. Die Waldorfschule aus Darmstadt-Eberstadt scheut diese Mühe nicht. Einmal im Jahr machen die vierten Klassen die traditionelle Modauwanderung, nachdem sie vorher im Unterricht Wasser und Quellen behandelt haben – anthroposophisch, ganzheitlich und mit allen Sinnen. Ich begleite die Klasse auf den ersten Kilometern, siebe ein paar Bachflohkrebse für die Schüler aus dem Kies, erzähle etwas über die Forellen und ihr Leben und lausche den Vorträgen eines kundigen Vaters, der über die Geologie des Odenwaldes referiert, denn einige Eltern begleiten die Gruppe bis zur Mündung.

Viele Schüler beugen sich mit ihren Flaschen zur Quelle, um Wasser aufzunehmen. Tief bücken müssen sie sich, um an die ersten Tropfen Modauwasser zu gelangen. Denn die Quelle ist unscheinbar, der Fluss tritt als kleines Rinnsal aus dem Fels, ist mehr eine Pfütze als ein Bach. Manche trinken direkt, andere zieren sich, doch die Gruppe wird belebt, ist lauter, die Quelle wirkt, ist Thema der Gespräche. Die Klasse geht dann in einer langen Reihe die junge Modau hinab, quer durch den Wald, bis nach Brandau. Dann wandern sie bis Ernsthofen, wo sie im Schullandheim des Landkreises übernachten. Am nächsten Tag geht es zu Fuß weiter bis Eberstadt und dort wieder zur Schule, an der die Modau direkt vorbeifließt. Deshalb spielt sie im Unterricht eine Rolle. Nach einer weiteren Nacht radelt die Gruppe dann von Eberstadt über Pfungstadt ins Ried, so gut es geht, an der Modau entlang bis zur Mündung in Stockstadt. »Die Modauwanderung ist Bestandteil der Heimatkundeepoche in der vierten Klasse«, erklärt mir Lehrer Sven Zachau. »Auch während der Wanderung nehmen wir Wasserproben und beschäftigen uns mit der Siedlungsgeschichte am Fluss.«

Wir laufen weiter, durchqueren Brandau und gehen auf Hoxhohl zu. Entlang einer lang gezogenen Weide mit Kühen entdecken die Schüler einen großen Misthaufen, fünf Meter vom Modaufer weg. Es ist verboten, die Haufen so nahe am Ufer aufzuschichten. Denn mit dem Regen gelangen hier Phosphate und Nitrate in den Fluss – und damit eine

Nährstofffracht, die einer sensiblen Forellenregion und ihren Arten nicht guttut. Schon seit 2018 dürfen an vier Meter breiten »Gewässerrandstreifen« hessische Bauern nicht mehr düngen, spritzen oder pflügen. Ab 2020 will das Land sie dafür bezahlen, hier gar nichts mehr zu machen. Die Breite von vier Metern kritisieren Experten immer wieder: Zu wenig sei es, um Flüsse vor Giften vom Acker wirklich zu schützen.

Die Modau steht für viele übernutzte Flüsse. Und gleichzeitig ist sie voller versteckter Schätze wie an der wilden Strecke zwischen Hoxhohl und Ernsthofen, die ich mit der Schulklasse gerade passiere: Erlen stehen über dem Steilufer, in dem Eisvögel ein gutes Dutzend Brutröhren gebohrt haben; das mittägliche Licht fällt auf den Fluss, der hier in die Kurve geht, und man hat den Eindruck, dass ihn nichts stören könnte. An solchen Stellen am Oberlauf liegen noch die Geheimnisse einer halbwegs intakten Natur im Fluss, dem wir bis Hoxhohl folgen und kurze Rast an der Brücke machen, wo der Wurzelbach mündet.

Wir sehen den Schatz darunter nicht, aber ich hatte vorher davon gelesen: Genau hier lebt eine Population des seltenen Bachneunauges. Dieser schlangenartige, wandernde Fisch der kalten Oberläufe stellt hohe Ansprüche an seine Umwelt. Bei der Brücke waren größere Bauarbeiten geplant, die aber nach Einwänden des Biologen Thomas Bobbe dann kleiner ausfielen – zum Wohl des seltenen Neunauges, das an der Modau sonst kaum bekannt ist. Und das es etwas flussabwärts schon schwerer hat: Denn hinter Hoxhohl mündet von Herchenrode, einem kleinen Dorf mit vielen Pferden und Reiterhöfen, ein Graben in die Modau, der ihr viel Schlamm bringt. Das kann schon Grund für eine sensible Art sein, sich nicht mehr weiter auszubreiten.

Schlammkies und Pferdehöfe. Bald schon folgt Ernsthofen, ein lang gezogenes Straßendorf mit Fachwerkhäusern, Dorfladen und einem Dorfteich – vermeintlich, denn es ist ein Zaun darum gebaut; wieder eine Sperre, die sicher früher nicht da war. Beschaulich und munter fließt die Modau unter den Fachwerkgiebeln dahin, nahe der Bushaltestelle, bei der ich kurz raste und im Dorfladen einen Kaffee kaufe und mir den Klatsch des Moments anhöre. Die Schulklasse ist da schon auf dem Weg hoch zum Schullandheim, ich aber laufe weiter, hinaus aus dem Dorf auf die erste Kläranlage der Modau zu, davor endet der Weg. Ich muss in die Wiesen, die bei Hochwasser geplant überflutet werden; es ist der Ernsthöfer »Retentionsraum«, wie der Wasserverband Modau schreibt, der diese trockene, 30 000 Kubikmeter Wasser fassende Hochwasserschutzfläche 2015 anlegen ließen.

Zum ursprünglichen Charakter der Modau gehören Kiesbänke, die trotz aller Schlammfracht immer wieder hell und klar hervorscheinen. Und Freude machen. Denn mit dem Kies kommt der Sauerstoff ins »Geschiebe«, wie die Biologen sagen. Und damit das Leben in die sogenannte Forellenregion eines Flusses – dem sauerstoffreichen Oberlauf, in dem die Bachforelle als Leitfisch heimisch ist.

Zu ihren größten Feinden gehört Schlamm, weil er die Fischeier in den Kieskuhlen erstickt, die die Forellen mit der Schwanzflosse zum Ablaichen geschlagen haben. Der Schlamm bringt ihrem Nachwuchs den Tod. Leider finde ich ihn schon nach Ernsthofen ganz zufällig, bei den Hochwasserwiesen, auf einer Kiesbank, der man ihre klebrige Fracht erst nicht ansieht. Ich greife einfach hinein und lasse auf der Suche nach Bachflohkreben und Köcherfliegenlarven den Fluss meine Hände und seinen Kies auswaschen – eine dunkle kleine Schlammfahne durchzieht plötzlich das Wasser und weist darauf hin, dass schon hier mit der Modau nicht alles in Ordnung ist. Dann laufe ich weiter, auf Ober-Modau zu, vorbei an vielen vermodernden Äpfeln, die offenbar niemand braucht, vorbei an Koppeln, Reiterhöfen, Reitern, einem ausgetretenen Ufer in einer Kurve, in der offenbar Pferde gewaschen werden, die Spuren zeigen es an. Hier fließt die Modau durch Pferdeland, das auch in Nieder-Modau, das zur Stadt Ober-Ramstadt gehört, nicht enden wird.

107 Hindernisse. Flüsse wie Modau und Gersprenz erscheinen gesund – jedenfalls den meisten Menschen, die man an ihren Ufern trifft. »Dem Fluss geht es gut«, ist die Antwort, die ich auf meine Standardfrage an Modaubewohner, wie es dem Fluss gehe, oft höre. Doch kein Eindruck ist falscher als dieser. Denn die Modau ist, wie so viele andere kleine Flüsse, mit der Kultur- und Industriegeschichte in ihrem Lauf und Aussehen stark verändert worden. Auch dort, wo man es nicht sieht: Zwischen 80 und 100 Prozent der Modauufer und der ihrer Zuflüsse sind vom Menschen verbaut, erklärt ein Bericht der Hessischen Landesagentur für Natur und Umwelt. Die Flussbetten sind daher voller Hindernisse, die Fische auf dem Weg zu Laichplätzen flussauf kaum oder gar nicht überwinden können – 107 in der Modau und ihren Zuflüssen im Jahr 2020. Im Lauf der Geschichte wurden Mühlenkanäle abgezweigt, Steinufer aufgeschüttet, Mauern hochgezogen, Wehre errichtet, Inseln geschliffen, Felsen entnommen, Drainagen zugeführt, Einleiter eingelassen. Und das alles wegen des Hochwasserschutzes und eines besseren Zugangs zum Wasser, auf den Müller, Färber, Gerber, Brauer, Fischzüchter, Elektrizitätsfachleute oder Klärwerker angewiesen waren und sind.

Flüsse wie die Modau sind nicht nur »verbaut«, wie Forscher sagen. Sie sind auch bis heute Abwasserträger, in die zwar keine Lacke und Farben mehr ohne Scham eingeleitet werden wie in den 1960er- und 1970er-Jahren. Aber auch heute noch fließen Flaschen, Plastik, Kleider und Styropor die Modau hinab, massenhaft. »Beim Müll hat sich leider viel weniger getan als gedacht; beim nächsten Hochwasser landet immer noch der Dreck aus dem Garten oder Schuppen im Fluss«, sagt Gewässerbiologe Rainer Hennings, der die Modau schon lange kennt und untersucht. Der ökologische Gesamtzustand der Modau ist »ungenügend«, ihr chemischer »schlecht«, wie das Hessische Landesamt für Umwelt in Gewässersteckbriefen zusammenfasst. »Die Modau ist in einem üblen Zustand«, sagt auch Modaukenner Karl Schwebel vom Verband Hessischer Fischer. Bis Brandau sei die Welt noch einigermaßen in Ordnung. »Im Ried fließt sie als begradigter Kanal in Deichen dahin, ohne Strauch und Baum darauf.«

Gibt es keine Verbesserungen? Ideen hatte das Hessische Umweltministerium viele, etwa vor zehn Jahren, 2009: Knapp 74 Hektar Flächen sollten im Gebiet des »Wasserverbands Modau« für knapp siebeneinhalb Millionen Euro angekauft werden. Gleichzeitig plante das Land, 21 Kilometer Ufer und Auen wieder in einen natürlicheren Zustand zu bringen, für 8,6 Millionen Euro. Rund drei Millionen sollte es kosten, 86 Hindernisse für Wanderfische wie Wehre und Staustufen zu beseitigen. Vergleicht man diese Zahlen mit dem aktuellen Datensatz, dann wird klar, dass es entlang der Modau kaum Fortschritte gab. Und die Umsetzung der Richtlinie stockt. Denn die neuen Planungen für Auen, bessere Ufer, den Kauf von Flächen und die Beseitigung der Hindernisse im Wasser sind meist die alten.

Fortschritte gibt es nur im Detail: Die Strecken mit nur befriedigender Gewässergüte haben leicht abgenommen; die Parameter bei Sauerstoff, Chlorid und Ammoniumstickstoff haben sich etwas verbessert. Auch gibt es 15 Prozent weniger schlechte Uferpartien – also bringen manche Renaturierungen doch etwas. Am Hauptergebnis ändert sich nichts: Der Modau geht es mies. Das liegt auch an der dichten Besiedlung im Rhein-Main-Gebiet. Der Wasserverband Modau kümmert sich um Gewässer in einer Gegend mit 575 Einwohnern pro Quadratkilometer. Der Bundesdurchschnitt liegt bei weniger als der Hälfte.

Guter Zustand – 6,6 Prozent. Der Zustand der Modau passt ins Bild: Bundesweit waren 2018 nach Angaben des Umweltbundesamtes nur 6,6 Prozent der bewerteten Fließgewässerabschnitte nach EU-Kriterien ökologisch in »gutem Zustand«, gerade mal 0,1 Prozent in »sehr gutem Zustand«. Diese Bewertungen gehen von der natürlichen Flora und Fauna, aber auch dem Uferverlauf eines Flusses und der Chemie seines Wassers aus – von den ursprünglichen Lebensbedingungen, wie es sie ohne menschliche Einflüsse gäbe. Der Grad der Abweichung davon, die aufwendige Untersuchungen zu Artenvielfalt, Umweltgiften im Wasser und veränderten Ufern ergeben, bestimmen dann die Note: »gut«, »sehr gut« – oder eben schlechter, wie an der Modau.

Doch bei der Misere soll es nicht bleiben. Das fordert das EU-Recht. Und es muss auch nicht dabei bleiben, denn das Umweltbewusstsein hat sich stark entwickelt, gerade für Flüsse: »Fließgewässer werden heute nicht mehr mit der gleichen Selbstverständlichkeit ausgebaut und begradigt wie zuvor«, schrieb schon an der TU Berlin der Autor der Diplomarbeit Ökologische Fließgewässersanierung am Beispiel der Modau 1987. Das war ein Jahr nach Tschernobyl und der Explosion in der Baseler Chemiefrabik Sandoz, die den Rhein flussab vergiftete und danach ein Umdenken in der Gewässerpolitik auslöste, mit vielen neuen Kläranlagen und Schritten für mehr Sauberkeit und Umweltschutz. Sandoz wirkte nach, in Brüssel und an der Modau. Über die Jahre haben Kreis und Gemeinden zusammen mit den Wasserverbänden schon an einigen Stellen die Ufer im Landkreis Darmstadt-Dieburg wieder in einen natürlicheren Zustand gebracht. Sei es entlang der Gersprenz bei Reinheim, Otzberg, Groß-Zimmern, Dieburg, Münster oder Babenhausen. Oder am Richer Bach und entlang der Semme bei Groß-Umstadt, am Landbach bei Bickenbach, an den Ufern des Sandbachs bei Eschollbrücken sowie am Beerbach in Mühltal. Und an der Modau in Nieder-Modau und oberhalb von Ernsthofen.

Oft rücken für den ökologischen Umbau Bagger an, die Beton und Steinufer einreißen, damit das Bachbett breiter wird. Tote Bäume und Äste kommen hinein, an denen sich Kies bildet und Wasserpflanzen zu wachsen beginnen. Kies bringen die Umweltplaner auch direkt ins Wasser, damit Forellen und andere Arten laichen können. Flüsse wie die Modau brauchen kaum etwas so sehr wie Sauerstoff, Strömung und Kies – diese drei Zutaten benötigen viele Arten in den kalten Oberläufen. Und müssten noch viel öfter wieder hineingelangen, wenn die Ziele der EU erfüllt werden sollen.

Es geht um die Frage, wie man renaturiert: Im Rahmen der »Gewässerunterhaltung«, also im laufenden Betrieb, ohne allzu große Bürokratie. Oder mit der Plangenehmigung, das heißt nach genauen Prüfungen der Umweltverträglichkeit und mit höheren Kosten. Meistens ist klar, welcher der beiden Wege möglich ist. Bei kleinen Veränderungen der Flüsse der erste, bei größeren der zweite. Und dennoch gibt es dazwischen Spielraum, ist die Haltung einer Behörde über den formellen Rahmen hinaus ein Faktor, der mitbestimmt, wie viel an Flüssen geschieht – oder nicht.

In Südhessen gelten die Behörden, wie wir in Gesprächen erfahren, als vorsichtig. Sie setzen eher auf die größeren Genehmigungsverfahren, wohingegen in nahen Regionen wie der Wetterau viele Renaturierungen, etwa an der Nidda, im Unterhalt gewagt werden. Die Veränderungen an der Nidda gelten in der Fachwelt als vorbildlich. Ein weiteres, nahes Vorbild ist die Weschnitz, die vom Odenwald in den Main fließt. Hier sind große Renaturierungen geschehen, teils über zwei Kilometer Strecke, was auch an einem Führungswechsel im zuständigen Wasserverband liegt, dass die Wasserrahmenrichtlinie inzwischen mutiger umgesetzt werden als früher.

Entlang der Modau sind bislang nur kleine Schritte gegangen worden. »Und wir werden die Ziele der Rahmenrichtlinie auch nicht erfüllen, so wie wir aufgestellt sind«, sagt Georg Möhrle vom Wasserverband Modau, der vor allem für den Hochwasserschutz, aber auch Umweltprojekte am Fluss und vier weiterer Grabensysteme von 13 Gemeinden in der Region zuständig ist. »Die Gewässer gehören den Kommunen, und das Land baut auf deren Freiwilligkeit, wenn es um die Wasserrahmenrichtlinie geht«, sagt Uwe Avemarie von der Unteren Naturschutzbehörde des Landkreises Darmstadt-Dieburg. »Wir bräuchten schnellere Instrumente, um voranzukommen.« Denn nach 15 Jahren der Umsetzung sei »kaum etwas erreicht«. Und die Frist für die Ziele wurden ja schon verlängert – von 2015 auf 2027. »Wir würden gerne mehr machen, können aber nicht – am Geld hängt es nicht«, sagt Avemarie weiter. Es gebe vor allem zu wenig Personal in den Behörden, auch in seiner. Ohnehin seien nur sehr wenige Menschen mit der Modau wirklich vertraut und kümmerten sich. Er zählt eine Hand voll Leute auf und stockt. »Wo bleibt da der Nachwuchs? Wirklich Junge sind nicht dabei.«

Die Behörden kommen nicht hinterher, weil sie nicht genug Leute haben. Das ist eines der Ergebnisse der Recherchen und Gespräche mit

Landkreis, Kommunen, Regierungspräsidium, Wasserverband Modau, dem Amt für Bodenmanagement in Heppenheim und der Staatsanwaltschaft Darmstadt. Dieses Ergebnis bestätigt auch die Kritik des hessischen Naturschutzbundes (Nabu) vom Juli 2019. Er beklagte in der Presse, dass die hessischen Umwelt- und Naturschutzbehörden überfordert seien. Die Aufgaben seien stark gewachsen, ohne dass dafür ausreichend Personal eingestellt worden sei. Eine Koalition deutscher Umweltverbände mahnt in einer Mitteilung zur Wasserrahmenrichtlinie ebenfalls diesen Punkt an. Ohne ausreichende »finanzielle und personelle Ressourcen für die Wasserwirtschaftsverwaltungen« könnten diese die Aufgaben nicht erfüllen.

Ein weiteres Problem bei der Umsetzung der EU-Ziele sind die komplizierten Zuständigkeiten für den Gewässerschutz. Sie sind auch nach einigen Recherchen kaum zu überschauen. Das zeigt sich etwa daran, dass bei Vorkommnissen wie Fischsterben oder Verschmutzungen einmal die Staatsanwaltschaft zuständig ist, dann wieder das Regierungspräsidium. Die Beschwerden landen aber im Umwelt- oder Gewässerreferat des Landkreises oder bei den Umweltbeauftragten der Gemeinden, die oft mit noch viel mehr Themen betraut sind. Zuständig ist noch der Wasserverband Modau. Und das Amt für Bodenmanagement in Heppenheim, auf das es ankommt, wenn Uferstrecken für Naturschutzprojekte gekauft werden müssen. Und so verweist bei den Recherchen immer wieder eine Stelle auf die andere, gibt es Beschwerden über Abläufe und unterschiedliche Auffassungen. Etwa darüber, wo der kaputte Fluss Modau am besten zu reparieren sei: am Oberlauf, wo die Behörden einfacher Flächen kaufen können, es der Modau aber noch halbwegs gut geht. Oder im Ried, wo die eigentlichen, großen Aufgaben warten, weil die Modau nach Pfungstadt einem drögen Kanal gleicht, der eines Großteils seines Lebens beraubt ist.

Die Kritik der Umweltverbände an der deutschen Wasserpolitik zielt auch auf Brüssel und die EU-Agrarpolitik. Die müsse »verbindlich« an die Ziele der Wasserpolitik angepasst werden, sonst werde es für die Region ganz schwer. Mit der Landwirtschaft gäbe es auch entlang der Modau die größten Konflikte, wenn der Fluss so renaturiert würde, wie es sich Gewässerökologen wünschen. Doch auch die Politik will nicht immer, was EU-Recht, Behörden oder Ökologen sich wünschen. Denn Renaturierungen an der Modau scheitern auch oft in den Gremien der Gemeinden. Dort kommt das Argument auf, dass die Modau nach einem Umweltprojekt, das Mauern einreißt, »unordentlich« aussehe.

Und so scheitert die Naturnähe der Modau auch am ästhetischen Empfinden der Dorfgesellschaft. Aufgeräumt muss der Fluss sein, mit gemähten Ufern und wenig Bäumen und Holz darin – auf diesen Wunsch sind wir bei Gesprächen am Ufer immer wieder gestoßen. Der Wunsch ist Ausdruck der langen Gewöhnung an ein begradigtes, ordentliches Stück Natur, das nur aus anderer Perspektive genau das Gegenteil ist: ein verbauter Industriefluss, seiner Natur entfremdet. Am Pfungstädter Büchnerpark etwa sind Steine, die der Modau etwas Abwechslung und Leben bringen sollten, wieder herausgenommen worden, weil das Rauschen und Strömen der Nachbarschaft zu laut war. Auch Sträucher und Bäume kamen weg, wegen der schlechten Aussicht.

»Wir brauchen mehr Akzeptanz und Verständnis in der Öffentlichkeit«, sagt Uwe Avemarie. »Sonst bleibt es schwer.« Eventuell muss ein Ausgleich für Anwohner gefunden werden, wenn für Renaturierungen Grundstücke am Ufer gebraucht und gekauft werden müssen. Womöglich muss es auch Enteignungen geben, gegen Entschädigung natürlich, was beim derzeitigen Stand der Umsetzung nicht ganz undenkbar ist. So weit gehen die Fragen, die das riesige Wassergesetz stellt.

Flussbeziehung. Meine Umgebung macht mich seit einiger Zeit darauf aufmerksam, dass ich mich seltsam verhalte. Die Kinder sagen, ich solle nicht schon wieder von der Modau erzählen. Und Menschen, die mich gut kennen, begrüßen mich neuerdings immer mit einer Frage nach dem Fluss, wohl wissend, dass dies der einfachste Einstieg in ein Gespräch mit mir sein könnte.

Ja, meine Wege und Gedanken haben sich verändert; ich rede zu viel über Flüsse und habe meine Joggingstrecke geändert, laufe nun am Fluss entlang, so gut es geht. Und ich gehe viel öfter als sonst zum Eissalon, weil es dort noch schnell umsonst zwei kleine Waffeln gibt, mit denen ich testen kann, wie viele Forellen heute wieder unter den Brücken sind. Ob es die großen sind, die für die Modau so wichtig sind. Und ich habe angefangen, den Fluss zu duzen, ihm direkte Fragen zu stellen, komme mir allerdings dabei selbst etwas seltsam vor. Dieser Eindruck verliert sich, wenn mich die ganze Poesie dieses fließenden Wassers inmitten aller Häuser und Mauern erfasst und fortträgt. Dann muss ich sie duzen, um sie noch besser zu sehen und zu verstehen.

Sie ist der Prototyp eines geschundenen kleinen, europäischen Flusses mit all seinen Geschichten, Geheimnissen, zwar noch erhaltenen, aber reichlich versteckten Schönheiten und all den Möglichkeiten, uns vor Augen zu führen, was wir an solchen Flüssen haben und wie wir uns an ihnen entlang weiterentwickeln könnten.

Aber sie hat auch ein eigenes Wesen, einen Porträtcharakter, der sich langsam offenbart – wissenschaftlich in den Berichten und Studien, historisch vor allem in den Bildern, die die Heimatforscher sammeln, geräuschvoll an den Wehren und kleinen Wasserfällen, mit ihren Gerüchen, die modrig sind, wenn zu wenig Wasser den Grund näher kommen lässt, süßlich-schwer bei den Springkrautbänken und frisch wie ein Wiesendeo an anderen Stellen. In alledem hat sie ihr Wesen, vor allem natürlich in der Anschauung und ihren Formen, die so verändert worden sind wie in kaum einem anderen Ökosystem. Der wasserbauliche Murks der Jahrzehnte verstellt daher den Blick auf den Wesenskern, aber jeder darf sich ja auch verändern. Und so begegnet man vielen Flussgesichtern, die über die Zeit, bei allen Begradigungen und Neubauten, dazugekommen sind. Und trifft doch einen Charakter an, der sich immer wieder ähnelt und treu bleibt – in den Kiesbänken etwa, die trotz aller Schlammfracht immer wieder hervorscheinen, hinter einer kleinen Kurve, die ich noch nicht kannte und die mich entzückt. Denn mit dem Kies kommt die Reinheit, kommt, wie erwähnt, der Sauerstoff ins Geschiebe.

Ihre Gesichtervielfalt erscheint mir fast unendlich, je länger ich an ihr entlang ziehe und in die Tiefen und Ecken gehe, die ich immer noch nicht kenne – etwa zu den beiden schönen öffentlichen Bänken hinter einer Hecke, abseits von jeglichem Fußverkehr, die irgendjemand hier aufgestellt hat, um Menschen an die Modau zu locken. Sie stehen hinter einer Pflanzenwand und sind kaum zu entdecken für den Wanderer oder wen auch immer – aber sie müssen schon Menschen sein, die über die Wiese an einem Ingenieurbüro vorbei querfeldein laufen und, von außen betrachtet, seltsame Laufwege haben.

Wenn ich in meine Flussbeziehung gelange, stiller werde und abseitiger in Gedanken und Schrift, dann gehe ich nun auch mal hierher, an ein vergessenes Stück Öffentlichkeit an einer schönen Flussstrecke, zu einem Versteck, das zum Schreiben und Fabulieren geradezu einlädt, weil die Modau hier frisch aus einer Biegung hervorschießt, sich ein Kolk auftut, rieselndes Außenkurvenwasser für den sanften Sound sorgt und Blätterdächer den Blick fangen, damit alles schön in der Nische bleibt, begrenzt ist und doch so viel Erweiterung und Wiederverzauberung bereithält hält. Und dann die Überzeugung, dass es kaum einen besseren Platz geben dürfte, um Sitzkultur und Flussnatur zusammenzubringen als hier, an den versteckten Bänken hinter der Kurve.

5

Von Wildnis und Beton

Wehr, Mauer und Furt. An einem anderen Tag bin ich zwar schon auf Ober-Ramstädter Gebiet, aber geographisch noch im Modautal, als ich am Ende von Ober-Modau nach Nieder-Modau wandere, teils an der Straße entlang, dann durch ein Wohnviertel. Dann bleibe ich an einem Supermarkt stehen. Es sah hier einmal ganz anders aus, eine Wiese lag als Flussaue zwischen den beiden Modaudörfern, selten gibt es das sonst noch an der Modau. Doch dann kam in der lokalen Politik die Idee auf, hier in der Aue Geschäfte anzusiedeln – trotz des Ziels der Wasserrahmenrichtlinie, das Ökosystem Fluss nicht mehr zu verschlechtern. Die Untere Naturschutzbehörde hatte ihre Bedenken angemerkt und sich gegen die Baupläne ausgesprochen. Dafür sprachen aber der neue Supermarkt, der Bedarf an Geschäften für den Ortsteil, die Wirtschaft. Die Entscheidung der Ober-Ramstädter Abgeordneten fiel dann für den Supermarkt und gegen die Modauaue aus. Doch es lief nicht gut, das Geschäft schloss 2018. Nun ist hier ein Netto-Discounter eingezogen. »Der Siedlungsdruck entlang der Modau ist groß«, sagt Gewässerexpertin Christiane Saurenhaus vom Regierungspräsidium Darmstadt, die den Fall kennt. »Ob neue Wohngebäude oder Supermärkte – es gibt viele Interessen, die hier zusammenkommen.«

In Nieder-Modau fließt sie meist nebenher, da ist kein näherer Kontakt geplant und gebaut, das Ufer als Sperrzone oben, das Wasser als Fremdmedium unten. Am Ortsende stoße ich hinter einer Heckenreihe und in einem kleinen Uferwäldchen auf ein altes Wehr, das kein Durchkommen möglich macht. Ich bin entsetzt: Die große Betonplatte wirkt bedrohlich, ein Bollwerk, ganz aus der Zeit gefallen und vom Leben abgeschnitten. Das Ungetüm muss alt sein, gehört in das Museum der Flussbausünden, das es leider noch nicht gibt. In Nieder-Ramstadt wurde genau so eine Platte entfernt und das Wehr zu einer Fischtreppe umgebaut. Das wäre der nötige Schritt auch für Nieder-Modau und sein Wehr am Ende des Dorfes.

Nach Nieder-Modau fließt der Fluss durch Felder unterhalb der Bundesstraße entlang, die gesperrt ist, als ich herankomme. Die Straße wird geteert, vor mir fährt ein gelber Bagger, der die oberste Schicht abträgt, Staub wirbelt auf, im fahlen Licht dahinter die Bauarbeiter mit Schippen, Schubkarren, ich laufe auf sie zu, sehe kaum etwas. Huste und laufe schneller, um aus dem Nebel zu gelangen, in dem sich schemenhaft die Konturen der Schlossmühle aufbauen. Sie mahlt immer noch Korn, allerdings ohne Modauwasser. Von hier aus geht es in die Wiesen und querfeldein, denn kein Weg führt mehr am Modauufer entlang.

Ich schlängele mich jetzt durch einen lichten Auenwald aus Erlen und Weiden, noch etwas weiter vom Fluss entfernt. Steige über Bäume. Laufe über eine feuchte Streuobstwiese am Waldrand und klettere einen Hang hinunter. Hier rutsche ich jäh ab und lande auf dem Hintern, jedoch nahe am Fluss. Ihre Kraft und Wildheit gibt sie preis, als ich mich durch Brombeeren und Bärenklau schlage und zu ihr gelange, wieder an einer Mauer, aber rauschend und tobend. Nur Wildschweinpfade bringen danach den Uferwanderer weiter. Geduckt muss ich durch Brennnesselhäuser und Brombeertürme gehen, mir den Weg freihauen, um den Schatz zu sehen, der hier fließt. Denn hier mäandert die Modau, fließt unter umgefallenen Bäumen hindurch, schlägt Kurven im dichten Erlenwald, hat Kolke und ausgewaschene Ufer. Sie bannt mich kurz vor einer Kurve, sodass ich mich setzen und meine

Hand eintauchen muss – in ihr Gurgeln und tosendes Spiel hier an einer Stromschnelle, bei der sie über vier, fünf große Steine schießt, überdacht von einem Weidentunnel, eingerahmt von Brennnesseln, Springkraut, Farn und Weidenästen; aus einer großen Weide ist ein paar Meter flussauf der größte Stamm herausgebrochen und hat sich als Brücke über die Modau gelegt, die sicher von manchen Bewohnern des Auenwaldes gerne genutzt wird. Nasse Erde rieche ich, dazu Springkrautsüße und zarten Moderduft nah bei den Wassersteinen, an denen sich Laub sammelt und dahinwelkt. Flussab rast sie in die Kurve, hat einen Kolk ausgewaschen, in dem ich baden könnte. Auf den zweiten Blick entdecke ich auch hier eine Mauer, die die Uferpflanzen unter sich gebracht haben. Die Spuren des Menschen sind sichtbar, auch da, wo der Fluss unberührt erscheint.

Dennoch gleitet ein Hochgefühl heran und trägt mich weiter, in dem Gedanken, dass die Modau so öfter aussehen könnte. Es würde noch andere solche Stellen geben, sage ich mir, gehe den Wildwechsel entlang, bis die Brennnesseln und Brombeeren zu hoch und dicht werden. Ich ziehe die Wanderschuhe aus, hänge sie an meinen Rucksack und suche in dem steiler gewordenen Ufer, direkt unter der Bundesstraße, nach einer Furt, um hinüberzuwaten. Es dauert, dann ist eine Stelle offen, und ich wechsle hinüber, spüre eher Wärme als Kälte, als ich in ihr stehe. Doch dann belebt das Wasser doch in seiner Kühle, zieht sie herauf und sammelt meine Sinne, hin zum Weg auf Ober-Ramstadt und den Modaustausee zu.

Im Silberfels. Am Wegesrand steht plötzlich ein Schild des Geoparks Bergstraße-Odenwald. Ich staune über die Entdeckung: Ober-Ramstadt hatte Silberminen, deren Wasserräder und Pumpen mit Modauwasser liefen. In den Amphibolithgesteinen der Gegend gibt es die Stoffe für Silber, das Landgraf Georg I. ab 1582 im großen Stil abbauen wollte. Vermutlich gab es vorher schon Silberabbau am heutigen »Silberberg«, den ich vom Namen her kannte, aber nicht seine Herkunftsgeschichte.

Georg I. ließ am Silberberg mithilfe zweier kundiger Baumeister aus Sachsen und Tirol Kupfer- und Silbererz fördern. Ein weiterer wichtiger Helfer war die Modau, deren Wasser abgeleitet wurde, das die oberirdischen Wasserräder in Gang brachte. Die trieben das sogenannte Pochwerk der Mine an, von dem das Erz zerkleinert wurde, außerdem die Blasebälge der Erzschmelze und die Röhrenpumpen, die das Wasser aus dem Minenschacht nach oben holten, das dort immer wieder hineinfloss. Das alles war teuer, brachte dem Landgrafen aber eine Zeit lang Gewinne. Doch dann starb der Tiroler Bergmeister überraschend, was für den komplizierten Förderprozess das Ende bedeutete. Plötzlicher Fachkräftemangel, würde man heute sagen. Südhessen war noch nie eine Gegend mit großer Tradition im Bergbau, weshalb der Landgraf keinen Ersatz für den Tiroler Experten zur Hand hatte. Es gab dann 1854 und 1906 weitere Erkundungen der Erzvorkommen, aber ohne Abbau. Der Versuch, die Stollen in den 1990er-Jahren begehbar zu machen, scheiterte. Er stürzte bald ein und dient heute Fledermäusen als Winterhöhle.

Nur Ortskundige und Eingeweihte dürften von der Vergangenheit der Modau als Bergwerksfluss wissen. Immerhin, dieses Schild informiert darüber – und ist somit eines der seltenen Zeugnisse für historisches und kulturelles Interesse an der Modau. Und da steigt langsam Ärger in mir auf: Warum gibt es seit der Quelle nur dieses eine Schild? Ich habe keine anderen Tafeln zum Fluss gefunden, Karten mit ökologischen Erklärungen oder geschichtlichen Exkursen. Wieso? Warum dieses Desinteresse? Die wenigen Modauexperten teilen die Ansicht. Fischereiwart Karl Schwebel bezeichnete sie einmal als »den vergessenen Bach«. Und für den Ober-Ramstädter Heimatforscher Gernot Scior, den ich in seinem Büro in Ober-Ramstadt besuche, ist es, »als ginge die Modau niemanden etwas an, sie fließt eben so hindurch. Nur wenn Schlimmes passiert, merkt man, dass man sich um den Fluss kümmern müsste.«

Modauärger. Was könnte man stolz sein auf diesen Fluss, der vielen Orten nicht nur Namen, Wasser, Arbeit und Schönheit gegeben hat, der eine ganze Region prägt und die Lebensader des nordwestlichen Odenwalds war und immer noch ist, wenn man es anders betrachtete. Denn die Modau fließt weiter und ist noch nicht vollends ihrer Schönheit und Wildheit beraubt; sie ist nur mit dicken Uferpackungen des Vergessens ausgestattet worden von fast allen Gemeinden und Orten, die ich durchwandere.

Was könnte man an den Ufern dieses geschundenen Flusses alles veranstalten und feiern! Das fließende Wasser könnte ein Medium des Stolzes und der eigenen Identität sein, ein verbindendes Band zwischen den Dörfern oben im Odenwald und den Siedlungen unten im Ried. So ähnlich, wie es Vertreter des linken amerikanischen Bioregionalismus einfordern, nach denen die engen Beziehungen zu den wichtigen und historischen Naturorten eine große kulturelle und geistige Bedeutung haben können und nicht nur touristischen Zwecken dienen – oder vielleicht noch historischer Aufklärung, wie es der Geo-Naturpark Bergstraße Odenwald macht.

Immerhin, es gibt seine Schilder. Sonst ist nichts zu sehen von Stolz, Identität oder gar einer gewissen Dankbarkeit, die die Dörfer ihrem Fluss entgegenbrächten. Und das in einer Zeit, in der man andernorts immer stolzer auf die eigene Region wird, ökologischer Tourismus sich damit verbindet und ein regionales Umweltbewusstsein erstarkt; etwa wie im Allgäu, das seit jeher viel an Landschaft, Schönheit, Geschichte und lokaler Identität zu bieten hat, daraus aber noch mehr macht, indem es seiner Iller einen schönen Uferweg mit Nischen für Kanuten und Angler gönnt und bei starkem Regen die Mühlräder an ihren Zuflüssen schnurren lässt.

Hier aber, bei uns, fließt der Fluss nur nebenher, muss sich verstecken, sind seine Ufer so gestaltet, dass man kaum eine nähere Beziehung zu ihm aufnehmen kann: steil, steinig oder gemauert, verbuscht und versteckt, abgetrennt. Dabei ist er ein fließender Schatz, voller Geschichte und Leben.

Und wenn ich an all die Gespräche denke, die ich in den beiden vergangenen Jahren mit Menschen über Flüsse, gerade die kleineren vor ihrer Haustür, geführt habe, dann muss ich daraus folgern, dass viele Gegenden ihre Bäche und Flüsse ebenso abtun. Dass wir also die (kleinen) Fließgewässer aus unserem Denken und Fühlen verbannt haben, trotz allem, was sie ökonomisch und kulturell einmal waren und ökologisch wie ästhetisch sind und spirituell sein können. Es ist nicht nur fehlendes Naturbewusstsein, was mir bei den Wanderungen entlang der Modau begegnet, es ist fehlendes Kulturbewusstsein.

Flusstourismus? Meine Rage hält an, tagelang, und wallt immer wieder auf. Doch dann kommt die Nachricht in die Zeitung, dass ein Radweg entlang der Modau geplant wird. Ein Lichtblick und womöglich Startpunkt für einen Tourismus an meinem Fluss? Bisher wirbt einzig die Odenwälder Tourismusagentur für leichte Wanderungen auf dem zwölf Kilometer langen, teils aber unterbrochenen Uferweg von der Quelle bis Ernsthofen, dem ich auch gefolgt bin.

Der spanische Austauschstudent David, den ich für Fotoreportagen an die Modau geschickt habe, interessiert sich für das Thema ähnlich wie ich, sodass wir beide den Geo-Naturpark Bergstraße-Odenwald anschreiben und mit Jutta Weber, der Geschäftsführerin, sprechen, die ich schon länger aus Projekten mit dem Darmstädter Waldkunstpfad kenne. Sie betont, dass in unserer Region immer mehr Menschen wandern und in die Natur wollten. »Und die Modau hat großes Potenzial, da bin ich mir sicher.« Der Geopark selbst kann allerdings keine größeren Angebote machen, sondern arbeitet immer zusammen mit Gemeinden und Städten, von denen in seinem Revier elf an der Modau liegen.

Nun planen die Kommunen und der Geo-Park eine touristische Karte, die dann über das Internet und in Broschüren beworben wird, dazu gibt es in den Ortschaften Schilder für den Radweg. Für den werden allerdings keine neuen Strecken erschlossen, sondern vorhandene Wege und Straßen genutzt, was mich etwas stutzig macht. Denn Radfahrer müssen sich dann mithilfe einer guten Karte vorbereiten auf die Straßenüberquerungen und Wege, die in der Nähe der Modau, aber nicht direkt am Fluss entlangführen. Ich kann der Idee, gerade nach dem Modauärger, viel abgewinnen, doch ein kleiner Zweifel bleibt zurück. Dann sagt Jutta Weber noch, dass im Zuge der Radwegeplanung in den einzelnen Gemeinden schon jetzt das Interesse an der Modau steige und sicher andere Angebote folgen würden. Es gebe Anfragen, sogenannte Geopunkte einzurichten, Informationstafeln am Ufer mit historischen und kulturellen Hintergründen. Das wäre ein Grund, meinen Ärger zu befrieden; Hoffnung macht auch das Vorbild entlang der anderen Flussschwester. Entlang der Gersprenz verläuft ein 54 Kilometer langer, ausgeschilderter Themenradweg, das »Wassererlebnisband Gersprenz«.

Der Weg beginnt an der Mündung im bayerischen Stockstadt am Main und führt flussauf bis nach Reichelsheim im Odenwald. Der Geo-Park hat dafür einen Audioguide entwickelt. Auf Informationstafeln und Wegweisern finden Radfahrer entlang der Strecke QR-Codes, über die sie die Audiodateien zum Gersprenztal von der Geo-Park-Homepage herunterladen können. In den Hörbeiträgen geht es um Mühlen, Lebensräume und Rohstoffe entlang des Flusses. »Lernen Sie 45 Orte näher kennen, und gewinnen Sie ein breit angelegtes Bild zur Landschafts-, Kultur-, und Nutzungsgeschichte eines Flusslaufes, der unsere Region prägt«, schreibt der Geo-Park auf seiner Website. Eine Broschüre mit Routenbeschreibung und Kartenausschnitten gibt es online beim Landkreis Darmstadt-Dieburg. Und auf Papier in allen Stadt- oder Gemeindeverwaltungen entlang der Radroute. Das wäre ein Paket, das sie auch für die Modau schnüren sollten.

Der schwierige See. Ich gehe dem Plan weiter nach und rufe den Sprecher der Stadt Ober-Ramstadt, Wolfgang Reinig, an. Die Radroute sei, so erklärt er, ein Kompromiss. Hätten die Gemeinden dafür Grundstücke an den Ufern kaufen müssen, wäre es nie zu einem Radweg gekommen. Gelder dafür seien einfach nicht da, in keiner Gemeinde. »Was nicht geht, geht nicht.« Der Modau in Ober-Ramstadt gehe es sonst bis zum Stausee gut, sagt Reinig und verweist dabei auf die Karte der Gewässergüte von 2010. Danach ist die Qualität nur noch »befriedigend«, was nicht überrascht. Denn oft sind Flüsse im Stadtgebiet, in dem Müll und Einleitungen dazukommen, weniger sauber. Ein Wehr will die Stadtverwaltung im Zentrum umbauen – auch mit einer Fischtreppe, »für die aber erst mal die Gelder bewilligt werden müssen«.

Auf die Frage nach dem 1993 gebauten »Hochwasser-Rückhaltebecken«, wie der Modaustausee offiziell heißt, verweist der Stadtsprecher zunächst an den zuständigen Wasserverband Modaugebiet. Und auf die Vergangenheit: »Als das Becken gebaut wurde, hat an Fischtreppen noch keiner gedacht.« Der Freizeitwert des Beckens sei groß für Modellbootbauer, den Modauer Angelverein, der das Gewässer gepachtet hat. Und natürlich für Spaziergänger: »Die Leute gehen da gerne ihre Runde«, sagt Wolfgang Reinig.

»Das Ober-Ramstädter Becken zerstört die Gewässerdynamik der Modau«, erklärt hingegen Fischereibiologe Thomas Bobbe. »Es ist eines der letzten Becken der alten Schule, gebaut ohne Rücksicht auf die Umwelt.« Auf 13 Hektar können sich hier maximal 400 000 Kubikmeter Wasser ausbreiten. Normalerweise hat das Becken ein Stauvolumen von 50 000 Kubikmetern und eine Fläche von drei Hektar. Es versperrt nicht nur wandernden Arten wie den Bachforellen den Weg in Laichgründe oder neue Reviere. Auch nimmt der Stausee dem Fluss Geschwindigkeit und den nötigen Kies aus dem Odenwald, der über die Erosion in den Oberlauf der Modau gelangt und ihren Charakter eigentlich bestimmt. Doch die Sedimente fängt ein »Vorfluter« am Stausee auf. Der Rest sinkt dort hinab, wird zu Schlamm – und muss dann irgendwann mit Baggern herausgeholt werden, was heute rund eine Million Euro kostet und zuletzt 2005 geschah.

Die Wasserexperten machten damals bei der Aktion einen Fehler: Der »Sedimentfang«, eine Art großes Sieb für den Schlamm, riss, und in einer Nacht lief fast der ganze See leer – mit Folgen bis heute. Denn der Schlamm des Beckens verklebt die Kiesbänke der Modau, die für so viele Kleinstlebewesen und Fische als Laichgründe wichtig sind. »Unter der Schlammfracht von 2005 leidet der Fluss bis heute; das wirkt bis

Eberstadt nach. Das sieht nur niemand«, sagt Karl Schwebel. »Eigentlich müsste man per Hand, mit Rechen und Sieb, die Kiesbänke säubern.« Es gab aber einen weiteren Schlammunfall: Als 2007 die Brücke B 426 »Am Kühlen Grund« zwischen Mühltal und Eberstadt neu gemacht wurde, holzten die Bauarbeiter das Ufer ab. Danach brachen an dieser Stelle, wo die Modau das Mittelgebirge durchbricht und in die Ebene zieht, Teile des nackten Steilufers in die Modau und verschlammten sie. »Das war ein weiteres Desaster für die Kiesbänke und die Artenwelt«, sagt Schwebel. »Es hätte viel verhindert werden können, worunter der Fluss heute leidet.«

Das Staubecken trockenzulegen und daraus einen Polder zu machen – das ist das große Ziel für die Ökologen. Es gibt dafür in einem Planungsbüro ein ausgearbeitetes Konzept. Doch dieser Schritt sei wegen der zu erwartenden Proteste »ein ganz heißes Eisen«, sagt einer der Experten im Gespräch. Realistisch erscheint das Ende des Sees derzeit nicht, auch wenn selbst Georg Möhrle, Geschäftsführer des Wasserverbandes, sagt, dass unter ökologischen Gesichtspunkten »die Aufgabe des Dauerstaus Sinn mache«. Auch der Ober-Ramstädter Stadtsprecher Reinig hält grundlegend – es sei auch der Wasserverband dafür – eine Alternative für denkbar: einen Hochwasserpolder, wie er etwa im nahen Fischbachtal entstanden ist und zuletzt 2015 in Ernsthofen, dort, wo ich hinter Kläranlage den Schlamm im Kies gefunden habe. Solch ein trockenes Becken läuft nur voll, wenn es stark regnet. Sonst kann ein Fluss hier in seinem Lauf weiterfließen, ohne Hindernisse und Staumauern.

Was fachlich möglich wäre und nötig erscheint, ist politisch derzeit nicht umsetzbar. Der See war vor allem politisch gewollt: In Ober-Ramstadt gab es in den 1990er-Jahren eine Bewegung unter Bürgern und Politikern, die für eine »Stadt am Wasser« stritten. Wortführer war der ehemalige Bürgermeister Bernd Hartmann, weshalb der Modaustausee im Volksmund auch »Hartmann-Weiher« heißt. Die öffentliche Meinung war eindeutig für den Bau – vor allem auch wegen der Hochwasser, die über die Jahrhunderte Ober-Ramstadt und Nieder-Ramstadt schwere Schäden zugefügt hatten. »Das hat die Menschen hier geprägt, auch ihr Verhältnis zum Fluss«, sagt Lokalhistoriker Gernot Scior, der zu Hochwassern in beiden Gemeinden forscht. Die erste Flut ist an der Modau für 1454 vermerkt, es gab viele weitere, die Scior alle erfasst hat. Die schlimmsten Hochwasser für Ober-Ramstadt gab es 1732, als alle Brücken zerstört wurden und zwei Müller ertranken. Die Flut von 1919 war dann ohne Beispiel, und auch 1965 zerstörte das Wasser Brücken und Häuser in Ober- wie auch Nieder-Ramstadt.

Die Angst vor dem Hochwasser geht zurück auf historische, existenzielle Erfahrungen, aus denen über die Jahrhunderte eine kollektive Furcht entlang des Flusses geworden ist. Ihr Ausdruck ist nicht nur der Stausee, sondern sind heute vor allem die vielen Betonufer, Steilwände und Steinpackungen, in die man die Modau gezwängt hat. Und gegen die Biologen wie Thomas Bobbe und Rainer Hennings, aber auch Fischereimann Karl Schwebel und einige der Beamten in den Behörden ankämpfen für ihr wichtigstes Ziel: die Modau durchgängig zu machen bis zur Mündung des Beerbachs, eines ihrer größten intakten Zuflüsse. »Dann könnten die Forellen aus dem Rhein herauf- und wieder zurückwandern, um dort hervorragend zu laichen. Das wäre ein Teilerfolg«, sagt Thomas Bobbe.

Probentag. In Ober-Ramstadt fließt die Modau zum ersten Mal zwischen hohen Betonmauern dahin. Unter einer solchen Uferwand stehen wir, als Karl Schwebel vom Hessischen Verband der Fischer Proben vom Modauwasser nimmt. Schon 1999 machte er die gleichen Tests an den fünf Stellen, die ich heute von Brandau am Oberlauf bis zur Mündung in den Altrhein mit ihm abfahre. Der Fischereiverband stellt ihm die ganze Ausrüstung, die er für die wissenschaftliche Arbeit am Fluss braucht, von Watstiefeln über Dosen und Eimer bis hin zu neuesten Messapparaten für die chemische Analyse des Modauwassers.

Schwebel prüft neben dem Sauerstoffgehalt auch die elektrische Leitfähigkeit. Ist sie gering, ist das Wasser eher sauber. Kommen aber Stoffe wie etwa Chloride oder Sulfate hinein, machen diese das Wasser zu einem Leiter – und es wird schlechter. Er schaut auch nach dem pH-Wert, der anzeigt, ob Wasser sauer ist oder das Gegenteil, alkalisch. Und er analysiert die Belastung mit Nitrat und Phosphat, Stoffe, die oft aus der Landwirtschaft mit Düngern und Gülle ins Wasser gelangen.

Es gibt aber nicht nur chemische Indikatoren, die die Qualität des Wassers bestimmen. Karl Schwebel hat gerade eben unter der Brücke an der Brückengasse Rollegel unter einem Modaustein gefunden. Sie sind ein biologischer Indikator und leben eher dort, wo das Wasser nicht so sauber ist: Gewässergüteklasse drei bis vier auf der Skala von 1 bis 5, dafür stehen sie. Die Gewässergüte hat sich in Hessen insgesamt seit Ende der 1990er-Jahren nicht mehr groß verbessert nach den großen Fortschritten in den 1970er- und 1980er-Jahren. Seit 2000 gab es Rückschritte, wie Daten der Landesumweltagentur zeigen. Meist liegt die Gewässerqualität heute bei »gut«, teils mäßig. Um das Jahr 2000 gab es noch deutlich mehr Gewässer mit einer sehr guten und auch guten Güteklasse.

Auch der Geruch sagt etwas über das Wasser aus. Deshalb hält der Fischereireferent immer wieder die Nase über den Probebehälter und nimmt einen tiefen Zug. Nach der Kläranlage in Pfungstadt halten wir alle die Nase über den Probenzylinder – und die Modau riecht plötzlich ziemlich anders. Nicht mehr so frisch und voll wie oben im Odenwald, eher fad, ganz leicht chemisch, wie aus dem Hahn einer schlechten Raststättentoilette an der A5, denke ich. Am Ende ist Karl zufrieden: »Die Proben zeigen, dass sich die Wasserqualität der Modau offenbar über die vergangenen zwanzig Jahre nicht verschlechtert hat, zumindest an unseren fünf Stellen.« Das gibt Hoffnung und liefert einen weiteren Baustein, um die Modau im Ganzen zu verstehen. Dies wird aber immer schwieriger, je tiefer ich einsteige und auch Zahlen bekomme, die zeigen, dass sie wirklich der Fluss mit den vielen Gesichtern ist. Nicht leicht fassbar in ihrer Vielfalt und schwer zu erkunden.

Die Hammermühle. Trotz der Ufermauern ist der Ober-Ramstädter Ortskern schön und belebt. Das liegt auch am Restaurant »Hammermühle« mit ihrem Fachwerk. Ihr Mühlrad läuft noch immer – als eines der wenigen entlang der Modau. Nur hier und in Brandau können sich Besucher Mühlräder in Aktion anschauen – ein kleines Erbe, gemessen an den 67 Mühlen, die es am 44 Kilometer langen Fluss gegeben hat. Rechnerisch waren es 1,5 Mühlen pro Flusskilometer, vermutlich ein Wert, den es in Deutschland nur selten gibt. Das Restaurant liegt nicht nur direkt am Fluss, sondern nimmt ihn auch in sich auf: Küchenchef Peter Hofmann will mit seiner Hammermühle Botschafter für eine tiefere Beziehung zur Modau sein.

Als ich ihn zusammen mit einem der Flussreporter treffe, steht Hofmann schon seit fünf Uhr morgens in der Küche. Er ist etwas müde, aber voller Energie, wenn es um die Modau geht. Er lebe an und mit ihr, sagt der Koch, und er mache sich Sorgen: »Der Modau geht es sehr schlecht. Schon seit der ersten Dürre im Jahr 2003. Jetzt kommt im Sommer die Dürre zurück, und es wird noch schlimmer«, sagt der Koch, der einen Permakulturgarten an der Modau hat, ganz nah an ihr wohnt und auch im Ober-Ramstädter Angelverein ist. Dazu hat er ein Boot im Gernsheimer Rheinhafen liegen für Angeltouren und Wochenendausflüge; Hofmann ist Lokalpatriot, Flussmensch und setzt sich ein für den Gedanken einer ortsverbundenen Küche und regionale Wirtschaftskreisläufe, bei denen möglichst viele Waren direkt in der Umgebung eingekauft werden. Und das alles, obwohl er »kein Grüner« ist, wie er zweimal betont. Angeln, dafür habe er kaum Zeit, sagt er. Er nehme die Rute manchmal und gehe zur Modau, aber am bunten Gummiköder sei kein Haken. »Ich will nur die Forellen locken und schauen, was sie machen«, sagt er in echter Sorge um den Fluss und Rückbesinnung auf ihn. »Über die Modau und solche kleinen Gewässer spricht kaum jemand mehr. Das sind Kleinigkeiten, die aus dem Blick geraten – auch weil die Leute überfordert sind von der ganzen Masse an Informationen heute«, sagt Hoffmann nachdenklich, lehnt sich zurück und schweigt erst mal.

Wasserberufe. Peter Hofmann ist Mühlenpächter, Restaurantkoch und Angler und damit in dreifacher Weise jemand, der zum Wasser und zu den Flüssen beruflich und in seiner Freizeit in besonderer Beziehung steht. Diese Menschen, nach denen ich auf der ganzen Wasserreise gesucht habe, sind weniger geworden. Früher waren die Wassermenschen viele, weshalb sie Spuren hinterlassen haben, etwa in der Sprache und den Familiennamen: Es mag nach Schätzungen des Leipziger Namenskundlers Jürgen Udolph rund 700 000 Deutsche geben, die entweder direkt oder abgeleitet ihre Namen auf den Müllerberuf zurückführen können. Er ist so präsent, weil viele Dörfer eine Mühle besaßen – angetrieben durch Wasserkraft, Wind oder auch Zugtiere –, die für die Versorgung der Bevölkerung die größte Bedeutung hatte. Manche sind etwas versteckte Um-die-Ecke-Müllers, etwa die Mahlers (vom Mahlen), Mölders, Molitors, Möllemanns, Möllers, Mühlmanns oder Mollers. Aber sie sind Nachfahren einer wichtigen Bach- und Flussnutzergruppe.

In noch viel mehr Berufen stecken die Seen und Flüsse, man muss nur etwas von der Seite auf sie schauen, sie auch mal umdrehen und darüber nachdenken, wie wichtig Wasser nicht direkt am Werktisch, wohl aber in unmittelbarer Nähe war – als Antriebskraft und Abfallrinne. Das galt im Guten wie im Schlechten, weshalb jegliche Wassernostalgie im Sinne der guten alten Zeiten am Fluss nichts taugt, denn diese Zeiten haben den Bächen, Flüssen, Seen und Teiche oft nicht gutgetan, weil sie übernutzt und ausgenutzt wurden als Zentren des Lebens, der Arbeit, aber eben auch des Abwassers, Abfalls und Abraums.

Zu den Wasserberufen gehören jedenfalls neben den Restbeständen an Müllern die ebenso selten gewordenen Fischer, Gerber, Färber, Bleicher, Flößer, Fährmänner und Deichwarte. Zugenommen haben dürften mit Industrialisierung, Bevölkerungswachstum und Freizeitgesellschaft die Berufe der Brücken- und Brunnenbauer, Schleusenwärter und Binnenschiffer ebenso wie Bademeister und Schwimmlehrer. Dagegen sind die einst wichtigen Brückenwachen und -wärter, die Brunnenputzer, Flusszöllner oder Treidelgesellen fast gänzlich verschwunden, ebenso die Kumpel in den Minen, die viel Wasser brauchten. Verschwunden sind noch andere, die Wasser für ihr Handwerk nutzten und deshalb an den Ufern oder in der Nähe zu finden waren wie die Meiereien, Papiermacher, Korbflechter, Küfer, Böttcher, Fassbinder oder die Deuchelbohrer, die Holz- und Brunnenröhren machten.

Und es sind noch die Bauern zu nennen, die eine der wichtigsten alten wie neuen Nutzergruppe sind. Sie brauchen und nehmen Wasser für Vieh und Feld und damit so viel wie andere Einzelberufe auch; die Mengen sind hoch, jedoch nicht zu vergleichen mit den Wassermassen, die andere Wirtschaftssektoren hierzulande nutzen: 51 Prozent der Fläche Deutschlands ist Agrarland, aber die deutschen Bauern mit ihren 12,6 Millionen Rindern, 27 Millionen Schweinen und 160 Millionen Hühnern verbrauchen nur etwas über ein Prozent des Wassers. Weit darüber liegt laut Umweltbundesamt die öffentliche Wasserversorgung mit rund 20 Prozent und der heute menschenleere und maschinenstarke Bergbau samt verarbeitendem Gewerbe mit rund einem Viertel des Wasserverbrauchs.

Nichts aber ist vergleichbar mit dem Bedarf der Energieversorger, auf die mehr als die Hälfte des deutschen Wassersverbrauchs entfällt. Sie nehmen sehr viel Wasser, um die Atom-, Kohle- und Gaskraftwerke zu kühlen.

Das Wasser für diese Berufszweige wird mit den Hitzesommern und Dürren weniger werden; 2018 gab den Vorgeschmack mit dem entkleideten Rhein und den sandig-wüstenhaften Flusstälern, die plötzlich auftauchten. In diesen Industriezweigen zieht mit dem Wassermangel eine direkte Gefahr auf, wenn notwendige Infrastruktur nicht mehr im Betrieb gehalten werden kann, weil ihr die Kühlung fehlt. Ausreichend Wasser ist immer auch der Schlüssel für Kühlung und Abkühlung, ob im großen Maßstab der Energieindustrie, die aus den Flüssen riesige Mengen holt, oder im kleineren Areal eines Waldes, der mit Teichen und Tümpeln kühl bleibt und den Tieren zu trinken gibt.

Mich erreichte im Sommer das Bild eines verdursteten Igels, der ausgetrocknet auf der Straße lag, verdörrt in der Gluthitze auf der Suche nach dem wichtigsten Lebensstoff. Auch die Geschichte eines dehydrierten Gartenschläfers, der in Rüsselsheim bei der Tierärztin starb, gelangte auf meinen Tisch, über die Lokalreporertin Stella Lorenz, die über Nachhaltigkeitsmagazine promoviert und dabei gleichzeitig selbst Naturgeschichten aus dem Kreis Groß-Gerau sammelt. Alle, auch sie, waren noch in Hoffnung, dass der dürstende Geselle es schaffen würde. Aber es war zu spät, denn er hatte wohl keine Tränke mehr gefunden in einer planen, perfekten, optimierten Landschaft, die keine Kuhlen, Löcher oder Dellen kennt, in denen sich das Wasser sammeln könnte. Daher könnte man die Tierärzte auch noch indirekt zu den Wasserberufen zählen – oder vielleicht besser zu einer neuen Kategorie der Wassermangelberufe? –, wenn sie sich künftig um solche Fälle öfter kümmern werden müssen und die Wassernot ihnen neue Arbeit beschert.

6

Durchs Tal der Mühlen

~~~

Riegelrampe. Nach Ober-Ramstadt fließt die Modau durch Felder und oft verborgen hinter Zäunen von Privatgrundstücken, sodass ich nicht immer an sie herankomme. Sobald sie wieder offen dahinfließt, gehe ich über einen Acker und entdecke unten eine riesige ausgespülte Wurzel, unter der ein Biber ein komfortables Mittagsschläfchen halten könnte – wieder einmal nach langer Zeit ein kleines Stück Modauwildnis. Dann strebe ich auf Mühltal zu, es geht vorbei an früheren Industriebetrieben wie der Fabrik Wacker + Dörr, die Abwässer in die Modau leiteten.

Irgendwann überkommt mich eine starke Ankunftsfreude und zugleich Reiselust, die ich hier noch nie verspürt habe; ich fange an zu rennen, unterhalb der Bahnlinie entlang, vorbei am Viadukt und am Eingang zum Mittelbachtal, auf meinen Heimatort zu, wo die Modau einst am stärksten genutzt wurde und wo es dennoch an ihren Ufern eine versteckte Wildnis gibt, die nicht einmal die Einheimischen kennen. Ich laufe zur Tankstelle, springe schnell über die Bundesstraße und gelange, kurz vor dem Sportplatz des TSV Nieder-Ramstadt, an ein Vorzeigebeispiel des Naturschutzes an der Modau, die neue Fischtreppe.
~~~

Die Odenwälder Hartstein Industrie musste sie 2014 für 350 000 Euro bauen, weil sie ihren Steinbruch in Nieder-Beerbach vergrößerte und dafür knapp sechs Hektar Buchenwald gefällt hatte. Das Gesetz schreibt vor, dass die Firma dafür zum Ausgleich anderswo etwas für den Umweltschutz tun muss. Nicht immer ersetzen diese »Ausgleichsmaßnahmen« den ökologischen Schaden, der zuerst entstanden ist. Denn ein neuer Wald irgendwo, vielleicht sogar als Monokultur angelegter Forst, kann den Wert eines alten, gefällten Auwaldes nur schwer ausgleichen. In diesem Fall ist es aber gelungen: Vorher ragte eine hässliche Betonplatte des alten Stauwehres in die Modau, die kein Fisch überwinden konnte. Ein Kind ist hier sogar einmal im tiefen Wasser vor der Platte ertrunken.

Jetzt stehe ich hier und staune einmal mehr, wie schön diese Wassertreppe im Fluss mit ihren vielen kleinen Becken doch aussieht – und wie sie klingt, denn hier rauscht und sprudelt die Modau wie sonst nirgendwo. Im Fachjargon ist die Treppe übrigens keine Treppe, sondern eine »Riegelrampe«. Und in jeder Treppenstufe, als den Riegeln, gibt es ein vierzig Zentimeter breites Schlupfloch, durch das Bachforellen unter Wasser nach oben schwimmen können. Sie müssen also nicht über die Riegel drüberschwimmen oder bei ihrer Wanderung flussauf gar hochspringen.

Treppenbad. Wir stehen im Kies der Fischtreppe, lassen uns durchwirbeln und kühlen, balancieren auf den Steinen, tauchen oben im tiefsten Pool kurz ab, waten durch andere, lassen die Füße auf den Steinen gleiten; die Tochter der alten Freundin fällt fast hinein. Mein Sohn fängt an, wild um sich zu spritzen, bis alle sechs eine Wasserschlacht in der Modau machen, die ich der Freundin, die hier aufwuchs, in den vergangenen Tagen rauf und runter erklärt und gezeigt habe. Ich habe sie mit an den Wasserfall genommen, und dann war es um alle geschehen, sie wollten nur noch an die Modau, waren beim Angeln dabei, nun zum Baden und am besten morgen wieder. Jetzt fängt es zu nieseln an, aber den Kindern macht es nichts aus, sie sitzen und stehen im Fluss, grölen, toben und sind, wie sie sind. Ich tauche mein Gesicht in die Kieswelt der Modau und sehe verschwommen das gelbe Weiß des Kieses, dazu grüne Laichkräuter auf den Steinen, der Fluss tost um mich und verwirbelt sich mit den Kinderstimmen zu einem Klang von weit oben her, von dem ich jetzt ganz entfernt bin. Die Kälte beruhigt und weitet wieder, bevor ich rausgehe und Luft hole.

Die Fischtreppe ist überhaupt einer der wenigen Plätze, an denen ich bei meinen Ufergängen Kinder finde. Sie spielen hier, andere picknicken, wie einmal zwei Freundinnen, mit denen ich bei einem Bad kurz gesprochen habe. Die Mädchen hatten es sich schick gemacht, mit Decke und echtem Besteck, sie würden das oft hier so machen, das sei ihr Platz. Sonst hat die Treppe vor allem einen Zweck: wandernden Arten und hier vor allem der Bachforelle dabei zu helfen, die Modau stromauf zu wandern. »Niemand weiß aber, ob das wirklich funktioniert«, sagt mir die Mühltaler Umweltbeauftragte Frauke Reimers am Telefon. Wir wollten es jetzt wissen, als Gruppe der Flussreporter mit den Studierenden zusammen, auf die mein Modaudrang zumindest in Teilen übergeschwappt war. Deshalb überzeugten wir den Hessischen Verband der Fischer und den Nieder-Ramstädter Angelverein, zum ersten Mal an der Fischrampe ein wissenschaftliches Elektrofischen zu machen. Damit kann man den Fischbestand an einer Stelle im Fluss ziemlich genau bestimmen.

Wir waren gespannt, als Karl Schwebel im Juni ins Wasser an der Fischrampe stieg. Er hatte noch anderes Publikum, denn neben uns und Frauke Reimers waren noch einige dabei auch Karl-Heinz Waffenschmidt und Karin Mühlenböck (beide Naturschutzbund NABU) und Georg Lautenschläger, langjähriger Modaupächter und Flusskenner. Das Elektrofischen war eine Überraschung.

Elektrofreuden. Die Spannung ist groß, als Karl Schwebel sich die Wathose überzieht und ganz unten an der Fischtreppe mit dem Elektrokescher in die Modau steigt. Vor der Brust und auf dem Rücken trägt Schwebel schwere Batterien, die Strom auf den Kescher geben. Mit dem sucht er den Flussgrund ab und schickt Stromstöße ins Wasser, die Fische leicht betäuben. Er kann sie so leicht keschern, kurz für das Protokoll, das ich am Ufer führe, die Größe durchgeben und den Fisch dann wieder ohne Schaden freilassen. Das Elektrofischen ist die wissenschaftliche Standardmethode, um die Fischmengen in einem Fluss zu erfassen. Gleich zu Beginn geht Schwebel eine große Bachforelle ins Netz und lässt uns hoffen, dass hier noch mehr solcher Elterntiere wohnen. Und dass die Treppe ihren Zweck erfüllt: Forellen und anderen Arten die Wanderung flussauf möglich zu machen. Die Freude steigt bei mir, den Studierenden und ein paar anderen Nieder-Ramstädtern. Denn immer mehr Nachwuchs geht ins Netz – kleine, finger- und handlange, gelbbraun und rot gepunktete Bachforellen. Auch Schmerlen und Groppen fischt Schwebel heraus. Weiter flussab kleine Rotaugen, die sich in der Modau auch vermehren – bisher war das nur eine Vermutung.

Schwebel muss immer wieder den Kescher absetzen und den Strom nachstellen. Denn bei tieferem Wasser muss er mit einer höheren Voltzahl arbeiten, um auch die Fische am Flussgrund zu bekommen. Die Batterien sind schwer, am Ende der zweistündigen Exkursion ist der Fischereiberater erschöpft und verschwitzt, aber heilfroh.

Ich halte im Protokoll die Längen der Forellen in Schritten von zehn Zentimetern fest. Schnell sind die Spalten für die ersten zehn und dann zwanzig Zentimeter an der Fischtreppe voll und damit der Beweis erbracht: Mit 80 Forellen, die hier in einer knappen Stunde ins Netz gegangen sind, ist die Fischtreppe ein perfektes Refugium für die Bachforelle. »Wir haben mehr, als ich erwartet hätte«, sagt Schwebel. Die Bachforellen haben an den Riegeln der Rampe beste Lebensbedingungen. Denn hier gibt es viel Sauerstoff durch die starke Strömung, dazu Höhlen und Unterstände. Und Kies, den sie zum Laichen brauchen. Die Strömung ist so stark, dass sie Schlamm aus dem Kies wäscht, wenn er nach Regenfällen angespült wird. Flussab am Nieder-Ramstädter Rathaus entdecken wir sogar noch die Kinderstube: Fast

100 kleine Bachforellen gehen hier in einer Stunde ins Netz. Damit ist klar, dass die Modau einen intakten Bachforellenbestand hat, der sich gut vermehrt.

Die Ergebnisse des Elektrofischens dienen auch dazu, die neue »Hegegemeinschaft Modau« vorzubereiten, für die Schwebel eine der treibenden Kräfte ist. In diesem Verbund verständigen sich die Gemeinden zusammen mit den Angelvereinen oder Privatpersonen, an die sie ihre Flussstrecken verpachtet haben, auf einen Bewirtschaftungsplan. In dem geht es dann um Fischmengen, die gefangen werden dürfen, Naturschutz, Informationsaustausch, eine übergreifende Perspektive. Im September 2019 lud der Landkreis nach langer Zeit wieder ein, um die Hegegemeinschaft, die schon 1999 auf dem Papier gegründet wurde, wiederzubeleben. »Sie hat das Potenzial, entlang der Modau endlich die Verzahnung zwischen Naturschutz, Fischerei und Wasserbehörden herzustellen«, sagte Uwe Avemarie vom Landkreis hoffnungsvoll im Telefongespräch nach dem Elektrofischen.

Für Martin Luther. Wir gehen weiter durchs Dorf am Ufer entlang und sehen immer wieder Rohre, die in die Modau ragen – offenkundig, um Wasser abzupumpen. Wir fragen beim Landkreisamt nach und werden bestätigt: Erlaubt ist vom Gesetz nur das Abschöpfen per Hand für den Eigenzweck, nicht aber solche Pumpen, mit denen die Leute ihre Gärten wässern. Eine Ordnungswidrigkeit, die bestraft wird, so sie denn nachzuweisen ist. Und dafür müsste man zur rechten Zeit beim Pumpen dabei sein. »Sonst macht da kein Gericht mehr mit«, sagt Horst Avemarie von der Unteren Wasserbehörde. Deswegen gibt es hier kaum Strafen. Obwohl in Zeiten des Klimawandels und größer werdender Trockenheit die Modau teils sehr niedrige Wasserstände hat und alles Wasser selbst braucht.

Wir bleiben im Ortszentrum stehen, an der Brückenmühle; früher war sie eine Getreidemühle, dann ein Elektrizitätswerk. Wir blicken über die Brücke an der Dornwegshöhstraße hinüber zur Bachgasse mit ihren Betonmauern. Ein Versuch von Frau Reimers, die zubetonierten Flusssohle mit ein paar Hölzern etwas naturnäher zu machen, scheiterte in den 1990er-Jahren furios: Auf einer Bürgerversammlung zeigte der Ortsvorsteher Bilder der Hochwasser, die gerade hier früher gewütet hatten. Danach kippte die Stimmung. Außerdem hatten manche der »Kanäler«, wie die Bachgassenbewohner im Dorfjargon heißen, Angst vor Lärm – dem möglichen Rauschen einer anderen Modau, die sonst flach und still dahinzieht. Die Hochwasserangst – sie taucht immer wieder auf, gerade in Nieder-Ramstadt, wo 1919 das schlimmste Hochwasser alle Brücken eingerissen, den Ortskern überschwemmt und viele Hühner, Gänse, Schweine und Ziegen in den Ställen ertränkt hatte, wie Genort Scior in seinen Recherchen zusammengetragen hat.

Der damalige Pfarrer Weigel hielt das Unglück fest: »Der diesseits der Modau gelegene Ortsteil war nun von dem jenseitigen vollkommen abgeschnitten, zwischen beiden ein breiter, rasender Strom. Jammernde Menschen standen hüben und drüben. Leute, die im Feld vom Unwetter überrascht worden waren, liefen nach den Ihrigen, die in den tiefer liegenden Ortsteilen, namentlich in der Bachgasse wohnten.« Todesopfer gab es keine, doch ein Jahr nach dem Ersten Weltkrieg herrschte Armut. Die Ernte war dahin, genauso wie das Viehfutter. 93 Familien mit 680 Menschen waren in Existenznot geraten, sodass Hessens Ministerpräsident kam und Nothilfen versprach. Es gab einen Opfertag mit Sammlung für die Armen. Und zwei Monate Tanzverbot in einem Dorf, das trauerte.

Heute steht hier das Mühltaler Rathaus, ist die Modau friedlich, zahm und kontrolliert. Wir stoßen auf eine der seltenen Informationstafeln – zu den Mühlen, die Bäcker und Müller zu den wichtigsten Berufen machten. Und so zieren die Brezel und das Mühlrad das Wappen der Gemeinde, für die 1303 die ersten Mühlen belegt sind. In Pfungstadt trieb die Modau gar schon 804 Mühlräder an, wie der Arbeitskreis Heimatgeschichte auf seiner Website muehltal-odenwald.de darlegt. Mühltal war weit über die Region hinaus bekannt für seine Backwaren, die bis ins lothringische Metz und ins elsässische Straßburg ausgeliefert wurden. Es ist belegt, dass Mühltaler Brötchen serviert wurden, als Martin Luther 1521 vor dem Wormser Reichstag stand und den berühmten Satz sprach: »Hier stehe ich und kann nicht anders!«

Zu Hochzeiten gab es 18 Mühlen allein in Nieder-Ramstadt. Für 1623 ist eine Zunft mit 58 Bäckern und Müllern in Nieder-Ramstadt belegt. Beide Stände waren reich und betätigten sich auch als Bankiers; die reichsten Müller waren die »Bachprinzen«. Ihre Mühlen mahlten keineswegs nur Korn. Sie mahlten Saaten zu Öl, zermahlten Schießpulver, schliffen Glas und waren für die Papierherstellung nötig, wie manche Straßennahmen in Nieder-Ramstadt heute noch zeigen. Dennoch bestimmten die Getreidemühlen das Bild – und 100 Öfen in Nieder-Ramstadt Anfang des 17. Jahrhunderts die Luft, bei 500 Einwohnern. »Wie mag es in Nieder-Ramstadt an einem Backtag nach Brot geduftet haben!«, schreibt der Heimatforscher Karl-Heinrich Schanz.

Der Mühlenmann. Keiner kennt die Mühlen so genau wie Karl-Heinrich Schanz. Schanz ist 1934 in Mühltal-Traisa geboren und lebt immer noch in seinem Elternhaus. Schanz war Vorsitzender des Hessischen Landesvereins zur Erhaltung und Nutzung von Mühlen. Er hat viele Vorträge und Texte verfasst zu Mühlen in ganz Hessen. Der Traisaer kämpfte mit Mühlenbesitzern für den Erhalt ihrer Wasserrechte und half, Mühlen zu renovieren.

Er will wegen seines Alters nicht mehr in der Öffentlichkeit stehen, dennoch hat der frühere Kunststofftechniker eine klare Botschaft: »Den Mühlenbesitzern wird das Leben schwer gemacht bei den Wasserrechten und der Erlaubnis, Mühlräder laufen zu lassen – auch mit zu viel Bürokratie. Da müssen wir aufpassen.« Schanz befürchtet, dass die Mühlen mit ihrer Historie aus der Erinnerung verschwinden: »In vielen befinden sich heute nur noch Wohnungen.« Obwohl der Geo-Naturpark einen Wanderpfad in Mühltal eingerichtet hat, seien selbst hier die Mühlen in Vergessenheit geraten, bedauert er. Er vermisst Vorträge und Führungen entlang der Modau, nicht nur zu den Mühlen. In Norddeutschland spielten Windmühlen eine viel größere Rolle in der Öffentlichkeit, sagt er. »Der Geo-Naturpark sollte hier eine aktivere Rolle übernehmen.«

Der Mühlentag, den es seit 1994 gibt, will an die Geschichte des Mühlenwesens erinnern, das 2000 Jahre bis zu den Römern zurückreicht. Gerne bezeichnet sie die Deutsche Gesellschaft für Mühlenkunde und Mühlenerhaltung als »älteste Maschinen der Menschheit«. Tatsächlich haben Mühlen viel mehr möglich gemacht, als Getreide zu mahlen und Brot daraus zu backen. 160 Anwendungen sind für Mühlen bekannt, wichtig waren etwa noch der Betrieb von Sägen für Holz und Steine, für Aufzüge oder schlichtweg das Abpumpen des Flusswassers, das dann in den verschiedensten Betrieben gebraucht wurde.

Mühlen sind aber auch immer schon Orte der Romantik gewesen, die in Märchen, Sagen und Liedern, auf Gemälden und in Filme eine besondere Rolle spielen – der großen, oft herrschaftlichen Gebäude wegen oder durch die exponierte Lage auf Halbinseln oder in Flusskurven. Ihre Akustik, das berühmte Rauschen, spielt für die Mühlenromantik auch eine Rolle, bis heute: »Der schönste Lohn für das hingebungsvolle Ringen um den Erhalt einer Mühle sind der Lauf der Mühlsteine und das Plätschern des Wasserrades, was nicht selten dem Genuss einer guten Musik gleichkommt«, frohlockt der Mühlenverband auf seiner Website, die durch die Mühlentypen führt. Begonnen bei den Windmühlentypen mit Erdholländern, Turmholländern, Patrock- und Galerieholländern bis hin zu den Motormühlen, die nach der Erfindung der Dampfmaschine 1765 das Mühlenwesen revolutionierten und den Wassermühlen langsam ein Ende bereiteten.

Gepardenforelle. Wie ein gelbgrüner Sternenschweif ist sie unter der Brücke hervorgeschossen, knapp unter der Brotflocke vorbei, die ich herabgeworfen hatte, in unglaublichem Rasen unter Wasser, aus dem sie dann nach einer blitzartigen Drehung kurz herausschießt, um das Stück zu packen, sich dann aber in der gleichen Bewegung mit noch größerer Schnelligkeit, wie ein programmiertes Katapult, wendet und auf die beiden Brotstücke zuschießt, die zwei, drei Meter hinter ihr schwammen. Sie kann die beiden Flocken nicht wieder ganz neu angepeilt haben; zu schnell ging alles, zu weit waren die Brotstücke weg, zu sehr schwammen sie im toten Winkel der Forelle. Nein, es war eine andere Leistung, die sie vollbrachte.

Ich verstehe erst hinterher, was da ablief, als ich einmal, auf dem Weg irgendwohin im Dorf, wieder an einer der Brücken hielt, um zu füttern. Mich über die Geländer zu beugen und zu schauen, welche Forellen wo stehen. Ob es überhaupt welche gibt. Wie groß die Rotaugen dort sind in dieser ausgewaschenen Kuhle unterhalb der Spundmauer, einer dieser Flussuferwunden, von denen die Modau voll ist. Wie sehr ich mich früher an diese Mauern gewöhnt hatte, sie als Teil des Flusses sah. Wie sehr anders ich es jetzt sehe, sie mir wehtun. Und wie erstaunt und voller Bewunderung ich jetzt für diesen Fisch bin, der eine unglaubliche Erinnerungsleistung vollbracht haben muss: Als die Bachforelle das erste Mal auf die treibende Brotflocke zuschoss, wollte sie zweierlei: schauen, ob da etwas Essbares treibt. Und daraus schließen, ob im weiteren Gesichtsfeld über ihr noch weiteres Futter dieser Art kommt. Nach dem ersten gültigen Schluss hat sie den zweiten vollzogen und muss sich dann innerhalb von Millisekunden die Silhouette hinter ihr gemerkt haben; die Stellen, an denen die beiden Brotstücke in der nächsten Sekunde treiben werden, damit sie gepardengleich dorthin schießen und sie abräumen kann.

Als sie das in dieser kaum fassbaren Sekunde tat, war es ein Moment voller Stolz und Ästhetik hier an der belanglosen Dorfbrücke; niemand würde heute, morgen und auch in den nächsten Monaten und Jahren schneller sein und das tun können. Es war eine besonders schnelle Forelle, bin ich mir sicher. Denn ich habe viele gefüttert, an Bächen und in Teichen. Nie war eine so unterwegs.

Alte Frevel. Im späten Frühjahr stehe ich einmal mit dem Sohn unseres Dorfbauern am Ufer der Modau; wir haben früher öfter gemeinsam mit seinem Bruder, der nun den Hof führt, an den Waldteichen geangelt, auch bei Fahrten an den bayerischen Main. Und einmal im Winter an den Lamperteimer Altrhein, zum Eisangeln, was ein völlig aussichtsloses, aber sehr unterhaltsames Vorhaben war, das seine Familie bei Schwedenurlauben im Winter stets wiederholte, allerdings bei größeren Wassertiefen. Hier waren es vielleicht zwei Meter, und bis wir mit dem großen Bohrer ein Loch im Rheineis hatten, waren, so meine Vermutung schon damals, ohnehin alle Lampertheimer Barsche und Hechte vor dem Lärm geflohen, den wir knapp über ihren Köpfen veranstaltet hatten. Dennoch ging Markus, der Sohn der Familie, der gerade vor mir mit einem kurzen Handgelenkchip die kleine Forellenrute ausgeworfen hat, selten leer aus. Denn er ist ein Fischmensch, einer der Angler, die ein Händchen oder mehr für die Gewässer haben und spüren, wo sich etwas holen lässt. Ich habe Hunderte Angler kennengelernt, doch nur wenige solche, die in Stille ihr Können ausüben. Er angelt intuitiv und braucht sich nicht zur Schau zu stellen, benötigt auch keinen lebensverneinenden Zeiteinsatz oder technologische Hochrüstung, keine Spezialfuttermischungen von Staranglern, elektronische Bissanzeiger der zehnten Generation, hochauflösende Echolotsysteme oder Supersichtbrillen.

Als ich hier neben Markus stehe, knapp vor seinem Vater, der vom Lohberg herabgekommen ist, um seinem Sohn beim gemeinsamen Ritual beizuwohnen, zuckt die Rutenspitze schnell. Blitzartige Spannung greift uns, Blicke ins Wasser, Warten. Nach einem kurzen Drill landet Markus eine für die Modau große, wunderschöne und schlanke Bachforelle, die er mitnimmt. Gleich muss er zusammenpacken, um wieder gen München zu fahren, wo er lebt und arbeitet.

Ich spreche noch mit seinem Vater, auf dessen Hof ich mit meinem besten Freund einmal ein Jahr arbeitete, Eier ausheben im Hühnerstall für das größte Ei als Lohn, Kälber streicheln. Der Bauer ist an der Modau aufgewachsen, angelt seit der Kindheit, schaut auf Gewässer und achtet sie, überall; seine Sprache zeigt es an, Pausen und Betonungen haben Wasserachtung. Der Modau gehe es gut, meint er, wegen der Forellen. Ich frage nach. Ja, früher, sagt er, sei es anders gewesen, damals in den 1960er-Jahren, als noch die Industriebetriebe im Oberlauf offen waren, gerade wegen des Farbenherstellers Murian. »Da war die Modau mal blau, mal gelb, mal grün.« Ich frage ungläubig nach. »Wenn die die Farben wechselten, sahen wir das als Kinder in der Modau.« An Angeln sei nicht zu denken gewesen.

Da kommt mir plötzlich wieder die dreckige Emscher mit Klopapierfahnen und Kotklumpen nahe an meinem Dortmunder Studentenwohnheim in den Sinn. Sie war die Kloake des Landes, der die GEO-Reporterin Johanna Romberg 1987 von der Mündung bis zur Quelle gefolgt ist, um ihr Leid zu beschreiben: »Manchmal zieht es sie übern Deich, raus aus ihrem steinernen Bett, in dem sie sich nicht winden und nicht schlängeln kann«, schrieb meine frühere Kollegin. »Dann stößt sie einen Hauch aus, einen Seufzer von Duft, der die Böschung hinauf in die Gärten kriecht. Die Leute auf den Campingstühlen schneiden angewiderte Grimassen, die Kinder kichern und halten sich die Hände vors Gesicht.«

Stille Straße. In Nieder-Ramstadt herrscht an der Modau entlang kein Aufbruch. In ihrer Nähe erlebe ich gerade, wie vieles zu Ende geht, was den Ort und sein Zentrum am Fluss ausgemacht hat; es sind Abschiede ohne feste Tage, weil es um ein schleichendes, fließendes Ende geht. Um solche Abschiede besser begreifen zu können und damit die Zeit besser greifen zu können, muss man sich, wenn man hie und da zur Sentimentalität neigt wie ich, selbst darum kümmern und sich diese Tage schaffen, sie für sich erklären. Ich mache das hin und wieder, etwa heute, an einem beigen Regennovembertag. Da lasse ich mich innerlich fallen, um bereit zu sein für die Abschiede, den Abschied von einer ganzen Straße und ihrem Charakter, denn in der Bahnhofstraße, dem früheren Zentrum unseres Dorfes, gehen die letzten Geschäfte weg, die ganz alten, und alle auf einmal, als hätten sie sich verabredet.

Ich bin beim Textilhaus Schneider ausgestiegen und habe andächtig in einem halbleeren Laden zwischen schwarzen Herrenslips und weißen Omakleidern eine Mütze gekauft, weil ich vielleicht eine brauche. Dieses Geschäft hielt viele Jahrzehnte aus, selten war ich drin, aber bin immer daran vorbeigefahren, es war ein Teil der sich nie ändernden Fassade, die mich umgeben hat – und bevorzugter Einkaufsort meiner Großeltern. Die Frau an der Kasse war still und leise, ich auch, weil ich schon an den nächsten Laden dachte, in den ich wollte, die Modau-Apotheke oberhalb der Brücke, an der ich immer beobachte, füttere und fange, auf der ich zur Schule lief. Sie ist eines der wenigen Geschäfte, das den Fluss im Namen trug. Ich will mich verabschieden, da sie zwar nicht schließt, aber umzieht – ins neue Zentrum oben am sauberen, schönen Fliedner-Platz, der nun endgültig die schummrige Bahnhofstraße abgelöst hat; hier schloss dieses Jahr schon eine kleine Kellerkneipe in einer Nachbargasse. Sie reiht sich ein in Dutzende Kneipen, Spelunken und Gasthöfe, die entlang und an der Bahnhofstraße über das letzte Jahrhundert hin schlossen. Einst gab es hier fast an jeder zweiten Tür eine Schankstube.

Ich steige aus und laufe auf die Apotheke zu, doch ich bin zu spät – die Gitter sind davor. »Wir ziehen um«, steht groß auf der Tür. Ganz umsonst bin ich aber nicht gekommen, denn ich hole einige Secondhandhosen aus dem Kofferraum, um sie zur kleinen Änderungsschneiderei in der Bahnhofstraße zu bringen, die bleiben wird. Drei Hosen will die Schneiderin flicken, die anderen wandern zurück in meinen Korb und von da in den Korb für die Altkleider, was das Wegwerfen nachher auf dem Heimweg nicht einfacher machen wird. Aber jetzt stehe ich schon in dem Schreibwarenladen in einer Seitenstraße, der auch schließen wird; die Besitzerin ist älter, geht schwer; es wird Zeit, sagt sie. Ich kaufe ein Notizbuch, versuche irgendeinen Abschied zu spüren, was aber misslingt, denn hier herrscht noch Alltag.

Dann gehe ich zur Apotheke und kaufe Holundersaft, der schon lange mein Begleiter ist; früher presste und kochte ihn die Großmutter im späten August, wenn ich ihr einige Eimer gesammelt und gebracht hatte. Zu dieser Pflanze, die eine unserer stärksten Heilpflanzen ist, habe ich seit der Kindheit eine tiefe Beziehung. Wir haben aus dem Holz Stopfen für die Pfeile geschnitzt, deren Schaft aus trockener Goldrute, die wir im Winter immer schnell und viel sammeln konnten, die aber für weitere Schüsse zu leicht war. Aus dem Holunder kann man das Mark entfernen und die Stopfen dann auf die Goldrutenstangen setzen, was ungefährliche Pfeile ergab, die wegen ihres Schwerpunkts vorne besser fliegen. Holunderblütentee lässt schwitzen und vertreibt Fieber und Erkältungen; ich habe einmal in einer Stunde nach vier Tassen drei Grad Fieber gesenkt.

Ich packe den Saft ins Auto auf dem Parkplatz, auf dem seit ein paar Wochen ein neuer Mann des Ordnungsamts jeden aufschreibt, der auch nur zwei Minuten keine Parkscheibe hinter die Scheibe geklemmt hat. Heute bin ich ihm entkommen. Im Kopf bin ich schon wieder bei den Forellen. Der Weg zu ihnen führt über einen Besuch bei meinem Onkel, der seine Bäckerei hinten im Eck an Weihnachten schließen wird; 1961 hat sein Vater hier angefangen. Und genauso alt ist der Ofen in der Backstube mit ihren alten Regalen, Waagen und Werkzeugen, in der ich jetzt mit meiner Tante stehe. Sie schüttet gerade zum letzten Mal die Laugenbrezeln in Körbe für den Laternenumzug des Kindergartens, meines alten Kindergartens, in den jetzt meine Kinder gehen und mit dem wir heute Abend im Dunkeln, Martinslieder singend, durch die Straßen ziehen werden. Aber nicht mehr durch den dunklen, uralten Hohlweg, hinauf auf den Parkplatz zur Diskotheklegende Stein-Bruchtheater, einer regelmäßigen Auffangstation für mich und andere, die auch schließen soll und noch einmal ein Jahr Aufschub bekommen hat. Der Laternenumzug führt zum neuen Zentrum, dem sauberen Platz, wo man gesundet, wo die Ärzte, Friseure, Physiotherapeuten und die Apotheke sind; nicht in der Nähe der Bahnhofstraße, wo man sich eher schindet, in einer Sportsbar und einer Kaschemme, dazu kommt die Pizzeria, die nur Straßenverkauf machen darf trotz urigen Interieurs und genug Platz; es fehlt ihr die Schanklizenz. Nur die Schneiderin und ein Bauernladen halten noch dagegen, reparieren und ernähren.

Meine Tante ist resolut und zuversichtlich wie immer, dennoch hat sie »ein weinendes Auge«, so wie sie hier alleine in der Backstube steht, während mein Onkel, der Bäcker, oben schläft. Ich sage ihr noch mal, was passieren wird: Mit dem Ofen der Bäckerei Starke, der am 24.12.2019 das letzte Mal brennt und backt, endet hier in Nieder-Ramstadt eine Tradition des Backens und Mahlens, die 716 Jahre lang anhielt, denn 1303 gab es die erste Mühle, deren Zunft schon lange nicht mehr arbeitet; Müller gibt es keine mehr. Bäcker mit Ofen gibt es nur noch den einen, alle anderen Bäckereien bekommen ihr Brot aus Darmstadt geliefert.

Ich lasse mir von der Verkäuferin einen Kaffee in meinen Becher zapfen, nehme ein trockenes Brötchen dazu und schlendere in aufkommender Melancholie hinaus, auf die Modau zu, gehe die kleine Treppe hinunter, die einzigartig ist im ganzen Ort, weil sie ohne Umschweife direkt in den Fluss führt, die Stufen setzen sich als Steine in der Modau fort.

Jetzt werfe ich zwei Brotstücke hinein: eines zusammengedrückt, damit es absinkt, und eines als Flocke, die treibt – kein Fisch zeigt sich, nur die Stockenten kommen, die ich nie füttere, nur die Fische, bis ich sie sehe. So auch jetzt, an zwei, drei, vier Plätzen, doch sie sind weg, es ist November und kalt geworden in der letzten Woche. Es gibt einen Zeitpunkt, an dem sie alle wegziehen, sich in die Tiefen der Kolke und Kurven flussabwärts begeben; die Modau scheint dann leer. Der Herbst ist im Wasser, das heute schweigt, wenngleich an seinem Ufer die Farben inmitten der gelbbraunen, ausgeblichenen Ufergräser mit aller Kraft brennen – strahlendes Hagebuttenrot und grelles Orange der Vogelbeeren. Im dichten Ufergestrüpp über einer kleinen Weide bemerke ich eine seltsame Bewegung. Ich trete näher, schiebe mich durchs marode Eisengeländer und sehe in die scheuen Augen eines grauschwarzen, hühnergroßen Vogels, auf den ich lange gewartet habe. Denn ich habe ihn erst einmal an der Modau gesehen, danach nie wieder, auch in den vergangenen zwei Jahren nicht, in denen ich so oft hier war.

Die Teichralle, auch Teichhuhn, ist scheu, stakst sofort in Verstecke und wird oft übersehen, weil sie so gut getarnt ist – im Unterschied zu ihrer schwarz-weißen Schwester, dem Blässhuhn, das ich an Gewässern viel öfter gesehen habe, egal in welcher Gegend Deutschlands. Sie ist bunter, vorwitziger und mutiger als die biedere, aber feinere Teichralle, deren Bestand in Deutschland nie in Gefahr war – bis jetzt, denn Ornithologen haben starke Verluste beobachtet, sodass die Art heute mit der »Vorwarnstufe« in der Roten Liste der gefährdeten Arten steht. Der Grund dafür ist banal: Ufer mit Pflanzen verschwinden, weil auch in Städten, wo der Anpassungskünstler lebt, der auch schlechteres Wasser abkann, viel gebaut wird. Wo kleine Teiche verschwinden, feuchte Wiesen sowieso. Auch den Flüssen entschwinden Vogelarten, die eigentlich immer da waren, wenn auch eher versteckt wie das Rebhuhn und kein Künstler im Flug. Das ist die Teichralle auch nicht, die jetzt in Panik vor mir, der sich zu sehr genähert hat, in die Weide schießt und von da über die Modau mit großem Geflatter in die Herbstluft startet, bis ich sie nicht mehr sehe.

Den Abschied von der Bahnhofstraße, der Straße am Fluss und ihren Geschäften habe ich heute ein wenig hinbekommen. Eine Schicht Heimat ist abgerieben, so fühlt es sich zumindest an, als ich zu Hause die Tür aufschließe. Vielleicht ist es auch nur eigene Vergangenheit, Dorfgeschichte, Menschen und Orte, die einmal waren und nicht mehr sind, ihre Landschaft und ihre Aufgaben darin.

Mistsieg. Das war ein kleiner Sieg. Ich habe bei meinen Ufergängen in der Verlängerung einer Ponyweide einen Misthaufen direkt an der Modau entdeckt, der ihr schlimmes Phosphatleid zufügt, vor allem bei Regen, wenn mit einem Guss der ganze Dreck im Fluss landet, eine riesige »Nährstofffracht«, wie die Biologen sagen, die dann Algenblüten, Sauerstoffzehrung und anderes Ungemach anrichtet. Ich habe es der Umweltbeauftragten geschrieben, mit der ich an der schönen, versteckten Kurve war. Jetzt, zwei Wochen später, ist der vier Meter lange Mistriegel ganz weggeräumt.

Brückengespräch. Eine alte Frau bleibt auf der Brücke stehen, fragt nach den Fängen, wir kommen ins Gespräch über Fischessen, die vielen Gräten der Rotaugen, die ich hier unter der Modaubrücke gerade fange, und über Mikroplastik, das sie vom Fisch abgebracht hat. Angst habe sie, sich zu vergiften, daher können sie keinen Fisch mehr essen. Ich erzähle von der Studie der Universität Basel, die so viel Plastikfracht für den Rhein nachgewiesen hat; für die kleinen Gewässer wüsste man noch zu wenig, sage ich, aber sicher sei auch in der Modau etwas Plastikabrieb drin. Früher, sagt sie dann, sei sie ja immer im Steinbruchsee geschwommen, man habe halt über die Felsen klettern müssen und dann wieder hinunter, aber das Wasser sei klar und gut gewesen. Und es habe ja kaum andere Schwimmgelegenheiten gegeben in den 1950er-Jahren hier im Umkreis.

Sie schaut etwas skeptisch drein und blickt gegen die tief stehende Februarsonne, die in wunderbarer Stärke das Frühjahr einläutet, vorgestern das erste Vogelkonzert im Wald einleitete, heute Morgen die Bussarde – drei waren es, laut schreiend vor Energie – in die Höhe trieb und die Wildschweine schier ausflippen lässt. Sie graben noch tiefer als sonst und haben auch die letzten Lücken an den Wegesrändern umgehoben.

Wir schauen zusammen in die Modau und sehen auf die Fische, die noch nicht in Frühjahrslaune sind, denn sie sind wechselwarm und passen ihre Körpertemperatur dem Wasser an, das noch winterkalt ist. Träge stehen sie im Kehrwasser vor der Brücke, schrecken hoch, wenn ich meine Rute über ihren Köpfen schwinge und den Wurm herabplumpsen lasse, den ich eben noch unter einem großen Stein gefunden habe. Ich habe ein Blei angeklemmt und lasse alles auf den Grund sinken, wo ich jeden Fisch sehe und auch meinen Wurm. Sie sind mürrisch und vorsichtig, nippen, spucken aus, hie und da nimmt ein Rotauge dann doch nach zig Versuchen den Köder.

Zu Beginn aber hatte ich falsch angefangen, mit Brotteig, der in der Strömung trieb, wie es im Sommer hier funktioniert. Doch ich konnte das Brötchenstück den großen Rotaugen auf die Nase legen oder den Rücken, sie scherten sich nicht darum. Dann kam mir die alte Regel in den Sinn, dass im Winter Würmer sehr viel taugen. Ich fand sie schnell in der aufgewühlten Erde der Baustelle, die bis vor Kurzem die Festwiese unseres Dorfes war – eine große Wiese, auf der ab und an ein Zirkus gastierte oder die Schausteller ihre Wagen und Lkw parken, wenn »Kerb« ist, das schützenfestähnliche Kirchweihfest mit allem Rummel, das es in allen Dörfern hier gibt. Die Festwiese war ein Freiraum für Wiesenpflanzen und Wiesentiere, auch Hundehalter und eine der seltenen, noch unverbauten Modaustrecken im Dorf, die Geheimnisse bereithielt ganz am Ende, wo sie eine Biegung macht, tiefer wird, sich den Blicken entzieht im plötzlich sandigen Gewand und so Badelust und Watlust in mir auslöst, wenn ich dort hingeschlichen bin. Nun ist alles platt gewalzt zugunsten der »Mühlengärten«, für den der Bauträger auf einem großen Schild fast romantisch wirbt. Wohnen am Wasser, naturnah und idyllisch – die Botschaft ist gelungen, wenngleich mich interessiert, wie die Wassernähe und der Flussbezug der Neubürger genau aussehen werden.

Die alte Dame wirft jetzt einen schönen Schatten und steht in ihrer wattierten Weste da wie eine Statue aus alter Zeit, als resolute Silhouette vor der planierten Festwiese. Sie erzählt von ihren Rundgängen. Sie kenne jeden Hund, und die Hunde kennen sie bei ihren Gängen durch die alte Rebenlandschaft, in der ein Gastwirt jetzt wieder Wein anbaut. Nach 350 Jahren ein neuer Versuch. Wir sind beide skeptisch und sinnieren über den Geschmack nach, der uns erwartet. Nieder-Ramstadt hat Reben im Wappen und war im 16. Jahrhundert ein bedeutender Weinort mit bis zu 33 Weinbergbesitzern, vielen Gasthöfen und manchen Gelagen, sodass der Pfarrer von der Kanzel aus zur Räson rufen musste. Doch mit den Verwüstungen des Dreißigjährigen Krieges und neuem, besserem Wein aus dem Ausland ging der Anbau zurück, der letzte »Wingert« wurde 1887 abgeerntet.

Zu sauer sei der Wein gewesen, sagen manche Ortsexperten auch. Vielleicht wird es nun besser, sagt die Frau, während ich anschlage und ein Rotauge hake. Es ist das siebte, mit dem ich den ersten Angeltag des Jahres beschließe. Und ein neues Handwerk lernen will: das Filetieren. Denn ich kann es nicht wirklich, nur zur Hälfte vielleicht. Und vielleicht sind Filets von *Rutilis Rutilius* die Variante, mit der ich meine Familie nach fast 30 Jahren überzeugen kann, sich einfach mehr Gräten zuzutrauen und mir zu glauben, dass sich die Fischknochen durch verschiedene Techniken auch bei den Weißfischen entfernen lassen.

Ausgelaugt. Ich sitze ein anderes Mal auf der Bank, wo sonst der alte Gemüsehändler sitzt, an der Modau, schreibe und sehe mein Gesicht im Bildschirm, sehe die Wellen der Zeit über die Augen und Wangen treiben, höre ihr Rauschen im Hintergrund, die Autos weiter weg. Ich drehe mich um und schaue wieder einmal auf den Fluss, der ausgelaugt wirkt heute, trotz des Regens der letzten beiden Wochen. Kann ich ihr Gesicht, ihren Wasserstand und Zustand überhaupt erkennen bei all den Hindernissen, Eingriffen und dem Becken ein Ort weiter, das sie in ihrem Drang, den Rhein zu erreichen, zurückhält?

Aland-Abend. Ich bin am Stammtisch mit den Anglern des Dorfes, die Geschichten kreisen, als die meisten schon weg sind; nur wer erzählen will, ist geblieben. Ich erzähle von den Wanderungen, den Recherchen und der Modau, um die es laut der offiziellen Vorstandsagenda nicht ging. Doch jetzt ist sie auf dem Tisch. Ein älterer Bauer, den ich von früher noch kenne, erzählt von einer Galvanisierungsanlage, deren Abwasser die Modau verseucht habe. Für eine Million hätten sie eine Kläranlage bauen müssen, und jedes Mal sei er zu den Zuständigen gegangen, wenn wieder tote Fische stromab trieben. Er ging bis zur Gemeinde, die ihn anwies, sich nicht um die Modau und ihren Dreck zu kümmern, es gehe ihn nichts an. Umweltbeauftragte gab es damals noch keine, aber sehr wohl den Unmut über die Gifte und Farben im Wasser. Ich spreche mit dem Bauern weiter über den Rhein und die Zentner an Fisch, die bei Wettangeln anfielen und dann irgendwie verwertet werden mussten. Doch die Rotaugen und Brassen stanken in den 1970er-Jahren so sehr, dass »unsere Schweine einmal in den Trog guckten und sich dann wegmachten«, erzählt er.

Ihm gegenüber sitzt der König der Ortsfischer, die fischereiliche Eminenz, zu dem wir als Kinder schon aufschauten, nie habe ich ihn wirklich kennengelernt, an diesem Abend ist es so weit. Er fischt schon lange in Wettbewerben, kennt vor allem aber den Rheinstrom wie kein Zweiter. Es gibt nur wenige solche Ufer- und Landschaftskundigen, die dann, weil sie denn Fluss und sein Land so gut kennen, auch am besten fangen. So einfach ist es eigentlich, so viel Zeit braucht es aber auch – und diesen unerklärlichen Instinkt mancher Ufergesellen.

Ein Gespräch über mögliche Teiche entspinnt sich darüber, wohin der kleine Verein mit allen fahren könnte. Wir gehen alle Vogelschutzteiche, Feuerlöschteiche, alte Waldteiche aus Landgrafenhand und Kieslöcher durch, die sich vielleicht anbieten für Ausflüge. Dann holt der Angelkünstler sein Handy heraus und berichtet von einem Fisch, den ich schon lange kenne, aber nur einmal fing, der der Bruder oder die Schwester meines Favoriten, des Döbels, ist, der Form her aber noch etwas runder und nordischer, jedoch ebenso großschuppig, metallisch glänzend, ausgewogen proportioniert, gewichtig und insgesamt idealtypisch für den Fisch an sich, wenn er irgendwo gezeichnet oder gemalt ist, ohne näher benannt zu sein. Und beide stehen am Rande der Aufmerksamkeit, ob bei Anglern, Biologen oder Köchen, wenngleich sie zu den intelligentesten Fischen zählen, die hierzulande schwimmen, gerade im höheren Alter – der Aland.

Abwasseroffenheit. Am Ortsausgang bin ich mit den Studierenden länger an der Modau geblieben, weil es hier so viel zu entdecken gilt, so etwa die Illigsche Papierfabrik, der älteste Industriebetrieb im Darmstädter Raum. Wann genau die Papierfabrik gegründet wurde, ist nicht ganz klar. Denn 1846 zerstörte ein Feuer auch die Hausurkunden. Im Dreißigjährigen Krieg gingen zudem die wichtigen Kirchen- und Gemeindebücher verloren, die Gründungen belegen könnten. In Urkunden erwähnt wird die Papiermühle zum ersten Mal 1695, weil sie der Papiermachermeister Valentin Schreyer von der Landgrafschaft pachtete, wie der Mühltaler Arbeitskreis Heimatforschung schreibt. Auftrag auch der folgenden Pächter und Papiermüller war es, die Kanzlei des Landgrafen für deren Schriftverkehr mit Papier zu versorgen, das vor allem aus Lumpen gewonnen wurde. Dafür hatte die Papiermühle einen »Lumpenbann« – nur sie alleine durfte im Umkreis Lumpen kaufen.

Heute gehört die »Illigsche« zu einem Spezialpapierhersteller und geht immer noch dem ersten Handwerk nach, leitet ihr Abwasser aus der eigenen Kläranlage in die Modau. Darüber wacht der Technische Leiter Karl-Heinz Hechler. Ihm gehört die benachbarte Pulvermühle, die er regelmäßig für die Öffentlichkeit öffnet, etwa am Deutschen Mühlentag im Juni. Ich brachte ihn mit meinem Flussreporter Gabriel Wolenik zusammen, der sich mit ihm über die Herausforderungen einer »grünen« Papierherstellung und die Modau unterhalten hat.

Die Papierfabrik besitzt eine zweistufige Kläranlage mit mechanischer und biologischer Klärung. Die Papiere tragen teils den »Blauen Engel«, das Umweltzeichen des Bundesumweltministeriums, oder zumindest das FSC-Siegel (Forest Stewardship Council) für nachhaltige Holzwirtschaft, das zwar auch immer wieder in der Kritik steht, aber unterm Strich im Vergleich zu den Standardverfahren meist eine umweltgerechtere Herstellung garantiert.

Hechler erklärt, dass man als Industriebetrieb eine Einleitgenehmigung brauche; die Papierfabrik habe vier davon. »Darin stehen alle Werte vorgeschrieben. Das muss man regelmäßig von einem autorisierten Unternehmen überprüfen lassen«, sagt er. »Die Messungen werden täglich vorgenommen. Man ermittelt natürlich auch selbst Werte. Dafür haben wir einen fest angestellten amtlichen Wasserwart.« Die größte Herausforderung, erklärt Hechler, seien aggressive Chemikalien, sogenannte Systemreiniger. Sie werden von Papierherstellern eingesetzt, wenn die Anlagen schnell gereinigt werden müssen, weil Papier mit einer anderen Farbe produziert werden soll. Die Reiniger haben die höchste »Wassergefährdungsklasse« unter den verwendeten Stoffen. Durch die verschiedenen Stufen der Reinigung und das mehrfache Herausfiltern des Klärschlammes könnten die Stoffe »lückenlos« abgebaut werden, sagt der Technische Leiter, der an der Modau aufgewachsen ist.

Vor der Einführung der Kläranlage 1990 habe man noch am Modauwasser gesehen, welche Farbe das produzierte Papier gerade hatte. »Früher war das eine Katastrophe, da hat es keinen Fisch in der Modau gegeben. Einfach weil hier viele Firmen ansässig sind. Man hat sich schon fast den Arm verätzt beim Hineinhalten, jeder Stein war wie blank poliert.« Hechler erinnert sich auch noch an sogenannte Ökobeete – Löcher oder Äcker, in die Abwasser der Firmen und aus der Landwirtschaft hineingelaufen und versickert ist. »Dort wuchsen die Brennnesseln zwei Meter hoch wegen der ganzen Nährstoffe, die mit dem Wasser in den Boden kamen.« Die eigentliche Bedrohung für die Modau sind für ihn heute private Haushalte. »Vor meiner Mühle finde ich manchmal Berge von toten Fischen. Dann weiß ich, da hat wieder jemand Altöl oder Benzin ins Wasser gekippt.«

Kurvenschönheit. Stolz steht die Umweltbeauftragte Frauke Reimers neben mir und blickt hinunter in den Fluss, der hier sein altes Gesicht wiederhat: Die Modau schießt mit Schwung auf eine fast drei Meter hohe Steilwand zu, von der man zu fallen droht, wenn man nicht aufpasst. Senkrecht fällt die Kuhweide, die hier an den Fluss kommt, in ihn hinein; nackte, rotbraune Erde, ein Prallhang mit kreisrunden Löchern darin, die alten oder neuen Bruthöhlen des Eisvogels, eine ausgewaschene Gumpe hat sich unten gebildet, wo die Modau eine besondere Wendung nimmt. Kurz biegt sie hier nach Westen ab und nimmt Kurs auf die Ebene; hier wartet eine poetische Geographie. Die Modau ist hier flach, in der Mitte unter der Steilwand tief, Kies ist am Grund, der beige und rotbraun und gelb durch den klaren Fluss leuchtet an diesem Sonnentag.

Ein Fischreiher ist aufgeschreckt, als wir erschienen, wo sonst keiner hingeht hinter der Feuerwehr, an der Weide und einem Schafgatter, hinter den Büschen, ein Niemandsflecken, eine renaturierte Pracht, die für Frau Reimers »eine meiner schönsten Stellen an der Modau ist«. Sie hat dafür gekämpft, dass die Modau ihr altes Bett bekommt, mäandern darf, sich schlingen, winden, vertiefen, sich breit machen, eng werden, leben. Alles ging ohne große Anträge, Naturschutz »in der Gewässerunterhaltung«, immerhin mit Geld vom Land, denn alleine wäre es kaum gegangen für die klamme Gemeinde. Die Steinpackungen kamen weg, Holz hinein mit dem Bagger, und die Modau machte den Rest an dieser Stelle, wo sie so sehr weiterwill, ihre Kraft rauscht, wo sie zeigt, was ihr Wesen ist.

Darum stehe ich auch ein paar Monate später unvorbereitet mitten in ihr, spüre die Kälte die Beine hochziehen, die Massage beginnt, und die Socken liegen am Ufer oben. Ich hatte Mühe, hinunterzukommen und die Rute zu halten, an der eine starke Forelle zerrt, die nach dem Biss direkt in die Gumpe zieht, rasend den Knick nach Westen nimmt und über die flache Rieselfläche hinaus in die nächste Kurve will, wo ich sie verlieren würde. Nie hätte ich gedacht, ich müsste einmal mehr hinein, aber sie zieht so, dass ich keine Wahl habe und sie von der Kurve gerade noch fernhalten kann: Ich wate mit den nassen Wanderhosen eilig durch den Fluss, stecke kurz im Kies fest, und kann dann am flachen Ufer gegenüber die Forelle keschern. Sie ist keine Riesin, wie ich dachte, sie stammt aber aus dieser Kurve, wo die wildesten Forellen des Flusses wohnen müssen.

Ich muss die Rute hochschmeißen, klettere mit Fisch und Kescher und hörte dabei die lauten Bässe der Discomusik vom Feuerwehrfest gleich hinter den Brennnesselwänden; einsam ist es hier heute nicht, das Dorf ist auf den Beinen, Himmelfahrt. Aber hier – ich bin oben und sitze im Gras – ist es plötzlich wieder so einsam an der Grenze zwischen Menschen, Fest, Lärm und Fluss, seiner abgeschiedenen Schönheit und der steilen alten Wand, die so neu ist.

Ich halte kurz inne, schaue auf den Glanz des gelbgrünen Fisches mit den roten Lebenspunkten und denke schon an den nächsten Moment hier in der versteckten Kurve. Denn ich bin nun öfter da, meist ohne Rute, um zu baden in dem wohltuenden Kurvenkies und im Gesicht der Modau, um in ihre Geschichte zu schauen und nicht zu vergessen, wie es sein könnte entlang der hiesigen Ufer.

Mäander. Bei all den Worten, die ich für die Bewegungen der Flüsse suche, fällt mir das Mäandern immer wieder auf den Tisch. Es fällt heraus als Fremdwort aus dem Griechischen, dessen gewundener, ausgewogener Klang in den drei Silben so gut zu den Fließbewegungen passt. Und in der Tat, es kommt vom Fluss und geht auf den Großen Mäander zurück, einen stark gewundenen Fluss im Westen der Türkei, der diesen Teil Anatoliens entwässert und 380 Kilometer lang ist.

Die Geographie hat sich den Namen geliehen und bezeichnet mit ihm die Schlingen, die ein Fluss oder Bach formt, wenn er freien Lauf hat, gerade bei geringem Gefälle. Die Mäander kommen mit den unterschiedlichen Fließgeschwindigkeiten, die es im Fluss gibt: Da ist der sogenannte Stromstrich, meist in der Mitte, wo der Fluss am schnellsten fließt. Sind Hindernisse im Wasser wie Steine oder Bäume, verlagert sich der Stromstrich hin zu einem Ufer. Dort agiert die Kraft, trägt die Strömung Sedimente fort und sorgt für Erosion am äußeren Ufer, dem Prallhang, der mit der Zeit immer steiler wird und an dessen Fuß die stärkste Strömung herrscht. Von dieser Seite prallt das Wasser ab und bringt die Kiesfracht zum anderen Ufer, das sanft und flacher wird, ein Gleithang mit schwächerer Strömung, wie die Fachleute sagen. Mit der Zeit schiebt sich der Gleithang in den Fluss hinein und der Prallhang in die Landschaft; Schleifen entstehen, die sich küssen können, so stark, bis dann bei Hochwasser ein Durchstich entsteht und der Hals der Schlinge durchbrochen ist. Die durchbrochene Schlinge kann vor allem bei größeren Flüssen zu einem Altarm werden und später, wenn das Flussbett sich ganz entfernt hat und beide Enden verlandet sind, ein Altwasser, ein eigener Seentyp. Dieses freie Spiel der Kräfte ist das eigentliche Werden der Flüsse.

Flussmeditation. In meiner tibetischen Meditationsgruppe rezitieren wir alte und neue Texte, Gebete und Lieder, und wir lesen aus den viel gedruckten Büchern des Dalai-Lama, von Thich Nhat Hanh und anderen buddhistischen Publizisten. Ich mache das seit rund zehn Jahren, aber erst seitdem ich wieder in die Landschaft und ihre Wasser eingetaucht bin, nehme ich wahr, wie oft es in all den Texten um Flüsse und Wasser geht, noch öfter um den Ozean, der still ist und dessen Wellen unsere Gedanken sind, die kommen und gehen, die wir beobachten können, ohne an ihnen festzuhalten – es ist eines der häufigsten Bilder, um zu erklären, was stille Meditation bedeuten kann und wie es mit den Gedanken darin steht. Das Kommen und Gehen, Werden und Vergehen, die zyklische Sichtweise auf das Dasein, die der Buddhismus hat, findet sich in Wasserbildern wieder; aber auch alle anderen Religionen beziehen sich in ihren Texten stark darauf, die Bibel ist voller Wasser, Flüsse und Quellen, metaphorisch und implizit oder örtlich und ganz direkt. Seitdem ich diesen starken Bezug wahrgenommen habe, meditiere ich jetzt manchmal an Ufern, aber es ist nicht ganz einfach. Man muss ja gut sitzen können, das Rückgrat strecken, eine stabile Unterlage haben. Auf einem Angelhocker geht das nicht, auch nicht auf den ungeraden Ufersteinen des Rheins.

Aber an der Modau habe ich eine versteckte Stelle gefunden, wo es gut geht und die Stille inmitten aller Laute entsteht, eingerahmt von Wald und Grün. Diese laute Stille zentriert mich und fördert das fließende Loslassen der Gedanken. Es geht mit geschlossenen Augen wie mit leicht geöffneten, und die offenen Augen können mit den kleinen Wellen, dem Schaum, den Blasen, den schwimmenden Stöcken oder treibendem Laub reisen, bis es aus dem Gesichtsfeld verschwindet. Wie die Gedanken reisen in ihrem Strom, so reist die Fracht des Flusses.

Der Wasserfall. Der versteckte Wasserfall, den ich jetzt oft zur Mediation aufsuche, ist Wildnis für mich. Er liegt zwischen allem, an einem Unort, den kaum jemand betritt, und ist deshalb versteckt, sodass ihn fast keiner der Einheimischen kennt, auch nicht die, die sich für die Modau interessieren. Er liegt zwischen einem Gewerbegebiet und einer stark befahrenen Bundesstraße, oberhalb einer alten Mühle, mitten in einem kleinen Wald, den Brennnessel- und Brombeermauern beschützen.

Vor allem ist der Wasserfall, zu dem ich staunende Mitmenschen führe, kein echter. Er ist menschengemacht als Wehr, von dem das Modauwasser eineinhalb oder zwei Meter in einer nie entdeckten Kraft hinabschießt, eingerahmt von angeschwemmten Bäumen und Ästen, Gestrüpp und den hohen Wänden der Bäume. Hier landet viel Müll, gerade nach den Hochwassern: Plastiktüten, Kleiderfetzen und immer wieder die kleinen Schnapsflaschen, die manche noch schnell leeren und vorm Öffnen der Haustür in die Modau werfen. Das ist das Abstoßende dieser Wildnis. Das Traurige kommt hinzu, weil das Wehr ein Hindernis für jede Forelle ist; ökologisch betrachtet, müsste ich diesen Platz scheuen. Aber ich tue es nicht, er zieht mich an. Die Stelle ist begrenzt in allem, ihrer Größe, Tiefe, ihrer Entlegenheit; aber sie hat beide Enden der Wildnis, die mir ein Bedürfnis ist, hat das Anziehende und Abstoßende, den Müll, das Künstliche, das Hässliche und auch Ruppige, weil direkt unter dem Wasserfall so große Steinbrocken am Grund liege, dass ich nur wie ein Reiher staksen kann, wenn das Wasser tief steht.

Doch dann überfällt mich hier, wenn ich die steile Steinwand an den Brennnesseln und Springkräutern vorbei hinabkrieche und unten auf den Felsen ganz nah am Rauschen bin, die Kraft des Ortes, das Abgelegene, Wilde.

7

Nun eine Städterin

Ein Buchstabe entfernt. Sie sind nur einen Buchstaben voneinander entfernt, die eine so bekannt, der poetische Fluss, dem eine ganze Sinfonie gewidmet ist, und der andere meine Modau. Aber auch die Moldau hat mich schon früh in ihren Bann geschlagen, bei einer Klassenfahrt in der Oberstufe. Denn sie liegt edel ausgebreitet da, ruhig als regierende Fürstin, die große Höfe, Zimmer und Scheunen hat, in denen man gut rasten und vieles lassen kann, um weiterzureisen von dieser erhabenen Stadt Prag aus, in die mich wieder eine Weiterbildung geführt hat. Klimajournalismus habe ich gelehrt an der Karls-Universität, der ältesten Hochschule in Mitteleuropa, an der seit 1348 Betrieb herrscht. Das hat etwas und passt zur ruhigen Moldau, die flach, aufgestaut und fast wie ein See in der Stadt wirkt, die um sie herum entstanden ist. Viele Schwäne zieren ihre Mauern heute Morgen und noch mehr Kormorane, die gerade so keck und selbstbewusst ihre Flügel nach vorne strecken, wie es nur sie können. Als ich die Moldau das erste Mal sah, wusste ich noch nichts von der sinfonischen Dichtung des Komponisten Bedřich Smetana an seinen Heimatfluss. Wie wohl ein Lied zur Modau klänge, frage ich mich. Ob es eines doch irgendwo gibt und ich es nur nicht gefunden habe?

Smetana hat es jedenfalls geschafft, Wasser in Noten neu zu formen, das Fließen von der Quelle an ernst zu nehmen und es stärker werden zu lassen, nicht im Gleichstrom, aber in einer wallenden, sich sanft windenden Melodie, die voller und größer wird wie der Fluss, der bei Mělník in die Elbe fließt – eine Autostunde südlich von Děčín in Nordböhmen, aus dem mein Großvater stammt. Er erzählte mir vom Fluss seiner Kindheit, die Polzen, wie er sagte, die Ploučnice, die durch Děčín fließt. 1992 sind wir als Familie mit ihm dorthin gefahren, und damals roch der Fluss ebenso schlimm wie die Luft. In der waren Kohle, Schwefel, Chemie, alles, was aus den Öfen der Häuser und Fabriken der Industriestadt in die Luft geblasen wurde. Und im Fluss war das radioaktive Radon, weil die Tschechoslowakei lange für die UdSSR Uran förderte und das Element so in die Umwelt gelangte. Viele Menschen wurden krank, die Krebsrate in den Abbaugebieten war hoch und ist es noch.

Alsterliebe. Ich laufe mit einem Freund die Alster in Wellingsbüttel entlang, durch die Villenreihen und Baumzeilen hinunter, versteckt, an den Alsterweg, der mit kleinen Unterbrechungen der Großstadt bis ins Hamburger Zentrum führt. Für Radfahrer, Fußgänger und Jogger ist die Alster ein Band der Orientierung, eine alltägliche Route und Richtschnur in der Stadt. Es gibt so viele Straßen, Orte, Vereine und Firmen in der Hansestadt, die die Alster im Namen tragen, obwohl mit der Elbe eine erhebliche Flusskonkurrenz besteht. Die Alster ist nur 56 Kilometer lang und entspringt nicht einmal in der Stadt.

Die Hamburger haben ihre Liebe aber auf beide Flüsse verteilt und der Alster etliche Bücher, Filme, Gemälde und Ausstellungen gewidmet. Sie leben den Fluss, wie wir auch beim Gang an seinem Ufer sehen: Oft ist das Ufer offen, kann man sich dort hinsetzen, hinknien, Wasserkontakt aufnehmen; die Einladung, die der Fluss ausspricht, hat ihren Platz, wird erhört. Auch am Spielplatz, der mit einem anderem Denken schnell Zäune zur Alster hin hätte, aus Angst, die Kinder könnten ertrinken. Dabei ist gerade hier alles offen, steht ein Zelt direkt am Ufer, mitten in der Stadt; offenbar hat ein Paar die Nacht an der Alster verbracht, die hier diese schönen Strähnen der Tieflandflüsse hat: Laichkräuter, die in der munteren Strömung schlängeln, vor Baumstämmen, die im Wasser liegen und an denen sich die Wasserlinsen stauen über Sandbänken, die in das braunklare Fließen schauen lassen, bis es schwarz wird und tiefer, sich dem Blick entzieht und nur noch Strömung ist, so tief wird, dass ich hier nicht mehr stehen könnte. Doch nur für kurze Zeit, denn sonst ist die Obere Alster ein Fenster, das seine Räume mit ihrem Leben darin meist zeigt, so lange, bis sie sich wieder verschließt, ihre Tiefen aufbaut, Kolke hat, ausgewaschene Löcher an Prallhängen, an Steilufern oder nach einer Windung, die sie nimmt, denn sie mäandert, fliegt in Kurven dahin wie ein Vogel in der Luft, der die Bahn wechselt und stets zu Höherem nach Oben strebt.

Natürlich ziehe ich Vergleiche, denke an die offenen Stellen, die es möglich machen könnten, die Einladungen der Modau zumindest zu prüfen. Ich muss an Eberstadt denken, nur dort scheint es mir zu sein wie an der Alster, darf der Weg den Fluss küssen und dieser die Menschen an sich heranlassen, ohne Beton, Steinwände oder Zäune.

Die Zäune. In Volksdorf, eines der Walddörfer im Hamburger Norden, leben Freunde, mit denen wir einmal nach einer längeren Wanderung durch Sommerhitze und schöne Auen am Bredenbeker Teich landeten, der voller Badender und Sonnengeister war, sodass wir kaum einen Platz fanden. Vorgestern erzählten sie, dass der See nun schließen würde, da die Pacht für den Badebetrieb nicht verlängert wurde. Privatbesitz hat da nun Vorrang, und der bringt nun bald einen Zaun mit sich. Die Bewegung in diese Richtung geht so oft. Wie wäre es, wenn ein See geöffnet und die Zäune um ihn eingerissen würden, damit die Allgemeinheit dort baden und angeln und campen und sich verlustieren kann samt der Hälfte als Schutzgebiet? Auf diese Geschichte bin ich auf den Streifzügen nie gestoßen, auch nicht in Eberstadt, wo die Modau zu einer edlen Städterin wird.

Wiedereinstieg. Wieder an der Modau. Ich überquere am Ortsausgang von Nieder-Ramstadt die Bundesstraße und laufe den »Kühlen Grund« hinab, am Durchbruchstal der Modau, wo sie mit hohem Gefälle und großem Tempo vom Mittelgebirge in die Ebene herabschießt. Kurz nach der Brücke begegnen mir Flusswanderer, eng an die Balustrade der Bundesstraße geklemmt, unterwegs zur Koppenmühle, einer alten Getreidemühle von 1569, mit ihrem Wehr. Es ist das längste, das mir bei den Wanderungen begegnet. Das Wehr ist besonders lang, weshalb auch hier keine wandernden Arten hinaufkommen. Es gibt wiederum in einer amtlichen Schublade einen Plan, das Wehr umzubauen, damit Tiere aufsteigen können und so etwa die Bachforellen in den Beerbach hineingelangen könnten – wenn dazu das noch größere Wehr flussaufwärts nach der Brücke über die B 426 ebenfalls umgebaut würde. Beides ist nicht in Sicht.

Etwas später gelangt man an das Wiesenmühlenwehr, das auch ein unüberwindbares Hindernis für Forellen ist. Auch hier gibt es eine Studie zum möglichen Umbau. Das Wehr gehört zur Unteren und Oberen Wiesenmühle, die schon 1369 erwähnt sind – damals noch als »Frankensteiner Mühle« und Lehen der Grafen von Katzenelnbogen, die lange in Teilen Hessens herrschten und viele Ländereien besaßen. Eberstadt hatte insgesamt elf Mühlen, aber auch Brauereien und Branntweinbrennereien, die das Wasser der Modau nutzten. Sie belieferten Gasthäuser und Herbergen, »die entstanden waren, seit der lebhafte Reiseverkehr auf der Bergstraße das Gast- und Transportgewerbe aufblühen ließ«, wie der heimatgeschichtliche Verein schreibt.

Eberstadt galt schon im 19. Jahrhundert als »Tor zur Bergstraße« und zog Reisende an: An der Haltestelle »Modaubrücke« geht auch der Jakobsweg durch – und es beginnt der Blütenweg, der bis nach Wiesloch an der badischen Bergstraße geht. Und hier an der Brücke wurde auch bis 1622 eine besondere Strafe für Diebe und andere kleinere Straftäter vollzogen: Sie wurden in den »Schnellkorb«, ein großes Weidengeflecht, gesetzt und mehrere Male in die Modau getaucht – unter Publikum, was ein großes Spektakel war.

Unter Naturschützern. Eine der Eberstädter Mühlen, flussabwärts nach der Koppenmühle, ist die Wiesenmühle. Hier stehe ich ein anderes Mal mit zwei alten Naturschützern am Wiesenmühlenwehr, einem der schlimmsten Hindernisse in der ganzen Modau. Rundherum sind die Streuobstwiesen, weite Flächen und ruhiges Geläuf, weshalb es hier auch die Wasseramsel und Gebirgsstelze gibt. Die braungraue Amsel mit der weißen Brust jagt Wasserinsekten beim Tauchen. Die Stelze watet nur und pickt, ist aber ein Hingucker, gerade die Männchen mit dem langen Schwanz und der knallgelben Unterseite.

Wir sehen keine der beiden, weil wir zu laut sind, in Gespräche verstrickt über die Krise der Umweltverbände – und deren Trends. Frank Werthmann ist Imker, sitzt der Zunft im Landkreis vor und berichtet über viel Nachwuchs. »Es liegt im Trend, wir sind im Aufwind«, sagt er, der gleichzeitig im Nabu arbeitet, dem Naturschutzbund. Hier sieht die Lage ganz anders aus. »Wir sterben aus«, sagt Werthmann, und Waffenschmidt, der die steilen Ufer nur noch langsam herunterkommt, nickt und nickt noch mal. Wenn er nicht mehr kann, fehlt nicht nur jemand, der immer wieder an die Modau fährt, die Vögel beobachtet, die Wehre kontrolliert; er wird auch den Orchideen auf der Schmallert, dem Wanderfalken und dem Uhu im Steinbruch, seinem Teich im Mittelbachtal und all den anderen Arten und Flächen fehlen, die er geschützt und für die er gekämpft hat. Zum Leidwesen mancher, für die Bewunderung anderer; 2019 gab es den Landesehrenbrief für seine Arbeit.

Sie müssten viel mehr sein, um an der Modau etwas auszurichten, sagt Waffenschmidt. Dann würde mehr renaturiert, geklagt, bei den Behörden angemahnt; doch »wenn niemand ein Vergehen, eine Verschmutzung sieht, wird dem nicht nachgegangen«, so Werthmann, der für die FDP im Ortsparlament sitzt; Waffenschmidt hat sich der neue Liste »Fuchs« angeschlossen, die linke Themen hat, Umwelt und viel Soziales. Der grüne Trend, die ganze Debatte zur Nachhaltigkeit, sie schlage sich nicht an der Modau nieder, sagen beide. An den Bienenstöcken schon, vielleicht weil es auch um das Trendthema Ernährung gehe, sagt Werthmann. Und man sich Bienen auch nach Hause in den Garten holen könne, Flüsse eben nicht.

Wehrhaftigkeit. Ich habe es selbst nicht gesehen, sonst wäre ich am Wiesenmühlenwehr in Eberstadt vielleicht hineingegangen und hätte versucht, sie zu fangen mit den Händen, um sie zu bringen, wo sie hingehört und hinwill: stromaufwärts, zu Laichgründen, einem besseren Fressplatz, einem ruhigen Unterstand. Doch der Schreck, der dann mit der Zeit einer leisen Trauer wich, war groß genug, als ich die Bilder sah, die mir Karl Schwebel geschickt hat. Manche sind unscharf, aber zwei hauen mich um: Eine große, wunderschöne, stark gepunktete Bachforelle steht auf der Betonplatte des Wehrs und versucht vergeblich, flussaufwärts zu schwimmen. Ihr großer Rücken ragt heraus, sie ist schon weit gekommen, weil sie Kraft hat, hat es aber nicht geschafft und könnte es auch nie, denn diese großen Fische ab 50 Zentimeter können zwar gewaltige Sprünge machen und schaffen bei Hochwasser auch ein Wehr von einem Meter Höhe. Aber diese Platten, von denen die Moldau noch immer zu viele hat und auf denen das Wasser nicht einmal eine Hand breit tief ist, sind unüberwindbar, zu kraftraubend für die Tiere, die dann mit der Luft ringen, mit dem rauen Untergrund am Bauch, der Strömung. Manche Wehre sind geschliffen worden, viel zu viele gibt es noch, oft unbeachtet. Sich gegen sie zu wehren wäre ein wirklicher Akt für den Flussschutz.

Vielleicht kann das neue Programm für die 100 wilden Bäche in Hessen, das das Umweltministerium aus alten Mitteln neu gebaut hat, ein paar Wehre zu Fall bringen. An der Modau nicht, sie ist dafür nicht vorgesehen. Doch gerade in Eberstadt, im Darmstädter Stadtgebiet, so lerne ich in weiteren Recherchen und Begegnungen, müsste man dem Fluss helfen, seine alten Gesichter wiederzubekommen.

Verdeckte Städterin. »So richtig haben die Darmstädter die Modau nie als ihren Fluss angesehen; die denken bei der Modau an den Odenwald«, sagt Wasserautor Thomas Deuster. »Eberstadt besaß schon immer eine große Eigenständigkeit – und liegt eben auch etwas weiter weg vom Darmstädter Zentrum«, sagt der Urdarmstädter, der die Modau sehr gut kennt. Auch sie kommt als Stadtfluss in seinem Buch zu Darmstadts Gewässern vor, das der Gewässerliebhaber 2018 neu auflegte.

Für einen weiteren Darmstädter Modaukenner ist Eberstadt »eigentlich das Herz der Modau«. Denn hier beginne theoretisch die »Äschenregion«, sagt Gewässerbiologe Thomas Bobbe, der sein Büro im Darmstäter Martinsviertel hat. Im Biologielehrbuch folgt auf die Forellenregion die Region der Äsche, eines unschuldig dreinschauenden, edlen Verwandten der Forelle mit einer großen, fahnenartigen Rückenflosse. Sie stellt hohe Ansprüche an das Wasser und reagiert empfindlich auf Schmutz, Gifte und fehlende Kiesbetten zum Laichen – daher fehlt sie in der Modau wie in vielen anderen Flüssen auch. Versuche, die Äsche in der Modau anzusiedeln, scheiterten. Der sonst eher nüchterne Forscher Bobbe gerät bei der Äsche ins Schwärmen: »Mit ihr könnten wir die Modau in Eberstadt zum Leben erwecken, sie wäre breiter, kurviger, wilder.« Wolle man die Äschenregion »entwickeln«, so Bobbe, müsse aus dem Staubecken in Ober-Ramstadt ein Trockenbecken werden. Dann käme der Kies, käme die Strömung. Thomas Bobbe geht noch weiter in seiner Modauvision, spricht von einem Gewässerlehrpfad in Eberstadt, von Kindern, die am Ufer spielen. Und von der Artenvielfalt, die in Eberstadt die größte bei den Fischen wäre.

Hier, wo die Modau das Mittelgebirge verlässt, kommen schon heute neue Fischarten dazu wie etwa der Döbel, ein kluger Allesfresser, der in kleinen Schwärmen umherzieht und im Gegensatz zur Äsche kein Salmonide, Verwandter der Forelle, sondern ein karpfenartiger Fisch ist, ein Cyprinide. Er würde mit den wandernden Arten vorkommen, die zur Modau gehören, jetzt aber fehlen – ganz oder fast überall, weil der Fluss zu dreckig und zu stark verändert ist: Äsche, Bauchneunauge, aber auch kleinere Fische wie die Elritze oder die geschützte Groppe. Dazu kämen eigentlich Wasserinsekten wie die Steinfliegenlarven, die sehr sauberes Wasser mit viel Sauerstoff brauchen. »Insgesamt«, so schreibt Thomas Deuster in seinem Buch, könne der Nachweis schöner Forellen und anderer Arten »nicht über den Zustand des Flusses hinwegtäuschen«. Trotz dieser guten Nachrichten hat die Modau weiterhin große Probleme. Diesen Problemen sind wir weiter auf der Spur – und werden hier in Eberstadt noch nicht die letzten Antworten finden. Im Ried zeigt sich die Modau noch mal ganz anders, und hier sitzt der Wasserverband Modau, von dem ich mir finale Antworten auf meine Fragen erhoffe.

Es gab einmal mehr Ideen für den Fluss: Thomas Bobbe war dabei, als Kreativität für die Modau herrschte, Aufbruchsstimmung da war bei den wenigen Experten. Es war Anfang der 2000er-Jahre, in den ersten Jahren der Wasserrahmenrichtlinie. Da gab es bundesweit nicht nur viele neue Pläne, wie ihre Ziele umgesetzt werden können. Sondern auch, wen man alles dazu braucht. Und wie man all diese »Wassermenschen« nun zusammenbringt für neue Wege, einen Fluss und das Grundwasser in seinem Gebiet nachhaltig zu bewirtschaften. Die Modau sollte dafür 2005 mit einem »Pilotprojekt« ein deutschlandweites Vorbild sein, für das das Regierungspräsidium zwei Ingenieurbüros, darunter Thomas Bobbe, und die TU Darmstadt beauftragte. Es gab neun Arbeitsgruppen, etwa für Düngung, Begrünung, Tierhaltung oder Erosion. Und für die Beratung aller, die im neuen Modauplan eine Rolle spielen sollten – also etwa Angler, Bauern, Umweltverbände, Wasserversorger, Mühlenbetreiber, Mühlen- und Wirtschaftsverbände sowie die zuständigen Abteilungen von Kommunen, Landkreis und Regierungspräsidium für die Themen Wasser, Fischerei, Natur und Landwirtschaft. Es war ein Kraftakt, der trotz aller Energie und neuer Vernetzung mit Beteiligungswerkstätten und einem Gewässerbeirat keine sichtbaren Spuren hinterlassen hat.

Der Wasserverband sei eben überfordert, die Ideen von damals umzusetzen, meint Thomas Bobbe heute. »Wir brauchen für vieles Randstreifen an den Ufern, also Flächen – da müssen die Behörden einfach aktiver werden.« Es ginge nur über Flurbereinigungen, die das Regierungspräsidium und das Amt für Bodenmanagement planen – mit dem Kauf und dem Tausch von privaten gegen öffentliche Grundstücke. »Wenn eine Straße oder Autobahn gebaut wird, geht so etwas ganz schnell«, sagt Bobbe. »Bei unseren Flüssen geht es dagegen offenbar nur sehr schwer; das ist eine Sache des Willens«, so Bobbe. Es ist kaum mehr etwas im Internet zu finden über das Modaupilotprojekt – was auch generell für die Modau abseits der Mühlengeschichte gilt. Auch von der Darmstädter Pressestelle erfahre ich nicht viel über den

Fluss im Stadtgebiet, dafür aber wiederum auf Schautafeln und in den Berichten und Bildern der Heimatforschung oder der Naturfreunde, die den Eberstädter Uferweg angelegt haben.

Der Uferweg. Nach der Kaisermühle steigen wir in den schönsten Uferweg ein, den die Modau hat und der ab dem Eberstädter Rathaus als »Naturpfad« mit Schautafeln weitergeht. Es ist eine Promenade, die in den späten 1980er-Jahren angelegt wurde mit dem Blick für und auf den Fluss. Nirgendwo sonst hat eine Kommune so viel Beziehung zur Modau hergestellt wie hier auf diesem schönen Pfad, der bis ans Ortsende immer entlang des Flusses führt – mit vielen offenen Stellen, Bänken und Informationen: Die Modau hat über die Jahrhunderte die Äcker mit ihren Hochwassern fruchtbar gemacht, weil sie immer wieder neue Erde und Sand anschwemmte und so der Ackerboden immer wieder neue Kraft bekam.

Auf dem Uferpfad fühlen sich die Menschen wohl. Hier stoße ich bei einer Exkursion mit meinen Studierenden auf zwei Leiter der Eberstädter Arbeitsgruppe für Achtsamkeit, die Plätze am Ufer suchen, an denen sie am Wochenende mit Seminargästen meditieren können. Die Modau als Meditationsort – damit hatte ich nicht gerechnet und komme so wieder ins Grübeln, wie man den Fluss mit Umweltbildung, Ökotourismus und regionalem Stolz verbinden könnte.

Ins Gespräch kommen wir am Uferweg schnell. Denn da sitzt plötzlich eine entspannte Spaziergängerin samt Hund, die uns am »Rastplatz am Rauschenden Bach« förmlich erwartet und dabei etwas Edles, fast Altenglisches ausstrahlt: Gertrude Kothe, die seit 40 Jahren in der nahen Engelsmühle wohnt, die sie in einer Art »Liebe auf den ersten Blick« entdeckte. Sie schwärmt von den Wiesen hier an der Modau, der Landschaft in Eberstadt und dem Wohnen in einer alten Mühle, spricht ruhig und offen und strahlt dabei eine fließende Souveränität und Lebensfreude aus, während ihr Hund an der Leine zieht und die Modau hinter ihr laut rauscht. Dann erzählt Kothe noch von einer Flut, bei der das Wasser in die Koppenmühle, dem Pendant zu ihrer Engelsmühle am anderen Ufer, schoss, deren stillgelegte Turbinenrad erfasste und so ein riesiger Wasserschwall von innen die Mühlen erfasste, sodass ihre Mauer »mit rauschendem Krach in die Modau gestürzt ist«.

Massensterben. Der Uferweg führt vorbei an vielen Brücken über die Modau, die aber in Eberstadt in keinem guten Zustand sind; Anwohner beschwerten sich, die Zeitung berichtete öfter. Noch immer hat sich nicht viel getan, als ich mit meinen sieben Flussreportern hier entlanggehe. Allerdings seien Beschlüsse für die Reparaturen schon erfolgt, teilt die Stadt auf Anfrage mit.

Wenig tut sich auch bei dem Versuch, die Schuldigen von großen Verschmutzungen samt Fischsterben festzumachen, auf die wir bei den Recherchen entlang der Modau erstaunlicherweise stoßen. Gerade Eberstadt ist dabei ein Thema, denn am 15. September 2012 sammelte die Feuerwehr hier zentnerweise tote Bachforellen aus dem Fluss – ein Fischsterben, offenkundig durch eingeleitete Gifte. Der Fischereiverband stellte Strafanzeige, die Staatsanwaltschaft begann zu arbeiten, ein Betrieb wurde durchsucht, die Forellen zur Obduktion an das Gießener Veterinäramt geschickt. Es gab eine Durchsuchung, das LKA analysierte die Wasserproben – aber letztlich blieb alles ohne Ergebnisse, obwohl nach einem Elektrofischen alles darauf hindeutete, dass die Schuldigen flussauf im Mühltaler Gewerbegebiet zu suchen waren. Fest stand nur, dass fast 400 Forellen starben, teils mit grün verfärbten Kiemen. Das Labor wies einen Duftstoff im Wasser nach, der auch in Wasch- und Reinigungsmitteln vorkommt.

Das war keine Ausnahme: Fünfmal hat jemand in den vergangenen zehn Jahren die Modau mit roter und grauer Farbe, Gülle und anderen Stoffen verseucht. Zuletzt 2015, wie die Statistik zeigt, die uns der Landkreis schickte. Massenhaftes Fischsterben, Abwässer, die alles vergiften – das lässt an die 1970er- und 1980er-Jahre denken, als Fäkalien oft ungeklärt in die Flüsse gelangten und Fischsterben normal waren.

Ganz vorbei sind diese Zeiten immer noch nicht, trotz vieler Kläranlagen, die überall nach dem Chemieunglück in der Baseler Fabrik Sandoz 1986 gebaut wurden. Die Firma, die heute zum Pharmakonzern Novartis gehört, zahlte zwar 27 Millionen Euro Schadenersatz, dingfest gemacht wurde aber niemand – außer zwei Feuerwehrleuten.

Die heutigen Sünder entlang der Modau bleiben auch unbestraft, weil die Suche nach ihnen im Flusssand verläuft. Oder in Verwaltungszimmern, darauf zeigt die Antwort der Darmstädter Staatsanwaltschaft auf unsere Anfrage: »Die Fälle sind – auch unter Angabe der Aktenzeichen – im System nicht zu recherchieren.« In zwei Fällen sind die Namen der Firmen oder Personen bekannt – ob es Strafen gab, ist nicht zu klären. Und dreimal blieben die Ermittlungen ohne jegliches Ergebnis.

Die Dunkelziffer der Unfälle liegt aber sicher höher. Denn es gibt nur sehr wenige Menschen, die in ihrer Freizeit oder von Berufswegen aufmerksam nach der Modau schauen, das ist eines der Hauptergebnisse unserer Recherchen. Außerdem sind die Kontrollen an ihren Ufern schlechter geworden. Denn gelangt Gift in den Fluss, müssen die Gewässerproben möglichst schnell genommen und dann möglichst frisch untersucht werden – von einer Fachkraft im Labor. Vor rund zehn Jahren war das entlang der Modau gewährleistet, wie Horst Avemarie vom Landkreis Darmstadt-Dieburg erklärt. Damals habe es klare Zuständigkeiten bei Polizei, Staatsanwaltschaft und Regierungspräsidium gegeben, sodass bei einer Meldung »schnell jemand am Fluss war«. Dann gab es Umstrukturierungen, so Avemarie. »Heute sind wir oft zu langsam, das muss wieder besser werden, zum Wohl der Modau.«

Nichthinsehen? Bei den Recherchen zu den Fischsterben kommt von der Seite an anderer Gedanke: Was wäre, wenn wir alles ließen, nicht im Detail über diesen Fluss schrieben, akzeptierten, wie er ist, vielleicht mal hineinschauten? Aber was wäre es dann? Es wäre vergessene Geschichte, versagtes Entdecken der Herkunft, unentdeckte Schönheit, nicht gehobene Schätze von Wissen und Erfahrung. Es wäre eine Sichtweise, die der Natur so lange nicht gutgetan hat. Es wäre, das Wasser einfach fließen zu lassen. Geht das noch? Sicher. Aber das Wissen um die Flüsse, Wälder und Felder mit ihren eigenen Prozessen der Veränderung, ihren Arten und Aufgaben im Wirkungsgefüge der Ökosysteme, es schwindet. Sehr schnell.

Deshalb ist es an der Zeit, möglichst viele Beobachter auszusenden, um den schwindenden Landschaften zuzusehen, sie anzuhören, sich in sie einzuspinnen und sie anzusprechen; vor allem über das Wissen hinaus, von dem wir genug haben, um zu sagen, dass es an der Zeit ist, alle Sinne zu öffnen hin zu den Landschaften. Und dann die Ergebnisse zu senden, zu zeigen, aufzuschreiben, in Ausstellungen zu packen, auf die Straße zu geben, überall dorthin, wo das Gespürte und anders Erfahrene Chancen hat, einen Wandel herbeizuführen. Da kommt es auf die Kunst an, die Poesie, die Wissenschaftskommunikation, einen Vor-Ort-Journalismus, sie alle können Übersetzer der Landschaften und ihrer Sprachen sein, ihrer Botschaften, die wir noch nicht kennen. Und davon dürfte es viele geben. Denn wenn jemand leidet, schreit er. Oder er schweigt bis zum Ende. Wir haben, über den analytischen Verstand hinaus, die Sinne, um beides zu verstehen.

Pirat im Baum. Auf der Flusswanderung begegnet uns dann am Ende der Etappe überraschend Goethe: Unweit der Modaubrücke im Zentrum steht eine Tafel, wo einst das Gasthaus »Zum Ochsen« stand. Hier kehrte Goethe am 30. Oktober 1775 auf seiner Reise nach Italien ein und begann, sein Tagebuch zu schreiben – an den Ufern eines damals noch wenig begradigten Flusses, an dessen gerades Stein- und Betonkleid man sich dann über die Jahrhunderte gewöhnt hat: »Die Modau hat sich nach den schlimmen Zuständen der sechziger und siebziger Jahren einer ganzen Generation als totes Gewässer eingeprägt«, heißt es in einem Bericht der Hegegemeinschaft Modau. »Deshalb ist das Bewusstsein für ein gesundes und lebendiges Fließgewässer und somit die Verbundenheit mit ihrer Modau oft nicht vorhanden.« Mehr direkte

Verbundenheit gab es in Eberstadt noch, als in das hiesige Schwimmbad Modauwasser floss. Es lag am Fluss und wurde im Volksmund »Flohbad« genannt, weil es so klein und eng dort war. 1959 wurde es vom heutigen »Mühltalbad« abgelöst, das seinerzeit wegen seiner modernen Formen und des Sprungturms ein bundesweites Vorzeigebecken war.

Wir fahren zurück mit der Straßenbahn nach Darmstadt, wobei ich mich noch kurz vorher in den Eberstädter Tauchladen aufmache, um mit dem Besitzer unangemeldet über die hessische Seenlosigkeit zu sprechen. Er hat nicht viel Zeit, erklärt mir aber, dass die »nahen Seen«, in denen er seine Kurse anbietet, in Rheinland-Pfalz liegen. Denn mit der Schließung des Nieder-Ramstädter Steinbruchs sei die Tiefe weggefallen, die er für seine Arbeit brauche. Kurz schwärmen wir beide von der Aura dieses Sees, bevor meine Bahn fährt und er weiter einen angehenden Taucher beraten muss.

Bei einer meiner letzten Wanderungen alleine bin ich noch weiter durch Eberstadt gezogen, habe den ersten großen Döbel entdeckt und dann viele Kinder, die eine längere Zeit, vielleicht eine halbe Stunde, um mich herumrannten, Wettrennen machten und mit zwei Müttern kleine Rasten. Ich freute mich über ihr freies, unbefangenes Flussinteresse, bis ich dann später, bei der Waldorfschule und auf das Autobahnkreuz zu, einen Mann im roten Frack, schwarzer Hose und mit einer roten Mütze auf einem großen Ast mitten über dem Fluss sitzen sah. Er hatte eine rote Fahne an einem Ast gehisst. Natürlich sprach ich den Baumpiraten an, der mir nur sehr knapp mit einem niederländischen Akzent antwortete, er sitze hier einfach so. Ihm gehe es gut. Ich begriff, dass er ein Spiel spielte, sodass ich noch mehr Fragen stellte, woraufhin er nur sagte, dass er der Pirat im Baum sei und die Schatzsucher ihn finden müssten. Da erst begriff ich, dass er der Vater war, der den Schatz für den Kindergeburtstag am Fluss oben im Baum versteckt hatte; die Kinder von der Promenade sollten ihn finden. Und da kamen sie auch schon in der Ferne, weshalb ich noch schnell grüßte und weiterging, auf Pfungstadt zu, über die Bundesstraße und unter der Autobahn A5 hindurch, immer an der Modau entlang, die mir hier dann aber hinter dem Mülllager einer Recyclingfirma entschwand.

8

Schließlich die Ebene

Durch Pfungstadt. Kurz nach der Eberstädter Kläranlage, durch deren Gelände die Modau für mich unerreichbar fließt, sehe ich von der Straße aus plötzlich einen zweiten Fluss. Ich schaue auf die Karte und finde heraus, dass es der Sandbach sein muss, der hier von der Modau abzweigt und im 15. Jahrhundert gegraben wurde, um Hochwasser aus der Modau in den Rhein zu leiten. Am Sandbach »verliert die Modau auch viel Wasser, die Hälfte ihrer Kraft, weil sie sich nun in Modau und Sandbach aufteilt«, hatte der Heimatforscher Erich Kraft aus Eberstadt noch am Telefon erzählt.

Der Sandbach fließt in hohen Dämmen dem Erfelder Altrhein entgegen, wo er als »Schwarzbach« mündet. 2018 beschlossen der Wasserverband und die Stadt Pfungstadt, den Sandbach teils zu renaturieren. Viel wäre zu tun in der Gegend, denn ob Sandbach, Fanggraben, Eingangsgraben, Landgraben oder Rotgraben – alle Bäche im Ried sind künstlich angelegt bis auf den Lohreingraben, der in einem alten Neckarbett fließt. Der Neckar mündete bis vor rund 9000 Jahren bei Trebur in den Rhein, änderte dann aber seinen Verlauf und schiebt sich heute 50 Kilometer südlich bei Mannheim in die größere Flussschwester.

Der Weg führt weiter weg von der Modau und nach der Galgenmühle, benannt nach dem nahen großen Pfungstädter Holzgalgen aus dem 14. Jahrhundert, auf Bahngleise, die ich überquere, und dann auf einen hohen Pfad mit Blick hinüber zur Bergstraße, auf dem ich der Stadt entgegenmarschiere in der Hoffnung auf neue Flussgesichter. Doch auch in Pfungstadt ist die Modau meist in Stein und Mauern gefasst, um mögliche Hochwasser zu verhindern. Mir fällt der viele Müll auf, der im Stadtzentrum liegt, in dem die Modau aber oft fast wie ein Dschungelfluss wirkt, so überwachsen, dass man kaum hindurchsehen kann. In keiner anderen Gemeinde hat sie solch ein dichtes Blätterdach, das das Wasser bei Hitze kühlt und Fischen Schutz und Verstecke bietet. Andererseits bilden viele Äste und Baumstämme Barrieren im Wasser, an denen sich viel Müll sammelt – zum Leidwesen mancher Anwohner, die gerne einen sauberen Fluss vor der Haustür hätten.

Die Modau verschwindet in Pfungstadt unter Tage und kommt dann kurz hinter der Brauerei, an der Mühlstraße, wieder in die Welt, unweit der Büchner-Villa, die der jüngere Bruder von Georg Büchner, der Fabrikant Wilhelm Büchner, um 1865 bauen ließ. Dort steht in der Kaplaneigasse Wilhelm Huxhorn und lehnt sich an das Geländer zur Modau. Er ist ein Pfungstädter Urgestein, Rentner, Angler und Modauanwohner, der im Fluss Schwimmen gelernt hat, mit selbstgebauten Floßen darauf fuhr. »Weil damals noch viel mehr Wasser drin war«, sagt der Mann mit dem Schnauzbart und der Glatze schon etwas erbost. Dabei füttert er die riesigen Fische, die sich in Massen unter uns in der schmalen, höchstens armtiefen Modau aufgetürmt haben, die hier wieder aus der Versenkung an die Oberfläche kommt: Döbel, Dutzende große Barben und sogar Karpfen formieren sich zu einem dichten Schwarm, so, als wären sie alle zu einer Demonstration gekommen, um zu zeigen, dass sie da sind, dass es ihrem Fluss nicht gut geht, dass es eng für sie hier ist. Die Barbenregion, ein neuer Flussabschnitt, hat begonnen – und er lässt an Georg Büchner denken, nach dem mein Gymnasium benannt war und der unten am Altrhein in Erfelden die ersten Jahre aufwuchs, nach Darmstadt zog und dann später in Straßburg seine Dissertation zum Nervensystem der Barbe in Vorträgen vorzustellen.

Huxhorn ist schon drei Gedanken weiter: Dreckig sei das Ufer, zu viel Holz liege drin, aber auch Flaschen und alles andere. Und dann die überhängenden Bäume und Sträucher überall. »Keiner kümmert sich darum«, sagt er und spricht von der Verantwortung der Stadt und des Angelvereins, der Modaupächter ist. Und wieder ist dieser Drang nach sauberer, aufgeräumter Natur da – von einem, der sich tief mit der Modau verbunden fühlt, an ihren Ufern aufgewachsen ist. Der Rentner ist aber noch nicht am Ende mit seinen Wassersorgen, denn früher sei es oft ins Pfungstädter Moor gegangen, das aber kein richtiges Moor mehr sei. Früher seien viele Vögel da gewesen, er habe als Kind Kaulquappen dort gefangen. »Da wurde so viel Wasser abgeleitet, fast alles ist trocken«, schimpft Huxhorn. Das Naturschutzgebiet des Pfungstädter Moores entwickelte sich aus einer alten Neckarschleife heraus, die dann verlandete; Torf wurde hier abgebaut, das Schilf für Dächer und Matten genutzt. Doch weil dem Ried und der Landschaft um Pfungstadt immer mehr Wasser abgezweigt wurde, drohte das Moor trockenzufallen. Heute kommt Rheinwasser über Gräben und Schöpfanlagen hinein, was die Reste des einst viel größeren Moores am Leben hält.

Huxhorn schweigt jetzt, hat sich genug echauffiert. Sagt dann doch noch mal, dass auch auf dem Grund viel zu viel Dreck liege. Doch ich muss weiter, laufe an der Betonmodau entlang in die Stadtmitte, zum Rathaus und zu Schautafeln mit den Mühlen, die für Pfungstadt wichtig waren. 18 Mühlen gab es hier im Mittelalter und der frühen Neuzeit laut Wolfgang Roth, dem Vorsitzenden des Eschollbrücker Vereins für Heimatgeschichte. Um die Mühlen noch besser mit Wasser zu versorgen und die Stadt vor den häufigen Modauhochwassern zu sichern, ließen die Regenten Zu- und Abflüsse anlegen wie etwa den Sandbach. Etwas später taucht wieder der Landgraf Georg I. auf: Er wollte das feuchte Ried entwässern und ließ weitere Gewässer anlegen wie den Landgraben, über den auch der Torf aus dem Pfungstädter Moor verschifft wurde. Und in der Modau begann er eine Karpfenzucht für den Hof in Darmstadt.

Die Karpfen sind wieder da, obwohl sie wahrscheinlich jemand eingesetzt hat. Beobachten kann man sie im Stadtzentrum an den tieferen Stellen wie bis zum Sommer an dem Absturz in der Kirchstraße. Hier aber musste die Ufermauer mit Baggern für 300 000 Euro aufgerissen und saniert werden; Betonstäbe geben nun zusätzlichen Halt. Denn fast wäre hier die Mauer gebrochen, weil Ratten vom Fluss in die Modaumauer krochen und sie mit ihren Gängen von innen ausgehöhlt hatten – eine Gefahr, gerade bei Hochwasser. Die Stadt rief den Fischereibiologen Rainer Hennings dazu, um die Fische zu fangen, die am Absturz ihren Standplatz hatten. »Der Modau in Pfungstadt geht es besser als vor 25 Jahren. Die Wasserqualität ist besser geworden«, sagt Hennings. Bei den Strukturen der Ufer müsse aber noch mehr geschehen – etwa mit sogenannten Störsteininseln. Das sind für die Wasserbauer und Ökologen große Steine, die Verstecke bieten, an denen sich dann das Wasser bricht und Kies anlagert. Sonst könne man in der Stadt wenig tun, da müsse man realistisch bleiben.

Es gibt nicht nur die Ratten, die die Modau verändern. Eine andere Art wird den Fluss künftig wohl noch stärker verändern: der Kalikokrebs. Er kommt aus Nordamerika und ist im Rheinsystem zu einem »sehr effizienten Allesfresser geworden«, wie der Krustentierforscher Alexander Herrmann in der *Zeit* erklärte. Womöglich setzten bei Baden-Baden kanadische Soldaten, die die Krebse von zu Hause als Angelköder mitgebracht hatten, im Rhein aus. Hier frisst er alles um sich herum: Amphibien und ihren Laich, Kaulquappen und auch Wasserpflanzen, was ein besonderes Problem ist. Denn mit ihnen fressen die Kalikokrebse auch Arten wie Wasserschnecken, Käfer und Libellen samt deren Eiern weg. Und auch den Lebensraum an sich, den Wasserpflanzen für Flussinsekten und die Fische bedeuten. Ein Krebsweibchen gebiert im Jahr 500 Junge. Und die Krebse laufen auch über Land, um neue Reviere zu erobern. Im Hessischen Ried und den Erfeldener Altrhein ist er schon angekommen, wie Rainer Hennings berichtet. »Er wird die Modau erreichen. Und das kann große Probleme verursachen«, sagt der Biologe, der gerade mit Reusen im Erfelder Altrhein nach dem Krebs fischt.

Alle warten auf den Biber. Dann gibt es noch die Geschichte von einem Tier, auf das wir erst zum Schluss unserer Reise und Recherche stoßen – ganz überraschend in der Amtsstube im Ried. Und dann ganz unverhofft doch noch in der Modau. Die Rede ist vom Biber, dem die Hoffnungen gelten und der die Dinge am Fluss verändern wird. Doch der Reihe nach: Wir fahren zunächst zum Wasserverband Modaugebiet nach Groß-Gerau, um Fragen zu klären mit denen, die namentlich für den Fluss und seine Zuflüsse zuständig sind. Der Wasserverband Modaugebiet ist für Hochwasserschutz, Gewässerpflege und Umweltschutz an seinen Gewässern zuständig. Der Verband hat ein Einzugsgebiet von 243 Quadratkilometern, in denen 140 000 Menschen leben. Auch wegen der dichten Besiedlung ist der Druck auf die Modau und ihre Zuflüsse so stark, sind Landwirtschaft, Abwässer und Abfälle mehr als anderswo ein Faktor. Der Wasserverband verwaltet drei Stauseen und kümmert sich – immer zusammen mit Kommunen, Kreis und Regierungspräsidium – um Zehntausende Uferkilometer an seinen Gewässern. Pfungstadt hat die längsten Ufer mit 32 000 Kilometern vor Ober-Ramstadt mit 18 600 und Mühltal mit 18 415 Kilometern.

Am Tisch sitzen Herr Möhrle und Herr Dingeldein, zwei erfahrene, aufgeschlossene Wasserplaner, die sich offen für die Rückkehr der Natur zeigen – wenn es nicht dem Hochwasserschutz entgegensteht, der die Deiche an der Modau im Ried braucht. Und wenn der Naturschutz an der Modau bezahlbar bleibt und nicht harsche Konflikte bereitet, gerade mit Landwirten, von denen man im Ried Flächen kaufen müsste. »Und an die Spargeläcker da kommen wir einfach nicht«, sagt Georg Möhrle. Pragmatismus scheint im Interview durch, der seine Gründe hat: erstens zu wenig Geld, um die großen Aufgaben der Wasserrahmenrichtlinie anzugehen. Eine Million Euro hat der Wasserverband als Jahresbudget. »So viel, wie es kostet, das Rückhaltebecken in Ober-Ramstadt abzulassen und zu entschlammen«, sagt Georg Möhrle.

Dann sind da die Erfahrungen mit den Mühen der Ebene: Bis der Landbach bei Bickenbach wieder natürlicher instand gesetzt wurde, vergingen 20 Jahre. Für die ganze Pfungstädter Modau lag lange ein Papier zur Renaturierung in den Schubladen, nur Geld gab es dafür nie.

Deswegen hält es Geschäftsführer Georg Möhrle, wie bereits erwähnt, auch »für realistischer, die Modau im Oberlauf zu renaturieren, wo man noch leichter Flächen aufkaufen kann«. Im Ried, so sagt er, sei das kaum realisierbar. Hier müssten die Dämme der Modau auf langer Strecke eingerissen werden, befindet Möhrle in einer Stellungnahme an das Land. Auch gelte es zu bedenken, dass der Fluss dann tiefer gelegt werden müsste, was aus Sicht des Hochwasserschutzes nicht möglich sei. Dennoch bedauert Möhrle mehrfach, dass der Fischfauna in der Modau »ja das Wohnzimmer fehlt«, weil manche wandernden Arten nicht dort laichen könnten, wo sie es eigentlich täten.

Modauökologen wie Karl Schwebel und Rainer Hennings sind anderer Meinung: Sie wollen, dass der Unterlauf renaturiert wird, egal, wie schwierig es ist. »Dort, wo es ihr besonders schlecht geht, muss man ansetzen«, sagt Schwebel. Auwiesen am Ufer des Flusses, der in Kurven dahinfließt, dazu kleine Tümpel und Erlenwälder – Schwebel malt ein anderes Bild vom Unterlauf, passend zu dem, das Thomas Bobbe flussaufwärts vom Mittellauf der Modau hat. »Würden wir ihr im Ried nur 50 Meter schenken auf jeder Seite – sie hat großes Potenzial«, sagt Schwebel. »Man müsste Deiche zurücksetzen und der Modau im Ried mehr Freiheit und Bewegung geben«, fordert auch Rainer Hennings. »Sie würde dann hin- und herpendeln, sodass ein geschwungener Verlauf entsteht mit all seinen Vorteilen für Flora und Fauna.« Hier seien der Wasserverband Modau und die Kreispolitik gefragt – in Darmstadt-Dieburg, aber auch in Groß-Gerau. »Da passiert einfach zu wenig«, so Hennings.

Es ist ja alles ist keine Frage des Wollens, sondern des Müssens. Bis 2027 sollen die Gewässer in der EU in gutem Zustand sein, das heißt auch, dass sie »durchgängig« sein müssen für Wanderfische. Sonst drohen Deutschland Klagen. Die Experten, mit denen wir sprechen, wissen, wie aussichtslos die Lage an der Modau und ihren Zuflüssen ist – 107 schwer oder nicht zu überwindende Hindernisse für Bachforelle und all die anderen im Jahr 2019. Das ist die Realität. »Nicht zu schaffen, vom Personal und von den Mitteln her«, sagt etwa Georg Möhrle. Das hessische Umweltministerium, das wir dazu befragt haben, ist bei dieser grundlegenden Frage zuversichtlich und verweist auf den Erfolge der vergangenen fünf Jahre: zwölf »Wanderhindernisse«, an denen »die Durchgängigkeit hergestellt« wurde.

Insgesamt seien die 107 Hindernisse bis 2027 zu machen, teilt das Ministerium mit und glaubt fest an die Machbarkeit der eigenen Pläne: »Da die Umsetzungsplanung vorliegt, wird eine Umsetzung für machbar erachtet«, heißt es in der Antwort. Zudem gebe es in den Behörden, die sich um die Modau kümmern, »grundsätzlich eine angemessene Stellenzahl und ausreichend Mittel«, wobei das Land auf die Zuständigkeiten der Kommunen und des Wasserverbands verweist und noch die ganzen Fonds, Programme und andere Hilfen auflistet, die den Kommunen und der Modau zugutekommen. Das Heppenheimer Amt für Bodenmanagement, zuständig für den Kauf von Flächen bei Renaturierungen, antwortet auf die Anfrage ausweichender: Priorität habe derzeit vor allem das Landesprogramm »100 Wilde Bäche für Hessen«, zu denen die Modau nicht gehört. Außerdem leide die Arbeit der Behörde unter Nachwuchs- und Fachkräftemangel, sodass offene Stellen nicht besetzt werden und so auch für die Wasserrahmenrichtlinie und die Modau »gewisse Umsetzungshindernisse mitbeeinflusst werden können«, wie das Amt schreibt.

Die Recherche zeigt insgesamt, dass zwischen den Plänen und der Realität neun Jahre vor Ende der Frist für die Wasserrahmenrichtlinie, an der Modau noch sehr große Lücken klaffen – oder mehr als 100 Hindernisse, die noch wegmüssen. Die Experten sind wenig optimistisch – mit einer Ausnahme: Sie hoffen auf einen Landschaftsarchitekten, der Flüssen verändern kann, den Biber. »Wir warten auf ihn«, sagt Georg Möhrle überraschend im Interview. »Denn er darf, was wir nicht können.« Und meint damit, die Modau zu renaturieren, ganz spontan, egal, wo und wem sie gehört. Entlang der Gersprenz und ihren Zuflüssen hat sich der Biber längst ausgebreitet und die Bäche umgestaltet. An der Modau gab es bis 2019 noch keine Biber; einer wurde 2016 in Mühltal überfahren. Vermutlich wanderte er die Modau von der Mündung in den Altrhein flussaufwärts. Auch in Ober-Ramstadt landeten schon junge, wandernde Biber aus dem Gebiet der Gersprenz. Doch sie wurden überfahren.

Während der Recherche dreht sich aber das Bild: Im Juni 2019 schickte ein Nieder-Ramstädter über die Facebook-Seite Mühltals Bilder von einem Biber an die Gruppe – mit Zweigen im Maul. Für Experten wie den NABU-Mann Karl-Heinz Waffenschmidt war gleich klar, dass es *Castor Fiber* war und keine Bisamratte, das Nutria, mit der ein Biber oft verwechselt wird. Dann waren erste kleine Bäume in der Modau gefällt vom Baumeister der Flüsse, der sich in Nieder-Ramstadt somit ein Revier gesucht hat. Damit ist geschehen, was der Biberbericht des Landkreises am Schluss vorhersagte, dass der Biber die Modau bald besiedeln werde. Es wird Beschwerden und Probleme geben, wie an der Gersprenz, wo die Biber Tennisplätze überflutet haben.

Deshalb sollten die Behörden über Biberberater nachdenken, sagt der Naturschützer Waffenschmidt. In Bayern, wo es 25 000 Biber gibt, vermitteln rund 400 ehrenamtliche Berater, wenn ein Sportplatz unter Wasser steht, ein Bauer mit seinem Traktor entlang eines Damms eingebrochen ist oder der Nager Obstbäume in der Nachbarschaft gefällt hat. Gleichzeitig erschafft der Biber neue Gewässer – und die versetzen die Flüsse in ihren alten Zustand zurück. An seinen Teichen gibt es daher mehr Arten als an künstlichen. Zudem sind sie Wasserspeicher, wenn kleine Bäche sonst trockenfallen – ein wichtiger Faktor gerade bei den zunehmenden Klimafolgen, die Dürre und Trockenheit für viele kleine Gewässer bedeuten können. Biberteiche können dann Refugien und Rückzugsorte sein, an denen die Artenwelt der Flüsse Kraft tankt und weiterlebt – auch an der Modau, die der Biologe Hennings als »gerade Rennstrecke im Ried bezeichnet«. Hier bestehe »dringender Handlungsbedarf«. Bevor ich mich für die letzte Etappe in die Ebene des Rieds werfe, will ich noch mit einer eigenen Spezies der Wassermenschen über den Fluss sprechen – den Klärwerkern.

Klärbesuch. Die Modau passiert vier Kläranlagen, in Pfungstadt stoße ich auf Interesse mit meinen Anliegen und kann das Werk besuchen. Bei einem Rundgang in der Pfungstädter Kläranlage beschreibt mir der

Klärmeister die neueste Technik der drei Reinigungsstufen. Die vierte Stufe, die nun wegen neuer Belastungen wie Arzneimittelrückständen und Mikroplastik diskutiert wird, sehen er und sein Chef Thomas Fischer, Leiter des städtischen Bauamtes, kritisch: »Niemandem ist klar, welche Vorgaben es für Stufe vier gibt«, sagt er. In der Tat ist bei der »vierten Stufe« nichts geregelt: wer zahlt, was genau gefiltert werden soll, ob es eine Gesetzespflicht für alle Anlagen gibt, welche Rolle der Bund einnimmt. Rechtlich sind die Länder derzeit zuständig. Nur Weiterstadt und Bickenbach planen derzeit im Landkreis die vierte Stufe der Kläranlage; die Stadt Darmstadt will dies mittelfristig angehen.

Der Klärwerker macht sich andere Sorgen: »Mein Wunsch wäre, dass wir keine Medikamente mehr in die Toiletten bekommen, auch keine Damenbinden, Feuchttücher, Essensreste. Das verstopft unsere Pumpen.« Wir gehen von Becken zu Becken, und ich notiere sehr eilig viele technische und chemische Details, und leidenschaftlich erklärt der Klärmeister sein Handwerk in allen Feinheiten.

Im Laborraum, der an die Büros angeschlossen ist, sieht eine Mitarbeiterin gerade im Mikroskop nach, ob die Bakterienkulturen, die Ammonium, Phosphate und Nitrat aus dem Wasser lösen, in gutem Zustand sind. Das geschieht freiwillig, denn in Hessen sind diese Kontrollen nicht mehr vorgeschrieben – im Gegensatz zu anderen Bundesländern, wie mir Thomas Fischer berichtet.

»Der Modau«, sagen die beiden Klärfachmänner dann zum Schluss auf meine Standardfrage nach der Befindlichkeit des Flusses, gehe es gut. »Sonst wären ja keine Fische drin.« Insgesamt betonen sie die Fortschritte: weniger Phosphate durch neue Waschmittel, keine farbigen Einleitungen mehr aus Fabriken. »Viel mehr können wir hier nicht mehr machen«, sagt Thomas Fischer. Zu Unrecht werde dennoch »vieles auf uns abgewälzt«. Die hohen Nitrateinträge in die Gewässer, auch im Ried, können die Kläranlagen aber nicht verhindern. Es brauche Reformen in der Landwirtschaft. »Wir sitzen am Ende der Kette. Die Politik muss an die größten Verursacher in der Landwirtschaft gehen.«

Durchs Ried. Ich stehe hinter der Kläranlage am Stadtrand am Ufer der Modau und blicke in die sonnige Weite nach Süden, die Bergstraße hinunter, und dann nach Westen, ins Ried, das nun für die letzte Strecke vor mir liegt. Schon nach den ersten Schritten fällt auf, dass sich der Flussgrund verändert hat, denn die Modau gelangt in die Tiefebene mit sandigen Böden, vorher war viel Lehm, Stein oder Kies zu sehen. Dazu gibt es plötzlich strähnige Teppiche aus kammförmigem Laichkraut am Grund, Bäume fehlen fast ganz am Ufersaum, was von den Biologen kritisiert wird. Denn ohne sie fehlt dem Fluss der Schatten, sein Wasser erwärmt sich, ein weiteres Hindernis für Arten wie die Bachforelle, die ich seit Pfungstadt nicht mehr gesehen habe. Die Modau zeigt ihr neues Gesicht im warmen Ried, das an diesem flirrenden Septembertag vor mir liegt mit seinen Feldern und Plantagen, die bis an den Horizont reichen.

Wer sich dem Ried zuwendet, sollte zuerst alte Karten anschauen, auch im Vergleich mit den neuen Werken. Diese Landschaft, die sich von der Mündung des Mains in den Rhein bei Mainz südlich an den Flanken der Bergstraße hinab bis zur Mündung des Neckars in den Rhein bei Mannheim zieht, war vor gut 2000 Jahren fast ganz von Auwald und Sümpfen bedeckt, es sah aus wie die Kühkopfinsel heute noch. Spuren des viel breiteren Rheins finden sich heute überall in der Landschaft des Rieds, als frühere Steilufer, die heute hohe Böschungen sind, oder Altarme und Flussschleifen, die verlandet sind. Dazu gehören vor allem die Schlingen des Neckar, die ich kürzlich bei einem Flug über das Ried in einer kleinen Propellermaschine von oben erkannte; das blaugrüne Farbspiel an der Mündung des Altrheins in den Rhein bleibt mir besonders in Erinnerung.

Die Rheinhochwasser fluteten ziemlich genau den ganzen Landstrich, über den wir flogen: Sie reichten bis Groß-Gerau und fast an Griesheim und Lorsch heran. In allen Zeiten haben die Siedler – inklusive der Römer, die hier im ersten Jahrhundert herrschten – versucht, das Ried zu entwässern, etwa mit Gräben und der Verlegung von Flussläufen. Besonders hervorgetan hat sich der bekannte Landgraf Georg I. mit dem Landgraben, den er anlegen ließ. Ein weiterer Höhepunkt des Wasserbaus kam dann zu Beginn des 19. Jahrhunderts: Schon 1826 warb der Hessische Oberbaudirektor Claus Kröncke für den »Durchstich« des hessischen Rheins, der schon einmal Thema gewesen war bei Kriegen gegen Frankreich. Eine gerade Frontlinie wäre besser gewesen als die große Schleife bei Erfelden und Stockstadt, doch so weit kam es nicht, wie der Naturkundler Herwig Klemp in seinem Buch *Der Atem der Aue* festhält. Entscheidend war danach der Wiener Kongress 1814 und 1815, als Rheinhessen dem Großherzogtum Hessen-Darmstadt zugeschlagen wurde, das nun alleine für den Wasserbau zuständig war. Die fortschreitende Industrialisierung machte Flüsse als Transportwege noch wichtiger; vor allem der badische Flussbaumeister Johann Gottfried Tulla warb in Hessen-Darmstadt und daheim in Baden für eine große Flussregulierung, die nach seinen Ideen auch stattfand. Bis 1874 verkürzten Begradigungen den Oberrhein um 82 Kilometer. Kröncke schaffte seinen Durchstich 1829 und verkürzte so die Schiffsroute um zehn Kilometer.

Auch im 20. Jahrhundert wurde der Rhein weiter ausgebaut, mit Buhnen etwa, um die Strömung weiter zu regulieren, die gegenüber früher schneller geworden war und das Flussbett deutlich tiefer gemacht hatte, im hessischen Teil um bis zu zwei Meter im Vergleich zum ursprünglichen Zustand. Standard waren nun zwei Meter Tiefe in der Fahrrinne auch bei Niedrigwasser; seit 1939 war Basel so über das ganze Jahr mit der Nordsee verbunden. Danach entstanden in einer dritten Phase am südlichen Oberrhein zehn Staustufen mit Wasserkraftwerken, wodurch sich die Flächen, die Hochwasser aufnahmen, mehr als halbierten – und seitdem die Hochwassergefahr für die Städte flussabwärts angestiegen ist. »Was dem Rhein widerfuhr, das wurde im Kleinen genauso seinen Nebenflüssen, überhaupt den meisten Fließgewässern in seinem Einzugsgebiet angetan. Beschleunigt wurde nicht nur die Abflussgeschwindigkeit der zu ›Vorflutern‹ degradierten Bäche und Flüsse«, schreibt Klemp. »Von Dächern und versiegelten Böden landauf, landab wird Regenwasser heute schnellstens ›aus der Welt geschafft‹, indem es in die Kanalisation und damit in den nächsten Bach geleitet wird. Eine wichtige Forderung lautet deshalb, die Versiegelung der Landschaft zu beenden und möglichst viel Wasser vor Ort versickern zu lassen.«

Das gilt umso mehr für das Hessische Ried, die einstige Sumpflandschaft, der heute das Grundwasser fehlt, weil hier so viel Wasser, etwa das der Modau, in Kanälen abfließt und die Landwirtschaft mehr verbraucht als anderswo. Denn das Ried ist auch im bundesweiten Maßstab ein landwirtschaftliches Hochleistungszentrum, es ist Apfel-, Spargel-, Erdbeer-, Kohl-, Weizen-, Roggen-, Mais- und Sonnenblumenland und vieles mehr, um das gerade gerichtlich gestritten wird: Der Umweltverband BUND hat gegen die Entscheidung des Darmstädter Regierungspräsidiums geklagt, dem »Wasserbeschaffungsverband Riedgruppe Ost« die Grundwasserförderung in einem Brunnen bei Biblis zu erlauben. Für den BUND setzte sich damit die lange Geschichte der Entwässerung des Rieds mit allen Nachteilen für die Artenvielfalt fort – und hier geht es um Grundwasser, das in Naturschutzgebieten gefördert werden darf. Genau das aber hat das Verwaltungsgericht Darmstadt kritisiert und den Fall zur Berufung freigegeben.

Auch dort, wo ich jetzt laufe, nach Pfungstadt auf den Ortsteil Hahn zu, fehlt der Modau Wasser; man sieht es daran, dass die Eingänge zu den Rattenröhren oder auch größere Löcher, vom Nutria in den Löss gefräßt, frei liegen; die Modau darbt hier, hat nur halbe Kraft zur Verfügung, wenn überhaupt.

Darüber hinwegtäuschen kann auch nicht die Azurjungfer auf der Blüte eines Drüsigen oder Indischen Springkrauts, dieser Ufergauklerin, die überall wächst, schön leuchtet und süßlich riecht, aber andere Uferpflanzen verdrängt. Ein Kohlweißling nimmt etwas später Platz, zumindest einigen Schmetterlingen scheint das Kraut nichts auszumachen. Ein Rotkohlfeld taucht am anderen Ufer auf, davor ein Schlauchwagen mit einer dicken Rolle Schläuche für das Wasser. Auf meiner Seite beginnt ein Acker mit den verdorrten Resten von Kartoffelpflanzen, weiter dahinter eine Erntemaschine auf einem zweiten Feld, Staub wirbelt auf, als ein leichter Wind über die Äcker bläst.

Ein Flugzeug dröhnt über mir, das gerade auf dem Frankfurter Flughafen startet, und das erste Raunen der A5 zieht herüber, auf die ich schnurgerade, zwei, drei Meter neben dem Modaukanal, zulaufe in Richtung Sauweidweg und Hahnmühle, deren Konturen sich langsam vor mir abzeichnen. Einst residierte in der früheren Getreidemühle die Hessische Celluloidwarenfabrik Dietz und Böttcher, heute gibt es hier einen Bauernhof und ein paar Firmen.

Der Wegrand leuchtet grellgelb, der Rainfarn steht dicht, wird abgelöst vom zerstreuten Rot eines dünnen Hagebuttenstrauchs. Ich blicke nach Westen auf den Melibokus zu und über ein Maisfeld hinweg, dessen vorderer Streifen abgeerntet ist; zwei Feldhasen sitzen zwischen den Strünken und fressen.

Jetzt tauchen am Ende des Feldes drei Männer auf, der Bauer mit zwei offenbar wichtigen Gästen; ein SUV steht schräg geparkt am Feldrand. Ich gehe auf das Trio zu und stelle mich vor, frage wie so oft zuerst, wie es der Modau aus Sicht des Bauern gehe. Der guckt verdutzt, was ich erwartet habe, ruft: »Oh Gott«, grübelt kurz und sagt dann, was ich fast erwartet habe: »Gut geht's ihr, es sind ja Fische drin.« Er habe aber keine Zeit für mehr, weil er jetzt hier mit den Experten die Schäden des letzten Unwetters, Hagel im Maisfeld, begutachten müsse. Dann bleibt er doch noch kurz stehen, lässt die anderen zum Auto laufen und klagt über die hohen Kosten der Bewässerung hier im Ried, Rheinwasser müssten sie holen. Dann rechnet er Hektar, Wasserpreise und Benzinkosten hin und her, sodass ich nicht mehr folgen kann, er aber seine Schlusspointe hat: »Und was soll man da machen als Bauer.« Hier sei alles nicht so einfach im Ried und generell für die Landwirtschaft nicht. Ich frage den Modaubauern nicht mehr nach dem Grundwasserproblem in seinem Revier, sondern laufe weiter, auf die Autobahn zu und in Gedanken an den Gersprenzbauern an meinem Dieburger Campus, der an der Flussschwester im Osten seine Felder hat und dazu tiefe Sorgen um Wasser, Brunnentiefen und Trockenheit.

Plötzlich stehe ich vor der A5, direkt vor mir rauschen die Lkw vorbei, zwei blau-weiße von Hermes Richtung Basel nach Süden. Der Weg ist versperrt, die Modau fließt hier unter der Autobahn hindurch. Statt unter der Brücke hindurchzuwaten, entschließe ich mich kurzerhand, einen Haken zu schlagen und über Pfungstadt-Hahn zurück ans

Ufer zu gelangen. Denn auf dem Weg gibt es auch einen »Wasserspielplatz« direkt an der Modau, der mein Interesse weckt und Phantasien von Treppen, die hinunterführen und Kinder Kontakt mit dem Fluss aufnehmen lassen. Ich muss für den Umweg zurück zur Hahnmühle, wo plötzlich, mitten im Autobahnlärm, wieder das Eisvogelblau die beigebraune Agrarszenerie durchschneidet und mich wegholt. Hier, am Kanal im Ried, schießt er vorbei und nicht am Oberlauf, wo es still und wilder ist. Freude steigt in mir auf, aber auch die Neugier auf die Wasserspiele an der Modau.

Als ich endlich am Spielplatz angelangt bin, ist meine Enttäuschung groß. Und ich schelte mich erneut für meine übertriebene Wasserromantik. Denn der »Wasserspielplatz«, wie er auf der Karte heißt, ist mit einem Zaun von der Modau abgetrennt, in Flussdistanz gehalten, wie es so oft passiert. Die Wasserspiele geschehen mit der Handpumpe im Spielplatz, die bei der Hitze erstaunlicherweise funktioniert und etwas Wasser speit.

Daraufhin folgt die Eintönigkeit, Kilometer auf Kilometer die Modau entlang, die sich nicht mehr verändert, mit sandigem Grund, manchen Laichkrautbetten, den hohen Deichen, auf denen ich wandere. Ein Golfplatz taucht am anderen Ufer auf, zwei Nutria fliehen vor mir, ein Turmfalke rüttelt oben, Bussarde ziehen; vorher zweigt noch der Landgraben ab, den Landgraf Georg bauen ließ und der mit einem weitverzweigten Netz anderer Gräben – Lohraingraben, Fangraben, Rotgraben und vielen kleineren – die Landschaft entwässert.

Ich werde etwas stiller, monoton selbst, wie die Landschaft und der Fluss. Ein Reiterhof taucht auf, Steckrübenfelder und davor, wie Gerippe, die Zeltgestelle für Folien, unter denen zu anderer Jahreszeit dann Erdbeeren oder andere »Sonderkulturen« gezogen werden; in der Ferne arbeiten Erntehelfer in bunten Kleidern, einer sieht herüber. Fischreiher haben sich als Wachen auf anderen Äckern postiert, hinter mir und auch am anderen Ufer; über ihnen ziehen graue und weiter hinten schwarze Wolkenbänke von Osten her auf, die anfangen, das Hellblau des Tages zu schlucken. Ich laufe schneller, an Rhabarberfeldern vorbei, den weißen Tupfen der Ackerwinde am Reitpfad, der aus dem Weg hier im Pferdeland mittlerweile geworden ist. Rechts geht es jetzt schon auf Stockstädter Gebiet zum Reiterhof der Hahnlachmühle ab, eine der vier Wassermühlen am Unterlauf der Modau, die seit 1704 im Betrieb war. Schweinegeruch zieht hier herüber von einem weiter entfernten Hof am linken Ufer, auf meiner Seite. Davor haben sich zu den sehr berechenbar stehenden Graureiherwachen, die mit ihrem spitzen Kopf und dem Federfrack etwas Strenges, Amtliches haben, auf einem Acker drei weiße Silberreiher gesellt, hinter denen vor einer Pferdekoppel in etwa einem Kilometer Entfernung 15 Störche stehen. Ich kann sie gerade so zählen, als mich eine zweite Überraschung aus der Eintönigkeit des Rieds reißt: gefährdete Große Flussmuscheln in der Modau auf langer Sandbank und kurz darauf das einzige Schilffeld am Ufer, das ich seit der Quelle auf rund 40 Kilometern gesehen habe. Verdutzt raste ich, finde keine Erklärung für diesen Ausbruch der Vielfalt genau hier, an dieser Stelle.

Ich kaue auf ein paar Mandeln herum, nähere mich wieder nach langer Zeit einigen Häusern und bin wieder verzückt: Vor der Tür eines historischen Steinhauses, das gerade instand gesetzt wird, hat jemand mit groben Quadern eine Treppe zur Modau hinunter gemauert, die augenscheinlich nicht als Pferdetränke dienen wird, denn dies ist ausnahmsweise kein Reiterhof. Der Hausbesitzer hier nimmt bewusst Kontakt zum Fluss auf, macht den direkten Zugang möglich, weil es ihm oder ihr wichtig ist. Es ist die erste neue Flusstreppe bei den Streifzügen an den sonst oft vergessenen Modauufern.

Auf Stockstadt zu tauchen dann noch mehr Pferdehöfe und Reiter auf; ich spreche kurz mit zwei jungen Reiterinnen, die ihre Pferde über eine Brücke und dann an der Modau entlangführen; sie gehören zu den wenigen Menschen, die ich neben dem Bauern und den Erntehelfern aus der Ferne auf den rund 17 Kilometern seit Pfungstadt getroffen habe. Dann kommt Stockstadt, Schienen, über die ich gehe, und ein ICE, der viel schneller heraneilt als gedacht. Über die Straße geht es, und dann zieht sich schon der Hochwasserdamm frisch gemäht von der Kuppe bis hinunter zum Weg in den beginnenden Auwald. Ich werde wieder munter, laufe schneller, quere die Oberstraße nach Stockstadt hinein und wechsle das Ufer, ungefähr wo der Fanggraben in die Modau mündet und jemand Hölzer und Steine hineingelegt hat – ein wenig Struktur, und sofort rauscht es ein wenig, ist etwas Kies da, kriegt sie Leben. Ich laufe auf dem Deich, die tief stehende Sonne im Rücken, umgeben rechts und links vom gelben Rainfarnleuchten, die Mündung der Flusses nur noch ein Kilometer vor mir. Die Heumahd duftet, und ein Bussard steht auf meiner Höhe im Wind. Gegenüber flackern die bunten Saris von vier indischen oder pakistanischen Frauen auf, in Gelb, Lila, Hellgrün und Rot, die Zwiebeln sammeln auf einem schon abgeernteten Feld, abseits schreitet ein Mann ganz in Weiß stolz den Restacker ab. Ich biege ein auf den »Engen Weg« zur Mündung hin, gehe noch schneller durch einen Park, in meinem Laufrausch, in den mich Stockstadt versetzt hat. Die Modau ist verschwunden, hat ihr Kanalsein durchbrochen und sich wieder Bäume gesucht, hinter denen sie sich versteckt zum Rhein hinschiebt.

Ich komme vorbei an Tennisplätzen und einem Kinderspielplatz; viel los ist hier nachmittags, wenn das Training beginnt. Ein Squashspieler rackert sich an einer Freiluftwand ab, sonst trainiert eine Jugendmannschaft der SKG Stockstadt gerade Aufschläge. Dann halte ich an einer der seltenen Tafeln, die die Landschaft erklären. Belebt war der Ort hier nahe der Tennisplätze bis vor 110 Jahren auch, denn hier lag damals das »Rheintor«, der Stockstädter Rheinhafen, den der Darmstädter Landgraf Georg I. in der zweiten Hälfte des 16. Jahrhunderts ausbauen ließ. Für seine wachsende Residenzstadt Darmstadt war ein Handelsstützpunkt direkt am großen Fluss wichtig, weshalb das Hafenbecken rund 250 Meter auf 60 Meter maß, wie eine Informationstafel erklärt. Hier ankerten Schiffe, die wichtige Baumaterialien und Rohstoffe wie Steine, Gips, Holz, Kohle und Farben von und nach Darmstadt brachten – bis zum Jahr 1829 und dem Rheindurchstich, der den Hafen unnütz machte. Er verfiel. Das Baumaterial wurde 1852 versteigert, lese ich noch und muss dann eilig weiter, weil mich jetzt die Ankunftsfreude gepackt hat, eine Unruhe mich treibt und zieht.

Ich laufe noch eine Kurve, biege dann in die Rheinstraße ab, die ich sonst mit dem Auto befahre vor der Brücke hinüber zum Kühkopf. Dann bin ich auf einer Brücke und sehe sie wieder, wie sie gerade, ruhig und braun zwischen den Bäumen herauskommt und immer noch, mit wenig Wasser und freigelegten Flanken, die letzen hundert Meter auf ihr Ende zugeht. Kleine Weiden stehen Spalier, drüben schimmern die größeren vom Auwald herüber, die sie mit ihrem Ufer gleich in Empfang nehmen werden.

Ich gehe über den Parkplatz hinunter zur Mündung und verabschiede die Modau, beuge mich kurz hinunter und tauche die Hand ein. Dabei denke ich an das vergangene, noch heißere Jahr, als ich ebenso hier war, nach ihr gesehen habe und traurig zurückgefahren bin. Ihr geht es auch heute nicht sehr gut, doch damals, vor einem Jahr, war es noch viel schlimmer.

Mündungstrauer. Am Parkplatz nahe der Modaumündung waren auch damals, als ich der Modau nach langer Zeit erstmals bewusst ins Gesicht schauen wollte, fast alle Plätze von Ausflüglern, Wanderern und Wohnmobilreisenden belegt. Von dort gehen die meisten über die Stockstädter Brücke hinein in den Auenurwald des Kühkopfschutzgebietes, um sich darin zu verlieren oder Vögel zu beobachten, Bilder zu schießen oder bei der Strömungssimulation im Umweltbildungszentrum auf Knopfdruck zu lernen, wie der Rhein die Aue flutet. Und dass der Neckar vor langer, langer Zeit bei Trebur unweit von Mainz in den Rhein floss und nicht wie heute 50 Kilometer weiter südlich bei Mannheim einmündet.

Ich ging nicht hinüber, sondern hinunter, zur Mündung der Modau in den Altrhein. Die Erde war ausgetreten von den vielen Anglern, die hier bis oft ganz nah ans Wasser fahren und den Blick auf die Vermählung von Modau und Rhein mit ihren Bussen und Autos verstellen. Ich kraxelte hinunter, stieg etwas seitlich durch eine Brennnesselmauer, schaute der Modau ins Gesicht und erschrak, wie schmal und ausgezehrt sie mir entgegenkam. Sie hatte nach der monatelangen Trockenheit die Kleider verloren, war abgemagert und fern des wilden Feuers, das sie oben im Odenwald in sich hat.

Die Mündungsfarben waren Dunkelgrau und Erdbraun; der Fluss wirkte verrenkt und brackig, roch doch eigentlich modrig – vor allem nach Regen und im Dunst, wenn das Hechtangeln sich hier vielleicht doch einmal lohnt. Jetzt stank es nur trocken und zeigte sich all die Schwäche, die ihr zugefügt wurde im Ried, wo sie viel Wasser abgibt in die Kanäle und Seitenarme und die Äcker und Zuchten bewässert. Immer kommt sie geschwächt am Rhein nach 44 Kilometern an, aber da erkannte ich sie kaum wieder.

Mit all ihrem eigentlichen Wasser und im ursprünglichen Kleid sollte sie an der Mündung mit Schwung das Bild mitbestimmen, sollte strömen, stolzieren und ein tanzendes Flusswesen sein bei seiner Vermählung mit dem größeren Altrheinstrom, dessen dunkles Oliv trotz seines Tiefstandes noch zu mir herüberschimmerte.

Der Spiegel des Altrheins war in der Hitze des Sommers auch tiefgefallen, bekam einige Tage sogar kein Wasser mehr aus dem Hauptstrom, sodass man hinüberlaufen konnte zur Aueninsel. Doch nach den ersten Regenfällen kam das Wasser langsam zurück und spiegelte die Magie dieses alten Rheinwaldes wieder, die auch die Dürre nicht wegbrennen konnte. Ein Fluss kann Mitleid nicht aufnehmen, aber ich gab es trotzdem hinein, bewegt und verstört. Denn das Flusswesen, das ich lange kenne und bewusster als je zuvor kennengelernt hatte, war am Ende seiner Reise vollkommen erschöpft. War vom gurgelnden, wild mäandernden Odenwaldbach mit Kurven, Kolken, kleinen Wasserfällen und sandigen Rieselflächen, über die die Bachforellen huschen, zum industriellen Kanalstrich geworden, der unter Wassernot und Klimaleid noch schwerer daherkam als ohnehin schon in seinem verbauten Leben.

Da war mir klar geworden, dass uns das Wasser näher kommt, sobald es verschwindet. Nach Dürre und Hitze gelangte es ja wie lange nicht mehr in die Nachrichten und Gespräche, an die Tische und auf die Titelseiten. Wenn das Wasser in den Flüssen und Seen schwindet, denken wir wieder daran, wie sehr wir davon abhängen. Und dass es wehtut, wenn es geht. Jetzt zeigte der Rhein seine Wunden und Narben, ließ sich bis tief auf den Grund schauen, wo all die Plastiktüten im Schlick stecken, die Reifen, Stuhllehnen, schlierigen Flaschen und verhedderten Schnurreste. Und viel Neuland, überraschende Rinnen, spontane Hügel, Sandberge, Wüstenstrecken, Kiesbetten und sandnackte Prallhänge. Flussbetten sind Kontinente. Hitze und Trockenheit haben den Flüssen im Sommer 2018 ihr Haupthaar genommen und Landschaften freigelegt, zu denen sich im Herbst dann viele Menschen aufgemacht haben. Sie kamen, um in die bizarren Canyons zu schauen, bevor sie wieder verschwinden, waren erstaunt und irritiert, dann erschrocken und besorgt, wie all die Fernsehreportagen und Radiofeature über die Ufergänger zeigten. Viele Uferläufer hatten Umweltschmerzen.

Den größten Schmerz hatten all die Wassermenschen, besorgte Deichwarte, arbeitslose Fährmänner und Flussfischer, klagende Binnenschiffer, Angler ohne Arena, Freizeitkapitäne im Leerlauf, Camper ohne Paradies, Flussschwimmer vor wasserlosen Endlosstränden. Es gab aber auch Fabrikführer bei der BASF, die Teil der Kunststoffproduktion aussetzen musste, weil Schiffe keine Rohstoffe mehr heranfahren konnten. Und es gab in dieser Heißzeit, so das Wort des Jahres 2018, noch viele mehr, vor allem wütende Bauern mit Einnahmeverlusten, Existenzangst und Notschlachtungen; Förster, die auf ihrem Holz sitzen blieben, weil eine krabbelnde Klimafolge, der Borkenkäfer, die Notschlachtungen auch im Wald erzwang und »Käferholz« den Markt flutete.

Den Wissenschaftlern bescherten der Hitzesommer und seine Folgen für Mensch und Natur viel Analysearbeit – Klimafolgen sozusagen für Hochschulen und Forschungsinstitute.

Die Wassernot war überall Thema, in Radioberichten über Gemeinden, die ihre Parks und Rasen nicht mehr wässern können. Das Fernsehen zeigte die Dürreangst eines Gärtners, das Taktieren der Agrarministerin bei den Hilfen für die Bauern wurde thematisiert, und es gab den öffentlichen Brief unseres Bürgermeisters mit der Bitte, überall Wasser zu sparen. Ich dachte an die Kollegen im Dieburger Angelverein, die tonnenweise stinkenden Fisch aus einem Teich ohne Sauerstoff geholt hatten. Und mir kam der Schwedenurlaub in den Sinn, bei dem wir nicht mehr grillen durften, weil es so trocken war und oben im Norden der ausgedörrte Wald explodierte.

Ich fragte mich, was noch alles kommen würde, aber tatsächlich kommt nichts, es ist schon da. Die Klimaveränderungen und ihre Folgen – wir sind mittendrin. Wir hatten die Klimafolgen durch viele Studien und Berichte erkannt und in Bilder gefasst. Aber noch nicht in der eigenen Landschaft gefühlt, erlaufen, gerochen. Doch jetzt war es so weit.

Jetzt erzählten die Flüsse selbst die neue Geschichte, wehten die stinkenden, umgekippten Teiche sie herüber, schwiegen uns die trockenen Quellen im Stadtwald mit der Botschaft an. Die Prognosen für Hessen, unseren Landkreis und einzelne Dörfer lesen sich heute wie ein Drehbuch für einen Dokumentarfilm, in dem wir alle plötzlich mitspielen. Denn die erst acht Jahre alten Warnungen sind Wirklichkeit geworden, spätestens mit jenem Sommer in Mühltal und anderswo. An der Modau, am Rhein, überall: Flüsse leiden, Landschaften verändern sich. Und wir alle begreifen und fühlen zum ersten Mal, was das bedeuten kann.

Deshalb ist falsch, was ich kürzlich wieder im Radio hörte oder auch schon so oft auf Forschungskonferenzen zum Klima, in Debatten an der Hochschule oder mit Journalisten: dass die Folgen des Klimawandels in Deutschland erst langsam näherkämen und noch nicht wirklich hier vor Ort spürbar seien. Dass es daher schwer sei, alles zu verstehen und es auch so zu kommunizieren. Mitnichten. Diesen Mythos müssen wir aktualisieren. Denn die Folgen, denen ich in Feld, Wald und an den Ufern hinterhergelaufen bin, sind sichtbar, spürbar, sie riechen, stinken, brennen, tun weh, sie kosten Geld, Wald und Leben, vor allem Lebensqualität. Und diese Klimafolgen füllen die Zeitungen und Nachrichten: Wald und Wasser, Äcker und Gärten – die Erderhitzung ist nicht nur nah, sie findet in unseren Zentren statt, beeinflusst das Leben schon stark, und nicht nur in den Sommern. Und nicht nur auf dem Land, das ich als Landstädter ja immer wieder verlasse Richtung Darmstadt, wo die gleichen Veränderungen vor sich gehen.

Manche erkennen Gestalt und Dringlichkeit des Klimawandels als existenzielle Daseinsdimension für alle Lebensbereiche – und nicht als ein wichtiges, ausschließliches Umweltthema, das neben andere gehört. Diese Manchen sind meist jünger und demonstrieren freitags, weil sie

Zukunftsangst haben. Kleinen Gewässern könnten sie gerne auch einen Besuch abstatten, wenn damit die Aufmerksamkeit für diese Lebensquellen stiege, die jede und jeder vor der Haustür hat oder als »Fluss der Kindheit« in der Erinnerung gerne wiedertrifft.

III

Eine andere Welt

9

Die Aueninsel

Scheitern am Rhein. Ich sitze im IC von Köln nach Mainz und blicke auf dieses Paradies unter den Felsen, das sich hinzieht wie ein großer Drache, der das Land hier beherrscht, wie es sonst niemand könnte. Der Rhein leuchtet silbergrün, die Sonne flutet die Zugfensterszenerie mit dieser Landschaft in allem Juniglanz, den sie geben kann. Die Dörfer verschwimmen in der Geschwindigkeit des Zuges und der Macht des Flusses, der viel Wasser hat. Altarme erscheinen, Inseln, Kormoranbäume mit weißen Kotästen, beige Sandbuchten mit Schwimmern und Genießern, Frachtkähne in tiefer Fahrt. Eine Mündung, Weidenstreifen, noch eine Burg. Ich staune. Aber ich habe verloren, wie mir dieses Bild der Wasserkraft deutlich macht.

Ich wollte raus auf den Strom und ihn erkunden. Doch ich habe es für dieses Buch nicht mehr geschafft, dorthin zu gelangen, dort, wo ich gerade sein möchte. Die Auwälder haben mich gefangen, die kleinen vergessenen und die großen am Rhein. Ich bin immer in der Aue gewesen in den beiden Jahren, war so oft dort, mit Füßen, in Gedanken. Ich habe es nicht bis auf den Strom mit all seinen Hafengeschichten, Schiffersagen, den Bewegungen in der Mitte, mit seiner großen Kraft und der Weite geschafft, die fortzieht, weil die Bäume dafür erst überwunden werden müssen, bevor die nackten Buhnen, die heißen Steine, das offene Wasser anstehen.

Ich bin am Ufer des Rheins und in seinen Auen geblieben, mit Künstlern, Anglern, beim Förster, Händler, dem Trapper, dem Zanderzüchter und dem Deichwart. Und stelle in diesen fest, dass ich eher Wald- und Ufermensch bin und kein Großstromwesen.

Westen. Ich kann manchmal nicht anders, als hier von diesem Schreibtisch aus anzufangen und so auf Reisen zu gehen, ausgehend von der Landkarte, die hier vor mir liegt. Viel weiter als bis zu den Kreis- oder Ortsgrenzen komme ich oft nicht, aber bis dahin gibt es genug zu entdecken bei diesen kleinen Reisen. Das große Reisen kommt immer wieder zwischendrin, und manchmal fange ich auch damit an. Denn im Grunde genommen ist alles eine fortlaufende Reise zwischen der Haustür, fernen Orten und wieder diesem Schreibtisch und wieder der Ferne. Reisen ist ja eine Kreisbewegung im besten Fall, man landet gedanklich dort, wo man begonnen hat. Beginnen wir heute im Westen.

Wenn ich auf diese Landkarte des Landkreises Darmstadt-Dieburg schaue, meines Stammkreises, dieser Mosaikregion aus grellen Rhein-Main-Fetzen und dunklen Odenwaldflecken, dann wandert mein Blick von meinem Mühltal zu Städten mit Namen Pfungstadt und Griesheim. Und schon habe ich Hemmungen zu verweilen, da ich mit der Landschaft, die hier beginnt, nicht nur Aufbruch verbinde. Hier ist Ödnis, ist Weite, sind Felder, plane Ecken, gerade Straßen, gleichförmige Mittelstädte, die mit Spargel locken und dennoch NSA-Hochburgen sind, was im Fall von Griesheim, wo unterirdisch die US-Europazentrale der Spitzelei verborgen ist, einen seltsamen Gegensatz darstellt. Vor allem regiert hier der Sand im Boden, heißen Flurnamen nach ihm, der so augenfällig ist, dass in dem Roman *Gang durch das Ried* die Gedanken von Elisabeth Langgässer »durch den lockeren Sand der Wanderdünen hinunterflossen«.

Wenn ich kann, fahre ich durch, ohne zu halten, Spargel esse ich nicht. Pfungstadt ist ebenfalls eine Transferstelle, die mich an Niederlagen erinnert, Fußball und Tischtennis, die Sportarten, die mich haben reisen lassen in diesem Landkreis, fast überall waren wir. Und meistens verloren wir. Aber das sind andere Geschichten. Denn ich fahre jetzt durch diese westlichen Städte noch weiter nach Westen hin zu einer Wildnis, die selten ist in Deutschland und deren allgemeiner Name allein – Auwald – bei mir Landschaftsschauder auslöst, Gänsehaut auf Ansage – manchmal genieße ich das, inmitten lauter Stadtszenerien. Die Landschaft des Auwaldes macht Ansagen, aber in aller Stille, gerade am Kühkopf, im Ried hinter Griesheim, einem Urwald auf einer alten Rheininsel, der verwunschener kaum sein könnte.

Der Deichwart. Im Café mir gegenüber stellt gerade Kurt Mark seinen Espresso ab. Er ist Rentner, war aber zwölf Jahre lang ein Arbeiter in den Auen und Schützer der Dämme – einer der Deichwarte am Rhein, für die ich mich schon länger interessiere. Mark spricht gerne über seine frühere Arbeit, die Deichmeisterei in Biebesheim, die er immer noch besucht, die langen Tage an den Dämmen, deren Gras er mähte, die er von Sträuchern und Bäumen befreite; freihalten, einen starken, nackten Deich sichern – darum ging es bei dieser Arbeit in Gernsheim, Biebesheim und Stockstadt entlang der Hochwasserlinie, die die Dörfer vor der Kraft des Flusses schützt und oft inmitten seiner Auen, in den Silberweidenwäldern und auf den langen Wegen hin zu Wiesen, die die Flut aufnehmen sollen, wenn der Rhein doch wieder so gefährlich würde wie in den Jahrhunderten zuvor; etwa 1983, als eine große Flut kam und das Wasser blieb; Teile der alten Aue bildeten sich so wieder heraus, die bis heute dem ewigen Rhythmus von Wasser und Land, Flut und Trockenheit, wiedergefunden haben.

Kurt Mark nippt an seinem Espresso, reckt mit Stolz den Finger hoch und fährt dann zackig auf der Landkarte herum, die ich ausgebreitet habe, damit er mir sein Revier zeigt. Er kennt die Grenzen noch genau, kommt zum Gernsheimer Hafen, Rheinbogen, der Natostraße, der Hammer-Aue bei Klein-Rohrheim. Mark erzählt von den Reparaturen im Winter und den langen stillen Fahrten an den Deichen entlang, immer wieder nimmt der Deichwart dieselben Wege auf der Suche nach möglichen Rissen, abgetragenen Stellen oder Löchern, die Kaninchen und Bisamratten geschlagen haben. Es ist eine ruhige, auch monotone, wortlose Arbeit, bei der er auch Bäume fällte, die sich zu weit vorgewagt hatten. Ins Gespräch mit anderen kamen Mark und seine Kollegen, früher zwölf, heute noch die Hälfte, wenn sie die Sandsackvorräte der Gemeinden kontrollierten, die Sandsackmaschinen und das Zubehör.

Er erzählt vom »Deichverteidigungsweg« an der Hochwasserlinie, ist dabei aber immer sachlich, flicht mal ein Lob auf die Kollegen ein, auf diese so ruhige Arbeit, die ihm Freiheit gab, wie er sagt; vorher hatte er etwas ganz anderes gemacht, war in der Chemiebranche. Das ging zu Ende, es gab die Ausschreibung für die Deiche, er ging hin, hatte Glück. Eine Erfüllung, wie ich erfahre von ihm, der keine großen Worte sucht, mehr die kleinen. Dennoch endet das Treffen mit einer unerwarteten Sehnsucht: Ganz zum Schluss frage ich Mark, wie denn der Ausblick auf den Rhein gewesen sei, und er sagt, so ganz wehmütig und plötzlich unerwartet, dass er den Fluss immer habe sehen wollen, aber fast nie sah. Denn er war hinter den Deichen und in den Flutwiesen, die viel weiter weg vom Strom sind, als alle vermuteten. Er sei immer in der Aue geblieben. Der Rhein war für den Wächter seiner Deiche entlegen, ein Wunsch, kein Alltag. So geht es ihm ähnlich wie mir, der den Strom nicht einfangen konnte, obwohl er es anfangs wollte.

Flusskunst. Ich sitze auf der Steinpackung einer Rheinbuhne in den Biebesheimer Auen und schaue in das klare, olivfarbene Wasser des Flusses. Am Horizont ein Vergnügungsschiff, das sich träge aus der Gernsheimer Rheinkurve herausschält. Dort am Hafen kreuzt die Fähre, hinter ihr weiße Lagerhallen, ein, zwei Hafenbecken, Hässlichkeit, Nützlichkeit hier, wo der Fluss Industrie ist. Ich erspähe Wirbel, die aus der Tiefe aufsteigen, an der Oberfläche zu glitzernden, struppigen Wellentieren werden und kurz hinter der kleinen Motorjacht, die in der nächsten Buhnenbucht vor Anker liegt, zu glänzenden Wesen werden. Sie scheinen den Fluss heraufzuschwimmen, silbernen Schlangen gleich, die sich in weiten Bögen gegen alles Fließende wenden.

Die Künstler, mit denen ich heute unterwegs bin, haben sich für einige Stunden auf die Buchten verteilt, um mit dem, was Wald und Wasser ihnen bieten, Werke zu erschaffen, die sie wieder zerstören; sie nehmen vom Ufer nur Bilder und Filme ihrer Schöpfungen mit und hinterlassen keine Spuren. Sie sind Nomaden, Teil des Global »Nomadic Arts Project« und zeigen ihre Flusskunst bald im Internationalen Waldkunstzentrum in Darmstadt. Auf allen Kontinenten arbeiten die Kunstnomaden mit der Natur und kommen danach in Südkorea zusammen, um alles auszustellen.

»Urban Nature Art« heißt für vier Wochen ihr Thema im Dreiflussland zwischen Rhein, Main und Neckar, wo sie fast jeden Tag vom wunderbar wirren Waldkunstzentrum aufbrechen, um neue Landschaften zu erkunden und mit ihnen zu arbeiten. Ihre Auftraggeber und Warenlieferanten sind Steinbrüche, Felsenmeere, Wälder, Wiesen und der Rhein, dessen Buhnen, Kurven und Uferwald nun die meisten Künstler verschluckt hat. Was macht der große Strom mit den Künstlern aus Indien, Südafrika, Rumänien, Litauen, Schweden und Südkorea? Welche Objekte bringt er mit ihnen hervor? Ich beobachte die Handvoll Künstler, die als Gruppe zusammengeblieben ist, aus der Distanz, von meinem Buhnensitz aus, den ich angelnd schon so oft eingenommen habe. Ich sehe den Arbeitenden am Ufer zu, die sich schnell ausgezogen haben, um erst einmal zu schwimmen; nicht lange natürlich nach all den Warnungen und Verhaltensregeln, die wir ihnen kurz vorher gegeben hatten: nicht zu weit hinaus, nicht alleine, auf die Unterströmungen achten.

Sosehr wir das wilde Schwimmen und das Wiederentdecken der Flüsse und ihrer feinen Strände um unser aller Wohl willen brauchen, so ernst muss man doch den Rhein nehmen, der trotz aller Schönheit und Trägheit an solchen Sommertagen ein tückischer Geselle bleibt, der seine Hand selbst dorthin ausstreckt, wo man sich sicher glaubt. 2015 spielten einige Kinder im flachen Wasser einer Biebesheimer Kiesbank, die aus dem weitgehend trockengefallenen Rhein ragte. Ein Zwölfjähriger verlor im losen Kies den Halt und rutschte ab, hinab in eine steile Kante, unter der die Strömung des friedlichen Flusses in plötzlicher großer Tiefe entlangschoss. Der Vater sprang noch hinterher, bekam den Sohn zu fassen, dann nahm der Rhein beide fort; sie wurden wenig später von Polizisten gefunden.

Ich schrecke im Schreiben auf, weil der Lärm eines Jetskis die Stille zerreißt und seine Wellen die silbernen Wirbelschlangen niedergerungen haben, die vor mir immer noch gegen die Strömung anflossen. Das Stakkato aus dem lauten Aufheulen des Motors und dem spitzen Aufklatschen auf das Wasser würgt jede gute Stimmung ab.

Aber schnell ist er weg, und mein Blick streift wieder die drei Künstler, die in der Bucht begonnen haben, im Sand zu zeichnen oder Holz zu sammeln. Dann sehe ich ein Bündel Weidenäste, das der Litauer ganz still und unbemerkt von mir in einen eisernen Ankerring an der Buhne eingebaut hat, nahe bei mir. Ich wende mich von der Skulptur ab, weil ich nicht so nah heranwollte an die fertige Flusskunst. Ich wollte aus der Distanz beobachten, wie die Kunst entsteht, wie sie von entfernten Gestalten geschaffen wird, die sich in das große Fließende einfinden, in das Bild aus Fluss, Ufer und Wald, das jetzt einen harten hellblauen Himmel als Rahmen hat, der immer heißer und heller wird von der Augustsonne.. Das Wirbeln und Strömen auf dem Wasser, das Waten, Schwimmen und Bauen der Künstler am Ufer, beide Bewegungen geschehen an den Rändern meines Gesichtsfeldes.

Ich lege den Stift zur Seite, um ein paar Züge in der kleinen Bucht zu schwimmen, die von Silberweiden bestanden ist. Die Inderin Gunjan Tyagi, mit der ich eben noch im Kanu saß und über die dichten Schlingpflanzenwälder des Altrheins glitt, ist wie die meisten anderen in einer der Buchten verschwunden. Auch ihre Freundin und Kollegin Aarti Zaveri setzt sich an unsichtbarer Stelle dem Fluss aus, wie sie es zu Hause bei ihren Installationen macht, die sich vor allem dem Ganges und seiner Mythologie widmen. Umgeben von der Unordnung eines Kanuverleihs, der eher einem improvisierten Camp ähnelte und dessen Besitzerinnen fortwährend im breitesten Dialekt versuchten, die Künstlergruppe in die Kanus zu dirigieren, hatten wir uns über die Rolle der Flüsse im Alltag unterhalten. In Indien, wo sie oft als heilig gelten und Zentren in der Mitte des Lebens sind, geschieht Ähnliches wie hier.

»Wir vergessen die Flüsse«, sagt Aarti, »und verhalten uns widersprüchlich zu ihnen.« Taufen, Bestatten, Opfern, aber auch Trinken, Pinkeln, mit Müll verdrecken – all das zählt sie auf, schüttelt den Kopf, funkelt mit den Augen und erzählt dann von der Sehnsucht nach reinem Wasser, die von einer Mineralwassermarke namens Himalaya gestillt wird. »Wir wünschen uns die Reinheit des Bergwassers, behandeln genau dieses aber weiter unten schlecht«, sagt sie. Deshalb war eine ihrer Installationen als absteigende Reihe von Wasserflaschen gebaut, deren Inhalt immer brauner und gelber wurde.

Ich gehe vorsichtig in den Rhein, spüre seine kribbeligen Kiesel an den Füßen, ein Meer aus unzähligen Steinpunkten, das ich betrete, eine zweite, eigene Fläche, die zum Fluss gehört und doch eigen ist. Das Wasser ist wärmer als gedacht, ich öffne die Augen am Grund, sehe die vielfarbige Welt der Kiesel, die mir in diesem Moment als ein weit ausgebreiteter Schatz erscheint, nur für mich. Ich greife mit einer Hand hinein und setze mich mit einem Stück des Schatzes in das flache Wasser, um ihn näher zu betrachten. Auf meinem Handteller ein Geschmeide, das mit jedem Blick besonderer erscheint: In der Mitte liegen Sandsteine mit ihren feinen und doch rauen Poren, kleinen Löchern und Vertiefungen. Sie sind olivgrau, gehen in mattes Dunkelviolett über oder das typische helle Rostbraun, die Farbe so vieler Gebäude an der Bergstraße, im Odenwald oder in Darmstadt, dessen Schloss aus diesem Stein gebaut ist. Der Sandstein ist der Stoff der Schlösser und adligen Häuser, der Stein, der für mich schon als Kind für Vergangenheit und Ehrwürdigkeit stand, wenn ich mit meinen Eltern oder Großeltern eine der Burgen und Schlösser an der Bergstraße bestieg. Ein warmer Stein der Herrschaft, der keinerlei Kälte aussendet, eher einlädt einzutreten, wenngleich er auch eine gewisse Vergänglichkeit ausstrahlt, was man an den vielen Wind- und Wetternarben sieht, die viele der hohen Häuser an Rhein, Main und Neckar aus Bundsandstein an sich tragen.

Am Rand wartet ein harter, mittelbrauner Geselle mit einem weißen Auge unterm Scheitel, ein Tonstein, der, wenn er reden könnte, von allen Steinen auf meiner Hand der Stillste wäre. Viel lauter, ja wahre Emporkömmlinge wären die unruhigen, weißgräulichen Kalksteine mit ihren Rissen, Linien, Maserungen und Abbruchstellen. So sanft der Tonstein und ebenso die Sandsteine hier ruhen, so aufgekratzt scheinen die beiden Kalksteine zu sein, die in meinem spontanen Beutezug die Minderheit bilden. Weitaus häufiger, leuchtender, glatter und freudiger funkeln runde und eierförmige Quarze in der Sonne, vor deren Helligkeit ich die Augen immer wieder zusammenkneife, um die Steine auf der Hand besser sehen zu können. Die Quarze machen auch vom Farbspektrum etwas her, da sie der gleichen hellen Großfamilie entstammen und doch ganz unterschiedlich von Weiß nach Grauweiß, Gelbweiß und Hellgrau bis hin zu leichten Rosatönen changieren. Dann entdecke ich einen Lydit, einen zugereisten Kieselschiefer, von dem sich nicht sagen lässt, wo er herkommt. Er ist dunkelgrau und von feinen hellen Linien und Maserungen durchzogen.

Auf meiner Hand sind die Massensteine zu Einzelwesen geworden, deren Schimmern abnimmt mit der Einstrahlung der Augustsonne, die das Wasser auf ihnen trocknet. Aber auch ohne den Glanz des Wassers sind die Kiesel edel. Jeder scheint beachtenswert und ist geformt zu einer Einmaligkeit in Farbe, Umriss und Größe. Jetzt wird es zu heiß, ich tauche ab. Unter Wasser begrüßt mich die Kiesbank neu, als farbige Welt voller leuchtender Gesellen, die es zu achten gilt; und am Grund schicken sie wieder das wohlige Kribbeln in die Beine, sodass ich mir gerade vorstellen kann, bis zu den Knien darin zu versinken. Keine Massage könnte solche Lebensfäden in die Füße weben.

Ich schreite weiter, springe hoch, tauche ein, mache eine Unterwasserrolle, öffne dabei die Augen und beobachte kurz kopfüber die geschlagenen Blasen, wie sie der Oberfläche entgegenstreben, wate weiter durch die Kiesel bis zur Strömungskante. Jäh zuckt mein Fuß zurück, als er sich vortastet und plötzlich von einer dünnen, schmierigen Schicht aus feinem Schlick eingehüllt wird, die sich über den Kies zieht, den ich darunter noch immer spüre. Ein unliebsames Tuch hat sich über die Füße gelegt. Sein schlackiger Stoff, der den Kiesstrand viel früher verdrängt, als ich in meinen Steinphantasien wohl dachte, vertreibt jede Lust zum Baden oder Weiterwaten. Ich will schon umdrehen, da sehe ich mit halbem Auge in der nun größer gewordenen Tiefe etwas Helles, Rundes schimmern; ich denke an einen hier unmöglichen Plattfisch, der sich dem Ufer nähert, und greife dann zu. Aus anderthalb Metern ziehe ich die gelbe Sitzschale eines Plastikstuhls aus dem Rheinschlick – und bin sofort hinausgehoben aus der liebsamen Flussszenerie und hineingeworfen in einen Plastikalltag, der die Poesie töten kann.

Tangdrang. Ich sitze mit der indischen Künstlerin im roten Kanu, und wir gleiten in der Sommerhitze langsam auf den Altrhein hinaus, in sein Silbergrün, auf das schmutzige Lehmgelb der Uferwände zu, die das tief gefallene Wasser freigegeben hat. Die ganze bunte Künstlergruppe ist zugestiegen, lärmt voller Freude in den Booten, manche haben noch nie eines bestiegen. Andere sind umso sicherer. Wir sind ein Stück voraus, schweigen, betrachten das noch flache, schlammige Wasser, ehe wir langsam der Mitte entgegenpaddeln. Da tauchen die ersten Strähnen des Flusses auf: graugrüne, sanft wabernde Bänder von Wasserpflanzen, die aus der Tiefe emporstoßen und sich mit weiteren farnartigen Blättern zu einem Pflanzenteppich vereinen, der dicht und durchlässig ist, den Blick freigibt, bis das Licht weiter unten verglimmt und wir nicht mehr folgen können.

Die Strähnen könnten auch Schwärme von Schlangen sein, die sich hier dem Rheinstrom entgegenwinden; auch Schnüre und Taue, die Bewohner einer anderen Welt geknüpft haben, um ihren Wasserverkehr zu organisieren. Ich stelle mir die Barben vor, die unter uns in der Mittagsruhe zwischen den Wurzeln liegen und von einem Schwarm großäugiger Brassen umspielt werden. Ihr Kupferkleid blitzt auf, als sich ein Sonnenstrahl durch den dunklen Tang schiebt und den Schwarm trifft. Dann taucht der Wels vor mir auf, weiter hinten, unter einem versunkenen Weidenstamm.

Ich phantasiere immer noch, als Gunjan plötzlich aufschreckt und nach oben zeigt. Ein Graureiher ist aufgeflogen und zieht hinüber in den Wald. Sie sagt, auf dem Ganges gebe es ähnliche Reiher, und erzählt von zu Hause. Doch ich schaue wieder in die Wasserpflanzen und spüre, wie sie mich hinabziehen, wie ich aufgenommen werden und hinabsinken möchte, um für einen Moment an ihren Wurzeln zu liegen. Dort, wo es schlammig wäre, ihre Arme meine Beine fangen würden bei den Versuchen davonzuschwimmen. Denn es wäre nach Atemnot und Schlammschrecken eine schnelle Flucht. Doch ich stelle es mir anders vor, bremse das Kanu, halte meine Hand in den Unterwasserwald und spüre seine kalten, weichen Finger, die an meinen abgleiten und so, als ich ein Stück abreiße und es hochhalte, ein klein wenig vom Zauber einbüßen, der mich eben überkam.

Badeschiffe. Ende des 19. Jahrhunderts wurde die Hygiene in den Städten und Dörfern ein immer wichtigeres Bedürfnis, wie es eindrucksvoll der Umwelthistoriker Joachim Radkau in seinem Buch *Die Ära der Ökologie* beschreibt. Hier erklärt er, welchen Einfluss die Reformbewegungen des späten 19. und frühen 20. Jahrhunderts, darunter die Hygienebewegung, auf Umweltbewusstsein und Umweltpolitik in späteren Zeiten hatte. Damals hatte die Bevölkerung an vielen Orten stark zugenommen; im Zuge der Industrialisierung gab es neue Siedlungen und Viertel, oft nahe der Minen, Bergwerke oder Fabriken, in denen jetzt viele Menschen dicht beieinanderlebten. Toiletten und Duschen waren Mangelware, weshalb die Obrigkeit auf das zurückgriff, was sie vor Ort hatte, Flüsse und Seen. Deshalb kamen die Badeschiffe auf, so auch hier am hessischen Altrhein, wie auf einer Informationstafel des Geoparks Bergstraße-Odenwald zu lesen ist, die ein paar Meter oberhalb der Modaumündung steht, am Parkplatz bei der Stockstädter Brücke.

Badeschiffe waren Kähne, auf die man am Hafen aufstieg, um den Fluss auf- und abzufahren und dabei einmal hineinzuspringen und sich zu waschen. Es gab auch Badeinseln in den Flüssen, zu denen man hinfuhr, badete und wieder an Land ging. Von Darmstadt aus fuhren ab 1879 sogenannte Badezüge nach Stockstadt, die die Arbeiter zu den schwimmenden hölzernen »Stockstädter Badeanstalten« brachte, den

Schwimmschiffen. Hier sollten sie sich abends für eine gute Stunde, wie in den Zugfahrplänen zu lesen war, waschen und baden, bevor der Tross wieder nach Darmstadt zurückfuhr.

Die Klassen spielten auch für die Badekultur damals eine Rolle: Der Baron des Hofgutes Guntershausen, das heute auf der Kühkopfinsel liegt, hatte zunächst eine eigene Badeanstalt im Altrhein oberhalb der Stockstädter Brücke; alle anderen mussten bis 1893 warten, bis die adlige Schwimmstätte für alle geöffnet wurde. Aus ihr wurde ein beliebtes Rheinschwimmbad, das bis zum Beginn des Krieges in Betrieb war. Dann wurde dieser Art Badekultur ein Ende gesetzt zusammen mit dem Schmutz und den Fäkalien, die aus den vielen neuen Fabriken und gewachsenen Städten in die Flüsse gelangten. Auch die menschlichen Massenbäder in Badeanstalten und Schwimmschiffen, die deutschlandweit bekannt waren, verschmutzten die Flüsse. Heute gibt es in manchen Städten wieder Versuche, die Badekähne wieder fahren zu lassen, als touristische Attraktion und Akt der Nachhaltigkeit.

Karpfengrazie. Wir haben uns heute durch dichte Hartriegel- und Weißdornwände geschlagen, sind hängen geblieben, Äste schlugen uns ins Gesicht, doch dann zeigte sich das geheimnisvolle Wasser dieses nördlichen Teils unseres Altrheins, eines Auengewässers mit großen toten Weiden, die im Wasser verfaulen, ihre Äste in das Oliv des alten Rheinarm hängen lassen. Dahinter Seerosen, Schlammwolken von fliehenden Fischen, die Schatten der Karpfen unter wabernden Blättern. Und alles atmet, flirrt, glitzert aus den Weiden heraus, lockt mit den Pflanzen des schimmernden Wassers, verschmilzt zu einem Wasserwald, der voller Leben ist.

Ich stehe, werfe, aber denke an keine Fische, sondern nur an all das Leben hier, das zu mir herüberruft – der Graureiher mit seinem kurzen, heiseren Krächzen, die noch dunkler sprechenden, herabstürzenden Nilgänse, oben stumm der ewige Schwarzmilan, Bote der Aue, der stetig fliegt und verschwindet.

Ich habe Schrammen von den Dornen im Gesicht, etwas juckt am Arm, die Hoffnung auf Hechte ist verschwunden. Aber die Aue hat mich verschluckt. Ich schaue dem großen Karpfen weiter hinten zu, wie er zwischen den Seerosen schwänzelt, sich absinken lässt, verschwunden ist und dann ein paar Meter weiter wieder auftaucht, um zu seiner Wohnpflanze zurückzukehren. An Land wäre er schön, aber groß und klobig. Hier, im Wabern, gleitet er durch die Blätter und Stängel, ist leicht und elegant, ein Elfenfisch.

Die anderen rufen herüber, vermutlich ist ein kleiner Hecht drangegangen. Aber ich denke schon an den Rückweg und beobachte weiter den Karpfen, schaue hoch, denn ein Storch zieht vorüber, und blicke zum Wildwechsel, durch den ich nur an diesen kleinen freien Uferflecken gelangen konnte, denn sonst liegen hier die toten Bäume am Altrheinrand, wächst Gestrüpp und Kraut, ist kein Platz und kein Durchkommen.

Beim Händler. So friedlich ist es hier in der Kühkopfaue nicht immer. Denn sie liegt inmitten des Rhein-Main-Gebietes, ist vielleicht das schönste Stück Natur, das es hier gibt, und lockt daher gerade an Wochenenden und an Feiertagen Tausende Besucher an. Deshalb schwelt seit Langem ein Streit zwischen den Einheimischen am Fluss und der Forstbehörde wie auch den Umweltschützern; es geht um Land- und Wegerechte zwischen den Zeiten; um Gewohnheiten in einer Landschaft, die zum Schutzgebiet geworden ist und unter dem Druck des Tourismus steht. Die aber auch den Menschen vor Ort durch die Besucher Einnahmen bringen kann. Es geht um Konflikte, die es in der ganzen Welt gerade in Schutzgebieten und um sie herum gibt.

Einen tiefen Einblick in diesen Streit am Altrhein bekomme ich bei dem Angelhändler Landau, bei dessen Vater schon Rouvens Großvater, der »Landrat Schorsch«, mit seinem Tirolerhut und dem Schnauzer einkehrte, um seine Ruten zu kaufen. Darunter die alte gelbe aus Glasfiber, die ich manchmal noch an Flüssen mitnehme.

Ich sitze bei Landau im Hinterzimmer, und wir kommen ins Gespräch, zuerst über Hechte, den Rhein und die Köderfarben des Spinners. Aber dann fängt Landau an, mehr von der Landschaft zu erzählen, vom Jagen in den Auen, denn er ist auch Jäger, und von der Interessengemeinschaft Forsthaus Kühkopf-Schusterwörth, in der er für eine, wie er sagt, nachhaltige Nutzung des Schutzgebietes streitet, das über die Erfeldener Altrheinschleife mit der Kühkopfinsel auch den urwüchsigen Schusterwörther Altrhein umfasst.

Es geht in dem Streit, der seit den 1990er-Jahren schwelt, um Wege, die befahren werden dürfen oder nicht, zuvorderst zum Schusterwörth. Es geht um eine Brücke, die das Land abreißen wollte, bis die Stadt Riedstadt sie übernahm. Und es geht den Vereinen der Initiative, darunter Angler, Jäger, Heimatforscher, Sportler, Feuerwehr und Theaterleute aus Erfelden, Leerheim oder Biebesheim, darum, das alte, geschlossene Forsthaus drüben auf der Aueninsel wieder als Gastronomie zu öffnen. 2017 hat die Bürgerinitiative dafür 3300 Unterschriften an den hessischen Landtag gegeben – letztlich ohne Erfolg. Die Gastronomie bleibt geschlossen, zu hoch seien die Kosten hier für die Trinkwasserversorgung und die Abwasserentsorgung, unrentabel zudem ein Restaurant, findet das Land. Und im April 2019 hat das Regierungspräsidium Darmstadt entschieden, Schranken zu setzen und den Schusterwörth, den nördlichen Teil des Schutzgebietes, für Besucher und ihre Autos ganz zu sperren. Damit wäre auch der Weg versperrt für viele ältere Leeheimer und Erfelder zum Ausschank des alten Strommeistergebäudes, das aber schon Ende der 1980er-Jahre abgerissen wurde – ein erster Schritt, der Landschaft den Vorrang zu geben.

Das Land Hessen und die Stadt Riedstadt streiten einerseits über die Kosten, die für den Unterhalt der Brücken und Zufahrten anfallen. Dahinter steht aber, sagt Händler Landau, das Ziel, die Menschen der Flussdörfer auszusperren und nur noch Naturschutz zu betreiben, dessen Notwendigkeit er durchaus betont. Aber er sei für eine »Balance«, wie er sagt: »Man kann nicht alles absperren, die Leute aussperren. Man muss sie auch in die Natur lassen und sie vor Ort mit Bedacht nutzen lassen.« Auch weil die Nutzung Gewohnheit sei und zum Leben am Fluss hier gehöre – sei es das Essen im Forsthaus gewesen oder ein »Äbbelwoi« beim abgerissenen Strommeistergebäude auf dem Schusterwörth. Ein anderes Beispiel für verlorene Tradition ist der Fährbetrieb von der Kühkopfinsel auf die andere Rheinseite nach Guntersblum, die 2012 eingestellt wurde; ein Förderverein betreibt seitdem ehrenamtlich im Sommer eine Fähre. In den kommenden Jahren soll wieder eine Elektrofähre an Sonn- und Feiertagen in den Regelbetrieb gehen.

Für die Bürger am Altrhein setzt sich mit diesen Beispielen seit Jahren eine Geschichte fort: Ihre Orte weichen und mit ihnen die Zugänge und das Schutzgebiet, das immer strenger eingefasst wird. Aus guten Gründen, wie das Land sagt. Und auch der Auenförster Ralph Baumgärtel erklärt mir flussaufwärts in seinem Revier, wie sensibel das Ökosystem des Kühkopfs sei und warum es besonderen Schutz brauche.

Der Auenförster. Heute stehe ich am Ufer unter einer weit ausladenden, knorzigen Silberweide, und es tropft von oben, langsam und schwer, als wären es die ersten Tropfen eines großen Sommergewitters. Doch vor uns ist über dem dahinfließenden Altrhein nahe der Stockstädter Brücke alles trocken. Ich gucke verdutzt, und Ralph Baumgärtel, der Auenförster in der grünen Weste, schweigt und grinst etwas verschmitzt. Dann reißt er ein Blatt der Weide ab und sagt: Schaumzikaden. Über uns wohnen die Larven der Weiden-Schaumzikade an den Zweigen in ihren Schaumnestern, die sie vor Feinden schützen und in denen sie bis zum Ende des Larvenstadiums wachsen. Sie produzieren beim Atmen eine weiße Flüssigkeit, die an den Schaumnestern abtropft und für den Regeneffekt sorgt, so massenhaft sind die Larven, ohne aber ihrem Wirtsbaum, den Weiden, zu schaden.

Wir treten zur Seite, aus dem Zikadenregen heraus, schauen auf den Altrhein, der vor uns in einem Silberoliv dahinfließt und schimmert; ich erzähle von meinen Recherchen. Ralph Baumgärtel, ein stiller, sachlicher Experte, hört erst einmal zu. Und erzählt dann vom Rhein und sich. Baumgärtel ist seit 29 Jahren Förster im Revier, Naturschützer mit

Passion und Leiter des Umweltbildungszentrums drüben im Hofgut Guntershausen – und Flussliebhaber durch und durch. Er ist mit 50 durch den Rhein geschwommen, »bei Flusskilometer 474«, hat seine drei Kinder im Rhein getauft und ihnen eine Kindheit in der Einsamkeit der Auenwelt beschert, am anderen Forsthaus in der Knoblochsaue, das traditionell das Wohnhaus des Revierförsters ist, wo nur ein Feldweg hinführt und in der Nähe die Schwedensäule an König Gustav Adolf erinnert, der am 7. September 1631 hier während des Dreißigjährigen Krieges den Rhein überquerte.

Schnell fließt das Gespräch dahin, kommen wir von den Tieren zu den Menschen und zum Wasser. »Man muss in die Flüsse hinein, um sie zu verstehen«, sagt Baumgärtel. Nur entlangzuwandern oder auch nur der oberflächliche Kontakt, etwa mit dem beliebten »Blick aufs Wasser«, reiche bei Weitem nicht. Doch das sei heute der normale Wasserbezug: symbolisch, sodass man davon reden kann. Mehr passiere dann oft nicht. Ich erzähle von meinem Tauferlebnis an der Pulvermühle, kurz von der Modau, die er gut kennt, sodass es ihm entfährt, dass in dem Fluss alles »katastrophal« sei, sehr schade sei das. Und wir stehen 500 Meter von der Mündung der Modau in den Altrhein, am anderen Ufer und in einer anderen Welt, der Welt der Weichholzaue mit den Schwarzpappeln und Silberweiden, die bis zu 200 Tage im Jahr überschwemmt ist und in deren Höhlen Vögel nisten, die auf die knorrigen Stämme spezialisiert sind, wie die Weidenmeise.

Es tropft weiter über uns, und wir wenden uns ab von der großen alten Weide, die hier in den Altrhein gefallen ist, und schieben uns durch den Vorhang aus Ästen zurück auf den Hexenweg, einen versteckten Seitenpfad, der durch die Königsinsel tiefer hineinführt in den Auwald, der hier nun in die Hartholzaue übergeht. Sie ist der eigentliche Urwald mit den vielen Ranken, der Waldrebe und dem Efeu. Vom Wolkenhimmel lugen Sonnenstrahlen durch das Kronendach der Eichen herein, unter denen sich im Mai der weiße Bärlauch ausbreitet, dazu Primeln und der flackernde Blaustern. Verwesende Baumleichen liegen ineinander verkeilt darunter mit ihren hellgrünen Moosmänteln, dunkelgrünen Efeukissen, dem gelbgrünen Lichtschleier des

Dunstes dahinter, wo es ins Nichts weitergeht und die Ranken den Blick verdecken.

»Kein anderer deutscher Wald ist reicher an Lianen und Schlinggewächsen als die Hartholzaue, und nur selten findet man Wälder mit einer so üppigen Krautschicht und so dichtem Unterholz«, befindet der Altrheinkenner Herwig Klemp in seinem Band *Atem der Auen*. »Der zum Licht drängende Jungwuchs wird von imposanten Bäumen von stattlichem Alter überragt, und zahlreich finden sich abgestorbene Stämme, die bislang noch immer der Schwerkraft und jedem Wetter trotzen oder die bereits umgebrochen sind.« Die gefluteten Altarme erinnern Klemp, der viele Naturkundebücher zu deutschen Landschaften schrieb, an »tropische Galeriewälder« und »Teile der Hartholzaue des Kühkopf an den Dschungel«.

Tatsächlich überkommt mich hier ein eigenes Waldgefühl, das mir die Symbolik des Vergehens und Entstehens ganz nahe- und tief entgegenbringt. Es sind die toten Riesen inmitten des blühenden Bodens, die noch lange sprechen, auch wenn der Kühkopf schon weit weg ist. Sie sind eigene Kunstwerke und Quellen des Lebens. Denn in den verwesenden Bäumen wohnen am Auwaldgrund seltene Käfer wie der Hirschkäfer oder Eremit, ein schlechter Flieger, der viel totes Holz am Boden braucht und in großen Höhlen alter Laubbäume wohnt, meist in uralten Wäldern, in denen er selten sichtbar wird. Denn der Eremit verlässt, wie es der Name vermuten lässt, nur selten seine Bruthöhle. Nur 15 Prozent der Käfer sollen es sein, die auf die Walz gehen und ihren Geburtsort einmal verlassen.

Wir stehen jetzt vor einem Teich in einer Senke, der fast völlig von Wasserlinsen bedeckt ist, überall haben Wildschweine den Uferschlamm aufgewühlt, und nur ein paar Meter weg, im beginnenden Unterholz, haben Biber ihre Fluchtburg gebaut. »Wenn das Hochwasser kommt, gehen sie da hinein«, sagt Baumgärtel und geht hinüber. Nur wenige Biber gibt es am Erfelder Altrhein seit ein paar Jahren; es dürften mehr werden, weil er hier die besten Bedingungen hat und auch hergehört. Wie andere Tiere, die es anderswo längst nicht mehr gibt, weil von den Auenwäldern in Deutschland nur noch fünfzehn bis zwanzig Prozent überhaupt bestehen und nur noch ein Prozent nach Angaben des Bundesamtes für Naturschutz so aussieht und lebt, wie Auen es immer schon taten. Der Kühkopf gehört dazu und ist eines der Prunkstücke nicht nur am ganzen Rhein, sondern bundesweit, ähnlich den Auen an der Elbe in Sachsen-Anhalt, die auch als Vorzeigebiotope gelten.

Entstanden ist die Insel zwischen Altrhein und Rhein beim Rheindurchstich von 1828 und 1829, bei dem Oberbaudirektor Kröncke nur einen 16 Meter breiten und 3,6 Kilometer langen Graben ausheben ließ, den aber der Rhein mit seiner Kraft schnell vertiefte, verbreiterte und den fünfeinhalb Kilometer langen Durchstich dann selbst vollendete. Zehn Kilometer sparten nun die Rheinschiffe. Im Umland sank der Grundwasserspiegel und fielen Feuchtwiesen trocken, sodass neue Ackerflächen da waren. Stockstadt und Erfelden verloren aber ihre Bedeutung als Handelshäfen, und auch Gimbsheim und Guntersblum auf der anderen Rheinseite hatten Einbußen: 150 Hektar Land, das nun der Rhein durchfloss. Es entstanden so die Kühkopfinsel und eine Altrheinschleife, die heute nach fast siebzehn Kilometern wieder in den Rhein mündet. Gegenüber beginnt die ebenfalls geschützte Knoblochsaue, auf der es im Mai, wenn der Bärlauch hier in dicken Teppichen blüht, stark nach Knoblauch riecht.

Groß sind dann auch die Bärlauchwiesen direkt hinter der Brücke in Stockstadt, wo die Wanderwege in diese Wasserwildnis losgehen und ich jetzt wieder mit Baumgärtel stehe. Wir sind allein, denn es ist ein Mittwoch, kaum jemand ist jetzt hier auf dem Hauptweg unterwegs. Der Förster beginnt vom Schwarzmilan zu erzählen, dem Wappenvogel des Kühkopfes, der einmal mit 35 Brutpaaren hier sein stärkstes Vorkommen in Mitteleuropa hatte. Jetzt aber schwindet der Bestand. »Es ist wohl der Uhu«, sagt Baumgärtel. Der Uhubestand hat nämlich zugenommen, und nun holen die großen Eulen die Schwarzmilanjungen aus den Nestern. Der Wappenvogel wird nicht aussterben, aber seltener sieht man ihn schon; so verändert sich das Leben hier auf der Insel der Vielfalt, der »Schatzinsel«, wie das Land Hessen in seinen Broschüren zum Kühkopf dichtet.

Fast 700 verschiedene Pflanzenarten gibt es in dieser Waldwasserwelt und 250 Vogelarten, davon 120 als Brutvögel. Dazu kommen fast alle deutschen Amphibien, auch Moorfrösche und Kammmolche, der Riese unter den heimischen Molchen mit Weibchen, die 18 Zentimeter lang werden können. Die Art ist nachtaktiv und lebt versteckt in Gewässern mit vielen Wasserpflanzen, in sonniger Lage und ohne Raubfische. Am Kühkopf soll es den alten Quellen zufolge 400 Schmetterlingsarten geben. Es gibt 47 Libellenarten, immerhin 40 Fischarten, und Fledermäuse bringen es auf 13 Arten; nicht alle sind immer hier, aber insgesamt ist die Liste ausschlaggebend dafür, dass hier Hessens größtes Naturschutzgebiet liegt, dazu noch eines der größten Auenschutzgebiete in Deutschland und Teil des EU-Schutzgebietsnetzes Natura 2000. Dies wird weithin unterschätzt, besteht es doch aus rund 27 000 Schutzgebieten in der ganzen EU, die fast 20 Prozent der Fläche ausmachen.

Damit ist das Natur-2000-Gebiet das größte grenzüberschreitende Netzwerk von Schutzgebieten auf der Welt und ein weiteres Indiz dafür, welch kluge Natur- und Umweltpolitik bisweilen vom viel beschimpften Brüssel aus entstanden ist; gerade die Flüsse haben davon profitiert, ihre Wasserqualität vor allem. Aber viel Arbeit wartet noch, denn Auwälder zählen in Mitteleuropa zu den bedrohtesten Lebensräumen überhaupt. Und in keinem Raum ist die Biodiversität höher, also die Vielfalt von Arten und Biotoptypen.

Am Altrhein ist das bei Wanderungen ständig zu beobachten. Man kann über die Erfelder Brücke einsteigen in die Insel und dann das Land der Kopfweiden ablaufen, die hier früher, wie in vielen anderen Auen, ein ganzes Handwerk nährten; 150 Weiden sind übrig geblieben, die geschnitten und gepflegt werden ebenso wie die Wiesen auf dem Kühkopf, die so unterschiedlich sind wie ihre Böden. Denn es »finden sich sehr feine Tonböden dicht neben grobem Kies, je nach Launen des Wassers, das im Laufe der Zeit wohl jedes Stück Boden in der Aue mehrfach umgeschichtet hat«, wie Herwig Klemp schreibt.

Ich komme selten über die Erfeldener Brücke, sondern meist von der Stockstädter Brücke her, gehe dort vorbei an den Streuobstwiesen hinter dem Hofgut – 30 Apfelsorten wachsen auf der Insel, darunter viele alte –, dann hinein in den Weidenwald der Weichholzaue. Weiter geht es am Hexenweg entlang und hinab zu Nischen im Uferwald, so wie heute mit Auenförster Baumgärtel. Dann geht der Pfad durch den Lianenwald der Hartholzaue, der ganz im Norden der Flussschleife, am Karlswörth, die Amazonasphantasien nährt. Die Wanderung führt vorbei an Schilfwäldern, Schlammfeldern mit zartgrünem Rasen und seltenen einjährigen Blumen, Lichtungen mit Tümpeln und Teichen und Altarmen wie dem »Aquarium«, dem gegenüber am anderen Ufer hin zum Kühkopf wiederum Kolke wie die Bruderlöcher oder das Neujahrsloch liegen.

Es sind Überbleibsel von Jahrhunderthochwassern, in denen sich, ganz so wie in den Altarmen, mit der Zeit eine eigene Pflanzengesellschaft bildet. Im Frühjahr leuchtet hier hellgelb die seltene Seekanne. Und an Schlappeswörth und Schusterwörth wächst auch die stark gefährdete Wassernuss, auch Wasserkastanie genannt, die stilles, kalkarmes und wärmeres Wasser braucht. Sie bedeckt ganze Buchten mit ihren pfeilförmigen, gezackten Schwimmblättern. Im Herbst fallen ihre »Nüsse«, zwei bis vierdornige Früchte, und sinken auf den Grund, um im Frühling dann zu keimen und wieder emporzuwachsen, bis zu drei Meter wird die Wasserpflanze des Jahres 2011 lang. In der Steinzeit aßen Menschen die stärkehaltigen Nüsse, die man zu Hause auch im Gartenteich ansiedeln und abernten kann; der Geschmack der Früchte, die vor dem Essen gekocht werden sollten, ist leicht nussig.

Die Artenvielfalt am Kühkopf ist Ergebnis der Kräfte von Wasser und Land, aber auch der Naturschutzpolitik und Landschaftsplanung, die den Einfluss des Menschen, hier vor allem Landwirtschaft und Tourismus, dosiert hat, ohne ihn ganz zu begrenzen. 1952 machte Hessen den Kühkopf zum Schutzgebiet, aber 1965 wurde auch die Brücke in Stockstadt über den Altrhein gebaut, womit Autos auf die Insel konnten. Der Ackerbau auf den eigentlichen Flutwiesen, die hohe Deiche schützten, nahm zu, damit auch der Verkehr. 1978 beschränkte das Land dann den Autoverkehr auf wenige Wege. Sechs Jahre später, 1983, kam dann eine Katastrophe, die zum Glücksfall werden sollte: Die

Sommerdeiche brachen nach einem Jahrhunderthochwasser, und der Rhein flutete den ganzen Kühkopf samt den Äckern. Nach kontroversen Debatten beschloss das Land, die Deiche nicht mehr instand zu setzen. Das bedeutete das Ende für die große Landwirtschaft des Hofgutes Guntershausen auf dem Kühkopf mit seinen 300 Hektar an Wiesen und Feldern, von denen die Hälfte heute nun überflutet werden können, je nach Stärke der Hochwasser.

Ein- bis zweimal im Jahrzehnt setzt der Rhein an Kühkopf und Knoblochsaue insgesamt 700 Hektar Wald und frühere Äcker unter Wasser; der Wasserstand schwankt um sieben Meter. Dazu kommen all die kleineren Fluten. Zieht sich das Hochwasser zurück, entstehen »Stromtalwiesen«, ein seltenes Revier, in dem Pflanzen wachsen, die es nur hier gibt wie Färberscharte, Echter Haarstrang oder der violett blühende Kantenlauch. Das Land pflanzt die Arten in den überfluteten Flächen aber nun auch an, um die Stromtalwiesen, die teils vorher Äcker waren, mit ihrer Vegetation als Lebensraum zurückzugewinnen. Ackerland wird Aue, großflächig – ein solches Freilandexperiment gab es noch nicht, weshalb mehrere Universitäten und das Auen-Institut in Rastatt die Rückkehr des raren Lebensraums der Stromtalwiesen erforschen. Die Wissenschaftler stoßen dabei auf kleine Sensationen wie etwa zwei Arten der ameisenähnlichen Blütenmulmkäfer, die nach dem Hochwasser von 1983 plötzlich wieder auftraten; 130 und 150 Jahre lang waren sie auf dem Kühkopf nicht mehr gesehen worden.

So ist diese Aueninsel ein Ort voller Naturwunder. Am schnellsten sind sie im alten Hofgut Guntershausen zu begutachten, wo ich mit Ralph Baumgärtel nun angekommen bin. Teile des Gutshofs sollten Anfang der 1990er-Jahren abgerissen werden, als sich ein Förderverein gründete, um ihn zu erhalten. Heute gibt es hier Kunstausstellungen, Seminare für Schulen, Ausbildungen für Kräuterpädagogen, das Museum von Stockstadt und Malereikurse der Volkshochschule des Kreises Groß-Gerau. Und das 2014 neu eröffnete Umweltbildungszentrum »Schatzinsel Kühkopf« mit der Daueraustellung »Mitten im Fluss«, die den Auen gewidmet ist, der Unterwasserwelt von Haupt- und Altrhein.

Es ist der Lebenstraum von Ralph Baumgärtel, an dem wir jetzt nach unserem Rundgang angekommen sind. Er bittet mich bescheiden und höflich hinein, strebt dann aber schnell in sein Büro und entlässt mich zu einer zweiten, diesmal virtuellen Wanderung durch die Aue, in der ich lange vor deren Strömungsmodell am »Grünen Tisch« stehen bleibe. Auf den Tisch werden historische und aktuelle Landkarten und Luftbilder projiziert, die sich mit den elektronisch eingebauten Jahrhundertschritten verändern und zeigen, wie sehr sich die Landschaft am Kühkopf und im hessischen Ried gewandelt hat – von einer ursprünglichen Ebene mit Auen und Sümpfen, in der ein wilder Fluss den Rhythmus diktierte, hin zu einer klein parzellierten Landwirtschaftsebene, die mit ihren eckigen Formen und geraden Linien meine Auenstimmung durchkreuzt. Ich drücke den Knopf und flute die Aue, beobachte, wie der Rhein langsam anschwillt, sich ausbreitet und die nachgebildete Miniaturlandschaft des Rieds hier auf dem Tisch langsam überschwemmt, das Land zu Wasser wird. Ein Wechsel, der fast abgeschafft ist, weil er nicht in die Zeit und das Denken der Industrialisierung gepasst hat, die begradigen wollte, wo sie konnte, die die Kurven hasste. Vielleicht hat ja damals das Wort »Ausufern« seine negative Bedeutung bekommen. Hier scheint es mir gerade neu auf, als ein Flusstalent, das man eher fördern statt anfeinden sollte.

Flussfarbenspiel. Ich habe in den letzten Nächten wieder von den Bachforellen geträumt, erst von der großen Alten und danach von der Goldenen Forelle, dieser Schönheit des Flusses, die ich kürzlich fing.

Die große Streunerin, die so schlank war und träge biss mitten in der Hitze, sie liegt mir weiter schwer in Gedanken und Träumen. Die Goldene ist Teil guter Nachtphasen, scheint auf mit ihrem Licht in wirren Träumen oder kommt einfach nur als Bild daher, mit diesem gepunkteten Rot, das nur die Bachforellen haben. Das erinnert mich an das Eisvogelblau, dem ich bei den letzten Gängen überraschend oft begegnet bin. Es ist mehr als ein schönes Blau auf einem Gemälde oder in der Werbung, da es die ganze, meist grünliche, braune oder auch beige Flussszenerie jäh ausleuchtet in einer Tiefe, die dort eigentlich nicht hineingehören kann. Sein Blau ist ein Pfeil, der sich für Sekunden in die Farbwelt des Flusses bohrt, um diese zu bereichern und doch auch zu stören; es ist eine Abbruchkante hinein in eine andere visuelle Galaxie. Auch das Gelb auf der Wange der Ringelnatter leuchtet, und meist kann ich es länger beobachten, wenn sie in der Aue oder an der Modau übersetzt. Das Natterngelb leuchtet ebenfalls in meinen Träumen auf, aber es ist bleibt eine seltene Erweiterung der Farbwelt des Flusses.

Dem Eisvogelblau und Bachforellenrot nahe kommt nur das Feuersalamandergelb. Ich warte auf den Tag, an dem ich den Kindern einen Feuersalamander zeigen kann. Ich sah sie in Waschenbach am Steinbruchteich mit dem Großvater, wir gingen einfach hinein, und da waren sie.

Bärlaucheiche. Der Mai schneidet hier am Kühkopf immer wieder solch einen eigenen Film, dass man sich über wenig zu wundern braucht. Ich bin auf der Königsinsel unterwegs, am Hauptweg, und schaue in die Aue hinein, wo der Bärlauch ungemein dicht steht, als wären Landschaftskünstler am Werk gewesen. Waren es auch, nur ohne Menschen.

Mir geht der Bärlauch stark in die Nase und dann ins Auge als eine Form, die gerade, wie mit dem Lineal gezogen, den toten Baum einrahmt, vor dem ich stehe. An den Seiten und Enden des mächtigen Eichenstamms, der hier vor Jahren knapp hinter dem Weg in den Wald gefallen ist, hat der Lauch eine schmalen Rahmen gelassen, der das dunklere Braun des Laubes am Waldboden freigibt, auf das der graubraune Stamm des toten Riesen folgt, der aber nicht tot ist. Denn kein Wesen ist so voller Leben wie ein Baum, den die Jahrzehnte zersetzen, den erst Mikroorganismen, dann Pilze, Insekten und schließlich Vögel besiedeln. Dicke, grellgrüne Moosteppiche sitzen hier an den Flanken des Stammes. Ameisen laufen drüber und auch Käfer, so viel kann ich vom Weg aus sehen, den ich im Schutzgebiet nicht verlassen darf.

Zwei tote Äste ragen steil empor und neigen sich dem Stamm zu, der in seinem letzten, dunkelgrünen Bärlauchbett ruht, als wäre er dorthin gelegt worden. Kein Laut ist zu hören, nur von weiter hinten tönt das heißere Waldpolizeikrächzen eines Eichelhähers. Kleine Eichen schießen neben dem Eichstamm aus dem Bärlauchteppich hervor, das reicht bis zum Blickende, wo der Auwald als grünbraunes Flirren unscharf entschwindet und immer weitergeht.

Herbstlob. Am häufigsten bin ich im Herbst am Kühkopf unterwegs. Ich kann die Kraft des Herbstes am besten nutzen, weil er alles kann, schon den Schnee, aber auch die Gluthitze. Und er ist auch der Farbenmeister und der größte Musikant aller Jahreszeiten, wie der Wald mich immer wieder lehrt. Ob es Rauschen, Raunen, Wispern, Flüstern, Zischen, Knarren, Weinen oder Lachen ist, die Bäume im Herbst kommen mit allem auf uns zu. Und der Herbst gibt dem Land das Wasser zurück, das dieses Jahr so sehr gefehlt hat. Natürlich, er kann grau, stürmisch und zerstörerisch sein, bieder, monoton und trauernd um das Ende des Sommerprotzens. Aber genau darin, in diesen Stimmungstälern, liegt schon wieder der Aufstieg. Der Herbst ist das größte Unterschiedserlebnis und deshalb für mich spürbarer, sichtbarer und daher vollständiger als die anderen Zeiten.

Uferkino. Es hat etwas von Kino, wenn man über Jahre und sogar Jahrzehnte hin an derselben Stelle stehen, am selben Uferstrang entlanglaufen kann und so das kleine Stück Landschaft zu einem Begleiter wird mit all seinen Bewohnern. Bei mir ist es die Apfelwiese, die »Äbbelwiss«, eine schmale Halbinsel, die den Altrhein hinter Erfelden vom »Kandel« trennt, einem Altarm, den der Darmstädter Jachtclub als Hafen nutzt. Vorne an der Spitze läuft das Hafenbecken in den Altrhein, und dort liegen die größten Steine am Ufer, wenn man sich durch die Bäume gezwängt hat, vorbei an einem Hochsitz und einem wilden Feuerplatz, und an der Zusammenkunft beider Rinnen ankommt. Es ist jedes Mal eine aufwühlende Stille, die an Mündungen entsteht.

An der Grenze, wo der eine Strom in den anderen geht, an der Stromlinie liegen die Geheimnisse der Flüsse verborgen. Angeblich stehen da die meisten Fische, was nicht immer stimmt. Aber hier sind Untiefen, fangen Unterwasserinseln an sich zu bilden, beginnen dicke Krautteppiche, die ihre Blätter wie Fahnen in die Hauptströmung hängen und alle grüßen, die vorbeischwimmen. Sich das Land unter Wasser vorzustellen lohnt sich bei Mündungen besonders; da kann man stehen und ein bisschen sinnieren. An der Spitze endet mein Gang, wenn ich auf Hechte aus bin. Dann kann ich ausatmen und rasten; meist ist ein Hecht im Rucksack, denn sie haben sich hier an der Uferlinie, an vier oder fünf Standplätzen zwischen dem Ruderklub vorne und der Spitze, ihr Revier gesucht. Das ist geschehen, seitdem die größere Sauberkeit des Rheins, entstanden über Jahrzehnte, den Fluss verändert hat, die Nährstoffe weniger wurden und sich das Artenspektrum verschob: weniger Brassen und auch Zander, dafür mehr Barben und eben Hechte. Als die Schwarzmeergrundeln kamen, war der Tisch für den krokodilhaften Jäger mit dem Leopardenmuster noch mehr gedeckt.

Ich kann auf dem kurzen Gang sehen, wie sich die Misteln über die Jahre ausgebreitet haben und wie die Apfelernte sein wird, denn es stehen viele Bäume in der Streuobstwiese. Durch die Brennnesseln geht es vom Pfad oben, wo auch ein Imker seine Stöcke hat, hinunter zu den einzelnen Plätzen, an denen noch immer Gruppenangeln stattfindet – seit dem ersten Mal, als vielleicht Achtjährige neben Anglern standen, die hier ihre Wettbewerbe fischten. Unten am Ufer zwischen den Steinen stehe ich in kleinen Buchten und schaue seit Jahren auf dieselben Stellen im Fluss, der mal olivgrau dahinfließt oder auch mal lehmschmutzig nach Regenfällen. Der dann darbte und klein war in der Dürre oder manchmal tiefgrün mit weißer Garnitur in der Frühjahrsblüte, wenn all die Weidenkätzchen vorbeischwimmen und das Uferkino wieder startet.

Heute steht mir eine Rotte Wildschweine gegenüber, sie fressen, grunzen und spielen in 25 Meter Entfernung am anderen Ufer, im

Naturschutzgebiet, wo kein Weg entlanggeht. Es sind zwei Bachen mit fünf Frischlingen, die zwischen Stämmen hin- und her rennen, sich im Uferschlamm suhlen und ihn wie kleine Staubsauger durchackern. Sie stören sich nicht an mir, sehen auf, ich angle, wir sehen uns wieder an, der Rhythmus bleibt erhalten. Dann klingelt mein Handy in der Tasche, ich muss ran, spreche, und die Schweine flüchten.

An diesem Tag ziehen Kormorane vorbei, Bussarde und Krähen. Oft fliegen hier auch Weißstörche, die stark zugenommen haben in den vergangenen zwanzig Jahren – im Gegensatz zu den Schwarzmilanen, die im Winter auch nach Süden ziehen. Einmal hielten wir mit dem Auto an und sahen vielleicht vierzig Milane, wie sie sich über den Feldern des Rieds in der Thermik hinaufschraubten, um dann ihren großen Flug zu beginnen; es war ein sich aufbauender Turm aus elegantesten Gleitern über der sandigen, öden Weite des Rieds – ein Kontrast, der sich in der Erinnerung festgesetzt hat.

Auch ein Eisvogel schießt an meinem Platz manchmal vorbei. Und im Mai stand ich still und warf den Köder aus, als eine Ringelnatter in der Flussmitte auftauchte, quer in meine Richtung schwamm und plötzlich direkt auf mich zukam; sie reckte den Kopf rund drei Meter vor meinen Stiefeln aus dem Wasser, als wolle sie grüßen, und vielleicht tat sie das auch, machte kehrt, schwamm parallel zur Uferlinie und verzog sich dann flink zwischen die Steine, über die manchmal Ratten huschen im Halbdunkel. Bei Sonnenschein ziehen am Kühkopf die Karpfen unter den Seerosenbetten dahin, und mit etwas Glück sind es die schmalen, europäischen Wildkarpfen, die es sonst kaum mehr in Deutschland gibt. Er kommt ursprünglich aus Südosteuropa, aus dem Donauraum und vom Kaspischen und Schwarzen Meer, und ist der Vater aller Karpfenvarianten, also etwa von Schuppen- und Spiegelkarpfen. Der Wildkarpfen, den ich hier im Mai unter einer Seerose kurz erspäht habe, hat mich daran erinnert, wo ich bin: in einem Stück seltener, wenn auch menschengemachter Wildnis, deren Auen, Teiche, Sümpfe, Wiesen und Wälder meist nicht zugänglich sind.

Der Trapper. Ich sehe ihn immer an derselben Stelle zu unbestimmten Zeiten, mitten in der Woche, vormittags, wenn ich mich wieder einmal an die Apfelwiese geschlichen habe und die Aue bestaune, den Hechten nachgehe, die Tierwelt beobachte. Er kommt still und unverhofft, wendet den Kopf nicht, blickt nicht herüber, sondern gleitet still in seinen eigenen Momenten weiter den Altrhein hinab, vielleicht hinein in ein Zeitfenster hinter der Flussbiegung mit Ausstiegen bei 1973 und 1982; hinein in ein Fenster, aus dem er vorher irgendwann entsprungen ist, um sein rotes Kanu zu besteigen, das wahrscheinlich länger den Altrhein befährt, als ich Jahre zähle; das Boot hat Patina, ist verschrammt, hat Grünspan angesetzt und seltsame Aufbauten. Sein ebenso alter Bootswagen streckt die Räder in die Luft, als könnten sie nicht mehr rollen. Damit verwoben und verwachsen, die Konturen zwischen Mensch und Gerät verschwimmen, sitzt der Trapper. So nenne ich ihn mittlerweile, ohne dass ich überhaupt etwas über ihn weiß, ich habe mich nie getraut, diesen stillen Kanuten mit seinem Rauschebart, der das Gesicht verdeckt, anzusprechen. Er genießt das Gleiten, die Einsamkeit, den Urwald mit seinen Rufen, vielleicht auch die Blicke von uns Ufermenschen aus einer Anderswelt, die nicht bis an sein Wasser reicht.

Ich werde den Trapper aber nie fragen, wie ich sonst alle Wassermenschen nach den Flüssen und Seen frage. Hier genieße ich den unbekannten Gedanken, den Abschied, das unverhoffte Auftauchen. Er ist Teil der Aue, ich löse ihn nicht davon ab. Und er ist der Gegensatz zu den Jachtclubmenschen, seine widerständige Genügsamkeit trifft dann auf ihren Prunk, wenn sie sich vorne an der Mündung bewegen, wo versteckt hinter den Bäumen eine kleine Feuerstelle von Jugendlichen ist. Ich könnte mir vorstellen, dass er den weißen Trossen nicht die Vorfahrt lässt, wenn sie aus dem Jachthafen stoßen, sondern sich sein altes Wegerecht nimmt.

Welsangriff. Wir angeln unter der Brücke, die hinüber zur Kühkopfinsel führt, suchten nach Schatten an diesem Hitzetag, der eigentlich alle Fische lähmt so wie die Menschen auch, aber uns zieht es heute Morgen raus, trotz aller Zweifel. Wir schwitzen, fangen eine kleine Schwarzmeer-Grundel nach der anderen, die in den vergangenen Jahren Rhein, Main und Neckar erobert und an manchen Stellen die anderen Arten verdrängt haben. Der Ärger bei Anglern und die Sorgen bei Biologen waren groß, doch mit der Zeit haben sich die Wassermenschen an den neuen Massenfisch gewöhnt. Allerdings kommen die ersten Meldungen, dass die Grundeln wieder zurückgehen in den großen Flüssen, und manche Angler bestätigen das.

Es ist mühsam heute, immer wieder zieht die Hitze still über das Wasser. Es gibt auch auf dem großen Parkplatz kaum Bewegungen, selten kommt ein Auto mit Wanderern, die hinüber in die Aue und zum Besucherzentrum wollen.

Wir sind müde, ich sehe hinüber zu dem trockengefallenen Ufer, einer nackten Steilwand aus hellbrauner Flusserde, auf der Stockenten dösen. Dann kommt aus dem Nichts der Hitze der riesige Schlag aus dem Wasser, ein Riesenschwall, der die Ente einhüllt, die als Nächste an der Wasserkante sitzt. Eine Sekunde vielleicht dauert der Welsangriff, ist die Ente weg, bis ich sie doch entdecke: in der Luft schon, auf der Flucht.

Wir verharren, sind gebannt von dem Schauspiel, von dem wir bisher nur von anderen Anglern gehört haben. Nun reden wir wieder über den Riesen des Rheins, der sich so schnell ausgebreitet hat, seitdem er in den späten 1980er- und frühen 1990er-Jahren in der Gegend erstmals öfter aufgetaucht ist, zuerst im Main, dann auch hier und im Neckar, bald überall in Deutschland. Andere haben ihn gefangen, wir nicht. Zu teuer war mir die Ausrüstung und zu groß der mögliche Fisch – was mit ihm tun?

Und doch bleibt immer auch eine Faszination von diesem Giganten. Ich beschließe, ihm einmal anders nachzuspüren als mit der Rute – als Rechercheur, der zeigen will, dass hier keine Bestie das Land erobert und die Seen und Flüsse leer frisst, wie es gerne der Boulevard im Sommerloch schreibt.

Eine tiefer gehende Geschichte zum Wels konnte ich dann gleich nach dem Angeltag zu Hause im Internet nicht finden. Also habe ich mich selbst darangemacht. Ich habe sie bei zwei jungen Berufsfischern weiter im Süden gefunden, zwischen Karlsruhe und Mannheim. Also bin ich zu ihnen aufgebrochen.

Bei den Fischern. Er lenkt das Boot in den Hauptstrom, sieht durch die Nacht zu den Lichtern der Stadt und sucht dann das Ufer ab. Ich finde, in seinem Blick liegt Stolz. Und das Wissen darum, einen der ältesten Berufe der Welt auszuüben, ein freies Leben am Fluss zu führen, ein Handwerk auszuüben voller Intuition und Regeln, das aus der Natur Nahrung holt, für sich selbst und die anderen.

Wir sind auf dem Rhein bei Karlsruhe, morgens um vier, es ist kalt, wir tragen Handschuhe, Mützen und Ölzeug. Kein Boot in Sicht, nur das Großstadtleuchten und die Lichtkegel unserer Stirnlampen auf dem Rhein, über den wir stumm mit dem sechs Meter langen Aluboot stromaufwärts tuckern. Lars reckt die Nase noch mal in den Fahrtwind, schaut vorbei an seinem Bruder im Bug und dann hinüber zum dunklen Vorhang des Auwaldes, hinter dem wir gleich verschwinden, um die Riesen des Rheins zu fangen, Welse, die in die Netze gehen, die wir gestern Abend ausgelegt haben. Edelrestaurants in Stuttgart und anderswo warten heute auf das, was wir aus dem Berghäuser Altrhein nach oben ziehen. Doch noch ist der Himmel voller Nacht, Schwarz regiert; weiter hinten tauchen hellgraue Wolkendächer auf mit ersten rötlichen Schlitzen. Sonnenlicht kriecht heran. Und der Rhein riecht. Gut, brackig, etwas nach Hafenbecken und Watt, auch nach Algen, Muscheln, Erde. Und diffus nach Industrie, Benzin vielleicht. Aber dann passieren wir den Vorhang der Bäume, und die Aura der Aue fängt mich ein. Wie so oft, wenn ich 90 Kilometer flussaufwärts selbst am hessischen Altrhein angle. Es ist in der Aue, wo sich Wald und Wasser zu einer fruchtbaren Welt vereinen, die die größte Artenvielfalt aufweist, mit mystischen Baumriesen und urwaldgleichen Wäldern, die bei mir ein tiefes Wildnisgefühl auslösen, mitten in Deutschland. Und doch sind von diesen früheren Flussparadiesen nur noch drei Prozent intakt. Zwei Drittel sind ganz verschwunden, weil die Flüsse der Industrie gehorchen mussten. Begradigt worden sind, gestreckt, durchbrochen, verwundet.

Auch hier, wo wir das erste Netz ausgelegt haben, sind wir an einer ausgebaggerten Stelle des alten Rheins, der aber weiter hinten in den Wäldern, wo die meisten Netze der Kuhn-Brüder liegen, aussieht wie vor zweihundert Jahren: ein schmaler, dicht bewachsener Flusslauf, über dem die Häupter großer Silberweiden tief hängen. Ihre Blätter glänzen im Sonnenlicht wie grüne Perlenteppiche. Dazu Schilfmeere, Sandbänke und Seerosenburgen vor toten Baumriesen, die wir mit dem Boot zur Seite schieben müssen, um in den Altarm vorzudringen.

Wir sind jetzt in einer klaren Bucht, die von den Fischen gerne frühmorgens besucht wird, wie Lars erzählt. So wie jetzt. Doch ich habe es nicht bemerkt. Mein Blick ist fischgeschult, ich angle seit 35 Jahren. Doch es ist kein Vergleich zu dem, was die beiden hauptberuflichen Fischer – es gibt am Rhein sonst nur noch ihren Vater und einen in Worms – auf dem Wasser erkennen. Hannes steht im Bug und gibt durch, was sich im aufkommenden Morgenlicht im Wasser tut: ein Brassenschwarm hier, ein großer Karpfen dort, die Ringe zeigen es an; Bewegungen an der Weide dahinten. »Ein Purpurreiher«, ruft er voller Freude, denn die beiden Brüder sind mit der Landschaft des Rheins verwoben. Sie haben Dutzende Male hier im Berghäuser Altrhein die Netze auslegt, haben in abgelegenen Buchten gezeltet, um schneller bei den Netzen zu sein. Und dabei den Auwald bestaunt mit seinen Schätzen – dem Purpurreiher etwa, der viel seltener ist als der Graureiher.

Wir sind jetzt am zweiten Netz, das Hannes gestern Abend an einen dicken Ast gebunden hat – unauffällig, um Fischdieben nicht zu zeigen, wo sie etwas holen können. Oder um Anglern zu entgehen, die manchmal aus Futterneid die Netze zerstören. Einen kleinen Wels hat Lars, vorhin in völliger Dunkelheit, aus dem ersten Plastiknetz geklaubt, er schwimmt schon in der grünen Hälterwanne im Boot. Doch jetzt ist das Netz schwerer: Die Brüder ziehen kräftig und knoten nacheinander sechs klodeckelgroße Brassen aus den Maschen, grätenreiche Weißfische, die sie meist an Osteuropäer verkaufen, »weil die damit alles machen, räuchern, einlegen, Frikadellen«, sagt Hannes. In Russland sei die Brasse fast so teuer wie hier der Zander, der Brotfisch der Fischerfamilie Kuhn.

Doch noch immer hängt das Netz tief unten, ein großer Wels muss drin sein, sagt Lars. Der Dreiundzwanzigjährige holt Meter für Meter ein, sein Bruder bringt den Kescher. Langsam schwebt ein mächtiger weißer Bauch aus der Tiefe empor. Schnell dreht sich das Tier und zeigt seinen grau-schwarzen, massigen Rücken. Der Wels schlägt mit dem Schwanz, Wasser spritzt mir ins Gesicht, ich bin mit der Kamera nah dran. Doch dann hat Hannes ihn im Kescher und gleich darauf am Boden des Bootes. Der Wels ist rund 1,4 Meter lang und dürfte um die fünfundzwanzig Kilogramm wiegen. »Zu groß für die Restaurants«, sagt Hannes, während er den Rest des 60 Meter langen Netzes einholt, das über Nacht wie eine Wand im Wasser stand, mit der Bleileine am Grund und einer Schwimmleine, das die Maschen nach oben zieht. Die Kuhns fangen am liebsten knapp ein Meter lange Welse zwischen acht und zehn Kilogramm, weil deren Fleisch weniger fettig und damit wertvoller ist als das der großen Welse; zwölf Euro können sie für das Kilo dann nehmen. Die großen und selbst ihren größten von 2,45 Meter Länge werden sie aber auch los – an Fischliebhaber, die sich mehr Fett zutrauen. Aber im Fett reichern sich Schadstoffe wie etwa Schwermetalle an; nicht jeden Tag sollten daher die Kapitalen auf dem Teller liegen.

Der Wels liegt am Boden, und ich kündige an, ihn in die Wanne zu heben. Dafür brauche ich den Welsgriff, bei dem man die Hand in den Unterkiefer schiebt und mit dem Daumen von außen dagegenhält. So kann man den Wels schonend heben, der sonst, ganz ohne Schuppen, fast wie ein Aal von allem abgleitet, was ihn halten will. Ich habe noch nie einen Wels berührt, aber zur Vorbereitung Videos gesehen, in denen Angler Riesentiere von 2,50 Meter in ihre Boote ziehen. Mit dem Welsgriff. Ich ziehe Handschuhe an und greife einfach zu. Schiebe die Hand hinein und biege den Daumen um den Unterkiefer. Der Wels macht keine Bewegung. Ich kann ihn hochhieven, muss aber bei seinem Gewicht schneller nachfassen als gedacht. Er liegt jetzt still in meinen Händen und sieht ein bisschen aus wie Popeye; vorne ein massiger Kopf mit dem breiten Mund, dann der bullige Oberkörper samt Rücken, gefolgt von einem schmal zulaufenden Schwanzteil.

Ich lasse das Kraftpaket zu seinem Artgenossen in die Wanne gleiten. Dort brauchen sie neues Wasser. Ich kippe Eimer um Eimer aus der Wanne, hole neue Fuhren aus dem Fluss und schütte sie über die Tiere. Lars und Hannes stehen, flechten Netze auseinander. Ein Welsrücken schiebt sich aus der Wanne, sodass ich bis auf wenige Zentimeter an ihn herankomme. Und auf der marmorierten Flanke Tarnfarben finde, die sich das Militär nur hier abgeschaut haben kann: Weiße und beige Flecken wechseln sich ab mit größeren olivfarbenen Flächen, mit hellem und dunklem Braun. Zu den Bauchflossen hin kommen Lila- und Rotschattierungen dazu, die Flossen selbst sind dunkler, bis ins Schwarz hinein. Ich schaue ihm ins Gesicht: Kleine schwarze Augen mit einer golden umrandeten Iris schauen mich an, darunter zwei lange Barteln über der Oberlippe und vier kleine unter dem Maul, mit denen der Tarnungsmeister in seiner dunklen Welt Beutetiere ertastet. »Sie jagen am Ufer, vor allem jetzt im Frühjahr«, erzählt Fischer Hannes. Deshalb binden sie die Netze an überhängenden Ästen oder halb versunkenen Bäumen fest und rammen die rotweißen Markierungsstäbe in den Kies flacher Buchten . »Wir fangen immer mehr«, sagt Hannes. Der Bestand im Rhein sei »unglaublich«.

Der Wels ist Deutschlands Schlagzeilenfisch, der gerne im medialen Sommerloch alles in die Tiefe zieht, was schwimmen kann. Schon in den 1970er-Jahren war die Rede von einem riesenhaften, angeblich dreieinhalb Meter großen Wels im Bad Zwischenahner Meer, um den sich viele Sagen gesponnen und Zeugen versammelt haben. Schließlich hat die Stadt dem Monster, das sich nie so richtig zeigte, ein Denkmal gesetzt. Bekannt wurde auch »Kuno«, der 2001 in Mönchengladbach einen Dackel verschluckt haben soll; es folgte ein Mediengewitter bis hin zu einem Buch. Belegt sind einzelne Angriffe auf Schwimmer, so etwa 2016 im bayerischen Kößnach, als ein »Riesenwaller« einer Jugendlichen ins Bein biss. »Solche Angriffe kommen sehr selten vor«, erklärt Thomas Klefoth, Fischereibiologe des Anglerverbands Niedersachsen und einer der wenigen Forscher mit Welsschwerpunkt. »Es passiert, weil das Männchen das Gelege mit dem Laich rund eine Woche bewacht und gegen jeden Angreifer verteidigt.«

Was den Boulevard interessiert, stößt in der Wissenschaft auf wenig Aufmerksamkeit: Kaum ein deutscher Fischereiforscher beschäftigt sich näher mit dem spannenden Allesfresser. Der Wels sei »stark unerforscht«, sagt Thomas Klefroth, weil man schwer an die nachtaktive Art herankommt, die meist am Gewässergrund lebt und sich gerne in Unterständen versteckt. Klar ist aber, dass sich der Wels seit Ende der 1980er-Jahre stark in Deutschland ausbreitet – aus mehreren Gründen.

Zum einen haben Angler die Riesen in Flüsse und Seen ausgesetzt, um sie fangen zu können. Zum anderen kamen sie über den 1992 fertig gebauten Rhein-Main-Donau-Kanal nach Norden und Westen. Im Donausystem und in der Elbe gilt der Wels als heimisch, im Rhein und vielen anderen Flüssen ist die Art neu. Doch überall hat sie zugenommen – auch weil die Wasserqualität besser geworden ist, erklärt David Ritterbusch vom Institut für Binnenfischerei in Potsdam, der den Wels in der Elbe erforscht hat. Sie bringen mehr Nachwuchs durch, und es gibt mehr Wasserpflanzen und damit mehr Verstecke und Laichplätze. »Mit dem Klimawandel steigen die Wassertemperaturen«, ergänzt Thomas Klefoth. Dadurch fressen die Wärme liebenden Welse über das Jahr gesehen länger – und fangen früher an zu laichen.

Der Wels sei eine »wahnsinnig spannende Art«, betont Klefoth und erzählt von der Lernfähigkeit des Fisches. Am französischen Fluss Tarn etwa hat eine Gruppe Welse herausbekommen, wie sie sich auf das Ufer werfen, um dort sonnende Tauben ins Wasser zu ziehen – eine seltene Jagdweise, die sonst etwa von Orcas bekannt ist und französische Fischereibiologen tief beeindruckte. Welsexperte Klefoth spricht von einer Kombination aus »sozialen und individuellem Lernen«, die solche Spezialisierungen des »absoluten Opportunisten« erklären kann. Der Wels frisst alles – von Würmern, Egeln, Schnecken, Muscheln und vor allem Krebsen in den jüngeren Jahren bis hin zu großen Fischen, Wasservögeln, Bisamratten und Fröschen im Alter.

Ich spreche mit Lars und Hannes über die hoch spezialisierten Welsangler, die sich in Deutschland ausgebreitet haben und auch hier am Berghäuser Altrhein nachts ihre Zelte aufstellen, wie die Brüder erzählen. Sie alle jagen den 2,74-Meter-Weltrekord, den ein Welsprofi 2018 in Frankreich aufgestellt hat. Rund um den Großfisch hat sich eine Industrie samt Angelreisen entwickelt, die bei »Wallercamps« am Ebro oder am Po den Fang des Lebens versprechen. In Spanien, wo ihn ein deutscher Biologe fatalerweise 1974 hinbrachte, hat der Wels einige nur dort vorkommende Fischarten verdrängt, weil dort keine anderen großen Raubfische wie Hecht oder Zander heimisch sind. »In solchen Fällen kann der Wels Auswirkungen auf den Fischbestand haben«, sagt Welsforscher David Ritterbusch aus Potsdam. »Im natürlichen Umfeld hat der Wels aber keinen schlechten Einfluss auf die Fischbestände, ihm wird da oft Unrecht getan«, sagt Thomas Kelfoth und widerlegt damit die gängige Meinung von der Fressmaschine, die angeblich Deutschlands Flüsse und Seen leer frisst.

Die Kuhns werden immer wieder gerufen, um eingesetzte Welse aus kleinen Seen zu fischen, in die sie nicht hineingehören. Oder sie sollen große Karpfen fangen, die durch das Gründeln das Wasser trüben und mit ihrem Kot düngen, sodass Algen blühen und das Wasser schlechter wird. Solch ein Großkarpfen ist uns jetzt gerade ins Netz gegangen, zusammen mit zwei kleineren Welsen, Nr. 11 und 12 und damit den letzten dieses Tages, die Wanne im Boot ist voll. Lars hat Mühe, den riesigen Karpfen mit der Netznadel aus den Maschen zu fummeln; der große, ein Meter lange Fisch glänzt in der Sonne und sieht dabei edel aus mit seinem kupfernen Kleid großer, geometrisch verlaufener Schuppenrauten, die einem fein gelegten Mosaik gleichen. Eine Kasachin wird ihn nachher abholen, Hannes hat sie vorhin angerufen. Die Kuhns verarbeiten selbst nicht, sie verkaufen nur – oder liefern aus. Vater Götz, heute 71 und schon seit dem 18. Lebensjahr Fischer am Rhein, wartet schon zu Hause. Er wird heute noch die besten Welse im Firmenbus mit Hälterwanne zu Restaurants fahren.

Netz um Netz holen die Brüder ein, Regen hat eingesetzt. Der Zauber der Aue ist getrübt, und wir sind inzwischen müde – nach drei

Stunden Schlaf. Ich kippe Wasser nach, schlage Brassen ab, die immer noch in die Netze gehen. Lars und Hannes entflechten die Maschen und schimpfen auf Bäume und Äste, in den sich ihr Fanggerät verheddert hat. Plötzlich riecht Lars an einem Ast. Und lächelt. »Steinpilz«, sagt er. Hannes kommt dazu, dann ich. Und ja, der schäbige Ast voller Schlamm riecht nach der Pilzdelikatesse. »Astriechen, wir machen das immer wieder«, erzählt Hannes. Es sei unerklärlich, aber manche riechen nach Minze, sagt er. »Und manche stinken einfach«, sagt Hannes. »Hier haben wir Lorbeer«, ruft Lars nun vom Bug zu uns herüber. Ich teste – Lorbeer. Und dann schauen die Brüder, wie vorhin schon einmal, verärgert in ein Riesenloch im heillos verhedderten Netz, das sie an Bord ziehen. »Das sind die großen, um zwei Meter«, sagt Lars und meint damit einen Wels, der ihnen heute Nacht auf diese Weise entwischt ist.

Vielleicht werden sie bald drei Meter lang sein, das zumindest schätzt Forscher Thomas Klefoth. Denn die deutschen Welse sind die Generation Y, Kinder der 1980er- und 1990er- Jahre. »Die wachsen weiter«, sagt er. »Bei Größe und Ausbreitung hat der Wels das Ende noch nicht erreicht.«

Aalannahmen. Es ist manchmal nicht so einfach, wenn man als Reporter draußen ist und dort die festen Annahmen zerschellen, die man sich in der Vorrecherche, ja manchmal in einem ganzen Themenfeld über Jahre, erarbeitet hat. Das natürlich meist vom Schreibtisch aus, wenn auch durchaus in Gesprächen mit vielen Experten, viel seltener aber mit den Betroffenen, den Landschaftsmenschen. Vor Ort, für mich hier jetzt an den Wassern, lösen sich dann manche sicher geglaubten Erkenntnisse auf oder werden zumindest in Zweifel gezogen. Für Wissenschaftler, die Feldstudien betreiben, ist es ähnlich aufregend, weshalb die Forschungsarbeit draußen direkt am und mit den Menschen so spannend ist.

Weil ich einmal bei den Ostseefischern war, zweifele ich an meiner angelesenen und absoluten Auffassung zum Aal. Das hat mich nicht absolut erschüttert in meinem Vertrauen auf die Wissenschaft und die Berichte der Umweltverbände. Und ich denke immer noch, dass die Politik viel entschiedener eingreifen müsste, um diesen geheimnisvollsten aller Süßwasserfische zu retten, der vor 20 Jahren noch dutzendweise in den »Aalnächten« im Rhein, Neckar und Main an die Haken ging.

Aber sie sind viel weniger geworden. Manche sagen, der Geruchskünstler, der angeblich einen Tropfen Rosenöl im Bodensee riechen kann, stehe vor dem Aussterben. Viel wird geforscht. Aber das Bild bleibt skizzenhaft, die Gründe sind vielfältig: Die Schlangenfische werden in Turbinen von Kraftwerken gehäckselt, weshalb Berufsfischer zu staatlich finanzierten Umweltschützern werden, sie flussaufwärts fangen und unterhalb der Kraftwerke wieder aussetzen. Ein anderes Problem ist der Fang von Glasaalen vor den Küsten Hollands, Belgiens und Frankreichs, wo die fingerlangen Tiere in Massen abgeschöpft werden, um sie als Dosendelikatesse zu verkaufen, oft nach China, das Fischhungerland, das weltweit in vielen Statistiken zur Fischerei alle anderen weit abhängt und der entscheidende Hebel wäre, um global etwas zu verändern. Nur welche auswärtige Politik hätte Einfluss auf Chinas Fischerei, deren übersandte Fangzahlen nicht immer stimmig sind?

Mit diesem Wissen war meine Schlussfolgerung als Schreibtischrechercheur und Fischkonsument klar: nie wieder Aal essen. Doch als ich für eine amerikanische Umweltorganisation dann kurz vor der großen EU-Fischereireform in einem retroschicken Lübecker Industrieloft am Hafen ein Medienseminar zur Überfischung in der EU organisierte, erhielt ich eine Landschaftsmenschenlektion: Es war bei einem Gespräch mit Berufsfischern auf Fehmarn, als die Zweifel begannen. Aal könne man ja nicht mehr fischen, sagte ich zu einem der Genossenschaftsfischer nach dem Podium, auf dem sie den Journalisten Fragen beantwortet hatten. »Geht nicht«, war die trockene Antwort. »Wie soll ich das machen, Zander und Aal trennen? Leben beide im Brackwasser hier bei uns. Beides unsere Brotfische.«

Dieser Satz, dieser schlichte Fakt, der seine Arbeit bestimmte, geht mir bis heute nach. Natürlich könnte man alles verbieten, um den Aal zu retten. Doch zumindest hier würde man den letzten Fischern, die für das kulturelle Selbstverständnis, das Küstenbild und auch den Tourismus entlang der Ostsee wichtig sind, die Grundlage nehmen. Ich denke immer noch, dass man so wenige Aale wie möglich fangen sollte; aber für die Fischer dort wäre ein Totalverbot zu viel. Mit ihnen sprechen, mit den Landschaftsmenschen, ist unabdingbar. Man muss auch Naturverhältnisse sozial verstehen – und ich denke, dass wir hier, als Journalisten und Forscher, manchmal nur auf die Umweltseite alleine schauen und manche gesellschaftlichen oder wirtschaftlichen Aspekte vergessen, die sich in den ökologischen Rahmen einer nachhaltigen Welt einfügen und in ihr mit dazugehören.

Zucht und Zukunft. In den südhessischen Rheinauen, im unscheinbaren Hessenaue, einem Stadtteil Treburs nah am Rhein, liegt eine einsame Hofreite mitten im Ried. Auf den ersten Blick passt hier nichts zusammen: Hinter der Einfahrt mit ihren Stacheldrahtzäunen stoße ich auf ein Lapplandzelt, auf einen hessischen Biergarten und einen Ostseefischkutter, der neben einer der Lagerhallen steht. Rechts geht es zu schön hergerichteten Fachwerkhäusern, dazwischen Traktoren, Bagger – und zu einem kleinen Gewächshaus. Und wer durch die Fenster einer der Hallen blickt, sieht eine Schlachtanlage, wie bei einer Fleischerei. Nur ein bisschen anders. Auf dem Areal des Betriebs »Fischmaster« ist alles ein bisschen anders. Was auf dem ehemaligen Bundeswehrgelände das Auge erst mal verwirrt, ist eine Ansammlung von Anlagen und Instrumenten eines Experimentierlabors, das an einer globalen Zukunftsfrage arbeitet: der Zukunft der Aquakultur, der Mast und Zucht von Fischen und Meerestieren.

Der IT-Unternehmer Eric Nürnberger hat auf dem zwei Hektar großen Areal in den vergangenen sechs Jahren einen Pionierbetrieb für nachhaltige Aquakultur aufgebaut. Daneben unterhält er mit seinen 25 Mitarbeitern einen Hofladen, einen Onlinefrischfischhandel und die Samenkote für die Wochenenden, wo dann im Zwei-Stunden-Takt

Flammlachs serviert wird. Dazu kommen eine eigene Frischfischverarbeitung, ein Festboden unterm Dach und ein Biergarten mit Imbiss. Nürnberger will für mehr Nachhaltigkeit in der Aquakultur sorgen. Und natürlich will er auch Geld verdienen, er ist Unternehmer. Und er möchte die Technologie verbessern, weil er als Computeroptimierer darin eine persönliche Herausforderung sieht, mit seinen Fachkenntnissen aus der IT-Branche die Fischzucht besser zu machen.Die Weiterentwicklung der Aquakultur ist dringend geboten: Kein Zweig in der Ernährungsbranche ist in den vergangenen beiden Jahrzehnten so stark gewachsen wie die Zucht von Fischen und Krustentieren. Entsprechend groß ist der Anteil, den die klassische Aquakultur an der weltweiten Überfischung hat. Sie bleibt eines der großen Umweltprobleme der Gegenwart, wie der Weltfischereibericht der UN-Ernährungsbehörde FAO (Food and Agriculture Organisation) aus dem Jahr 2018 zeigt. Weltweit sind demnach knapp 60 Prozent der Bestände »fully fished«. Gemeint sind damit Fischbestände, die bis an die Grenze ihrer Belastbarkeit, das heißt im Kern Reproduzierbarkeit, befischt sind. Sieben Prozent werden schonend bewirtschaftet. Wie in den vergangenen zehn Jahren gilt auch aktuell rund ein Drittel der Populationen als überfischt, dreimal so viel wie Mitte der Siebzigerjahre. Die Fischereiwirtschaft selbst leidet massiv unter der Überfischung und den ausgereizten Potenzialen: Durch die schwindenden Fischbestände gehen der Branche jährlich mindestens 50 Milliarden Dollar verloren, wie schon 2011 eine Studie der Weltbank zeigte.

Mit 171 Millionen Tonnen Fische und Krustentiere verbuchte die FAO 2016 einen neuen Rekord, noch nie wurde also so viel Fisch produziert. Es lohnt sich allerdings, genauer hinzusehen: Die Wildfänge an sich stiegen nur ganz leicht. Für Wachstum sorgt die Aquakultur, deren Produktion seit 2009 um fast die Hälfte angestiegen ist; jeder zweite heute gegessene Fisch kommt aus der Zucht, meist aus China oder auch Norwegen und Vietnam, die auf Platz zwei und drei der Liste stehen. Weil die Zucht von Fisch und Meeresfrüchten so stark wächst, liegt der Pro-Kopf-Verbrauch weltweit erstmals bei über 20 Kilogramm, eine Verdopplung gegenüber den 1960er-Jahren. Entsprechend sichtbarer sind auch die Siegel für Fisch aus nachhaltiger Aquakultur geworden. Aquakultur hat Potenzial, doch ihre Möglichkeiten können nur ausgeschöpft werden, wenn aus der herkömmlichen Fischzucht eine nachhaltige Aquakultur wird, eine moderne Bioindustrie, die in Kreisläufen funktioniert und den Druck auf die wilden Bestände im Meer reduziert oder gar keine Effekte auf die Populationen dort mehr hat.

Noch ist die Umweltbilanz der klassischen Zucht oft schlecht: In Südostasien werden Mangrovenwälder, die Kinderstube vieler Fischarten, abgeholzt, um dort immer mehr Shrimps- und Fischteiche auszugraben. Bis an den Horizont gingen diese Teiche, als ich in Vietnam bei umweltjournalistischen Lehrexkursionen mit der nationalen Medienakademie über das Mekongdelta flog – ein glitzerndes Riesenmosaik als Sinnbild der ungesunden Massenproduktion und des Landschaftsverbrauches. Viele Medikamente geben die Shrimpszüchter den Tieren, damit diese lange durchhalten. Das Wasser, in dem sie gehalten werden, ist irgendwann so belastet, dass die Zucht unmöglich ist und irgendwo ein neuer Teich angelegt und dazu vielleicht wieder Mangrovenwald geschlagen werden muss. Auch in Irland, Schottland, Chile oder Norwegen belasten Kot und Futterreste aus der Lachszucht die Küstengewässer. Tiere entkommen häufig, kreuzen sich mit Wildlachsen und bedrohen so den ursprünglichen Bestand. Außerdem werden Pestizide, Desinfektionsmittel und Antibiotika eingesetzt, um die Produktivität zu erhöhen. Ein anderes Problem ist der enorme Bedarf an Kleinfischen, die Fischzüchter weltweit in Pellets, die auch Fischöl und Getreide enthalten, an die Raubfische in den Zucht- und Mastanlagen verfüttern. Der Bedarf an Futterfischen ist groß: Bis zu vier Kilo braucht es etwa, um etwa ein Kilo Lachs oder Kabeljau zu mästen. Noch höher liegt die Quote bei Thunfischen.

Entsprechend kritisch sieht der Fischereiforscher Rainer Froese vom Kieler Helmholtz-Zentrum für Ozeanforschung die herkömmliche Aquakultur. Man müsse dort »mehr menschliche Nahrung hineinwerfen, als herauskommt«, sagt er und zählt Arten wie Sardelle, Sardine, Sprotte, Heringe und Makrele auf, die als Futter für Zuchtfische stark befischt werden. Die Armen der Welt könnten sich darüber hinaus die eher teuren Arten der Aquakultur wie Lachs, Dorade oder Wolfsbarsch nicht leisten, betont Froese und schließt: »Die Aquakultur von Raubfischen wird die Welt nicht ernähren.« Ähnlich kritisch äußern sich dazu der »World Ocean Review«, ein großer Zustandsbericht zu Ozeanen und Weltfischerei, den der mare Verlag regelmäßig aktualisiert und online stellt.

Forscher versuchen daher, dem Fischmehl in einem ersten Schritt pflanzliche proteinreiche Stoffe beizumengen. Erfolg gibt es mit Kartoffeleiweißen oder Rapsproteinen, die dem Futter für Regenbogenforellen, Steinbutt und Wels beigegeben werden – ohne Nachteile für deren Wachstum. Weitere Erfolge sind dazugekommen: Bei Lachsen ist es inzwischen möglich, den Fischmehlanteil in einer Futterration auf zehn Prozent zu reduzieren. Es geht mittelfristig darum, die Räuber in den Zuchtbecken von Futteralternativen zu überzeugen, die keine Umweltprobleme mehr nach sich ziehen. Manche schnell wachsenden Algen werden deshalb beforscht sowie Federn, Muscheln oder Fliegen, mit deren Mehl Wissenschaftler und erste Firmen in verschiedenen Projekten experimentieren.

Bei Salzwasserfischen ist der richtige Salzgehalt des künstlichen Meerwassers die Herausforderung. Die Kosten dieser Anlagen sind daher für die Massenproduktion noch zu hoch. Und um schlussendlich nachhaltig zu sein, müssen sie mit grünem Strom aus erneuerbaren Energien betrieben werden.

Eric Nürnberger entwickelt seit Jahren eigene Systeme, um den sensiblen, aber kulinarisch und wirtschaftlich vielversprechenden Zander zu züchten, »an den sich sonst keiner rantraut«. An die 10 000 Setzlinge verkauft Nürnberger im Jahr an Angelvereine, Großhändler und andere Fischzüchter, die die kleinen Fische weiter mästen. Aber eben nicht züchten. Das machen neben Nürnberger, der vor 15 Jahren über eine Weiterbildung im Angelverein auf die Fischzucht kam, nur zwei andere Unternehmer in Europa. Denn der Zander ist die Diva im Fischreich – anfällig für Krankheiten, zu enge Besatzdichte, schnell fallende Wassertemperaturen, wechselnde pH-Werte und vieles mehr. »Wenn wir die Jungzander transportieren wollen, fangen wir drei Wochen vorher mit den Vorbereitungen an«, sagt der südhessische Fischzüchter. Entsprechend versiert muss sein Energiesystem sein. Es sei sehr nachhaltig, wie Nürnberger erklärt: »Unsere Anlage trägt sich regenerativ zu 70 Prozent selbst.«

Auf dem Dach erzeugt eine 100-KWh-Photovoltaik-Anlage (PV) grünen Strom für die Zanderzucht, deren Becken auch so beheizt werden: Der PV-Strom treibt eine Hochtemperaturwärmepumpe an, die vor allem am Tag im Einsatz ist und dann in einem Pufferspeicher produziert – nachts greift die Anlage darauf zurück und beheizt die Fischzucht. Stromüberschüsse werden ins öffentliche Netz eingespeist; im Notfall springen ein Netzanschluss oder ein Notstromaggregat ein.

»Das ist hochmodern und sparsam. Doch da geht noch mehr«, sagt Nürnberger und spricht von seinem neuesten Projekt: einer integrierten »Aquaponik-Anlage«, in der gleichzeitig Zander und Gemüse gezüchtet sowie Biokohle für die nährstoffreiche Terra-Preta-Erde erzeugt wird – alles unter dem Dach einer bestehenden Biogasanlage im nahen Wallerstätten, die Eric Nürnberger mit Teilhabern gekauft hat und umbauen will. »Food und Energy« heißt das Projekt, das Nahrungserzeugung und Energieproduktion zusammenbringen soll, ganz ohne »fossile Energien, Dünger und Pflanzenschutzmittel«, wie auf der Website des Projekts zu lesen ist. Die ersten Versuche werden jetzt schon in den Gewächshäusern auf dem Betriebsgelände gemacht.

Auch das Fischmehl- und Futterproblem will Nürnberger in seiner Anlage lösen – mit der Schwarzen Soldatenfliege, die seit 2016 in Deutschland auch als Tierfutter eingesetzt werden darf und ein »super Kohlenstoffverwerter« ist. Mit eigenen Fischabfällen will der Fischunternehmer die Fliegen füttern und züchten; sie werden gemahlen und als Mehl an die Zander verfüttert, mit deren Exkrementen das Gemüse in 35 Gewächshäusern gedüngt wird. Der Strom kommt, wie heute schon, von Photovoltaikanlagen auf den Dächern, Wärme liefert die in Wallerstätten bestehende Biogasanlage, deren Gärabfälle Nürnberger zusammen mit zugekauften Schlachtabfällen in einer Pyrolyseanlage bei 1200 Grad zu Biokohle umwandeln will. Diese braucht er als Filterstoff für die Aquakulturanlagen, wo sich die Kohle mit

Nährstoffen und Mikroorganismen anreichert. Aus diesem Substrat kann dann wieder das sehr fruchtbare Terra Preta, bekannt auch als »Schwarze Erde«, gemacht werden, das in den Gewächshäusern zum Einsatz kommt.

Herzstück dieser Vision soll die digitale, mit Sensoren arbeitende Steuerung sein, die alle Teile der Aquaponikanlage aufeinander abstimmt; derzeit entwickelt Nürnberger mit seiner IT-Firma eine Software dafür. »Wir wollen die Aquakultur revolutionieren und einen großen Schritt in Richtung Aquakultur 4.0 machen«, sagt der mediengeschulte Eric Nürnberger und fügt noch das letzte Glied in der Zanderproduktionskette hinzu: »Hühner – wir machen hier dann auch Bioeier und drehen den Kreislauf noch weiter.«

Akwesasne. Wenn man sich mit Wasser, Fischen und Flüssen beschäftigt, kommt die Kreislaufmetapher noch mehr als ohnehin schon im normalen Sprachgebrauch auf einen zu. Sie ist aber oft schwer einzulösen in der Praxis, so auch in der Fischzucht. Sie scheitert bisher noch an der fehlenden Förderung, den hohen Kosten und fehlender Beachtung in der Politik. Dabei könnte sie ein wichtiges Element einer regionalen Selbstversorgung sein, die in der Zukunft eine immer größere Rolle spielen soll, wie es der Visionär Niko Paech etwa will, der unermüdlich und immer wieder seine Vorstellung einer Wirtschaft und Gesellschaft nach dem Wachstum, der Postwachstumsökonomie, vorstellt. Es ist schwer, den genauen Weg dorthin zu zeichnen, auch Paech kann es nicht, aber die größere Rolle von lokaler Ernährung und Selbstversorgung wird überall, in der Literatur, Forschung und dem Aktivismus in der Landschaft, sichtbar und ist Teil der großen Hinwendung zu konkreten Orten und ihrer Natur. Eine große Chance sind die weltweit aufkommenden Ernährungsräte, die sich in vielen deutschen Städten, ob München, Oldenburg oder Frankfurt, in den vergangenen Jahren gegründet haben – nur beratend und noch außerhalb der politischen Entscheidungswege. Aber auch das lässt sich ändern.

Bisher schließen sich hier Aktivisten, willige Politikerinnen und Bauern, Firmen, Forscher und andere Expertinnen zusammen, um die Chancen und Probleme der Ernährung einer Stadt zu diskutieren. »Bürger sind längst nicht mehr nur Konsumenten, sondern über Gemeinschaftsgärten, als Essensretter, Tafelunterstützer oder Slow-Food-Aktivist wichtige Akteure im Ernährungssystem«, schreibt die Plattform der Räte auf ihrer Website. Es geht konkret um eine Strategie für eine umweltgerechte Ernährung vor Ort mit größtmöglicher Selbstversorgung. »Im Rahmen dieser Strategie wird dann Einfluss auf das Ernährungssystem genommen – oft über die Förderung von urbaner Landwirtschaft, die Einrichtung und Förderung von Gemeinschaftsküchen, die Förderung regionaler Ernährungssysteme, die Bekämpfung sozialer Benachteiligung im Ernährungsbereich, die Optimierung der Gemeinschaftsverpflegung und die Veranstaltung von Konferenzen und anderen Events«, schreiben die Macher weiter, die die Auflistung der neuen deutschen Ernährungsräte wegen des »unüberschaubaren Gründungsbooms« seit 2019 aufgegeben haben.

Ich wünsche mir, dass dieser Boom anhält und Strukturen bekommt, politisch wird und für eine neue Landwirtschaft und insgesamt Kultur der lokalen Nachhaltigkeit sorgt. Die Landwirtschaft ist der Schlüssel, auch für die Zukunft der Flüsse, Bäche, Teiche und Seen. Die Politik entscheidet mit der Reform dieses einen Wirtschafszweigs über viele andere mit.

Deshalb auch habe ich kürzlich angefangen, mir manchmal einen einfachen Vogelkopf auf die linke Hand zu malen, nämlich um daran zu denken, dass wir hierzulande das Rebhuhn fast verloren haben; vor allem auch mitten im Alltag daran zu denken, wenn alles andere draußen auf den Feldern passiert, schon geschehen ist, dass die Arten schwinden und alte Begleiter wie das Rebhuhn sterben, weil wir diesen Landschaftsverrat begehen mit einer Landwirtschaft und einem Wirtschaftsmodell, die fressen und fressen und auch die Rebhühner, die es rund um die Schmallert immer gab, gefressen haben. Ich kam auf die Idee mit dem Vogelkopf, als ich von »Akwesasne« hörte, was im Indianischen »der Platz, an dem das Rebhuhn balzt« hieß – so hatten

336 Seiten
Klappenbroschur
22 Euro [D]
22,70 Euro [A]
ISBN 978-3-96238-249-0

April 2021

Auch als E-Book erhältlich

»Peter Ward bringt den Stand der Dinge eindrucksvoll auf den Punkt.«

New Scientist

Das Polareis schmilzt, die Meeresspiegel steigen. Immer mehr Küsten- und Inselregionen sind von Überflutungen und schweren Stürmen bedroht. Doch das Meer birgt noch weitere Gefahren: Salzwasser dringt ins Grundwasser ein, städtische Infrastruktur korrodiert. Der Geologe Peter D. Ward blickt auf die Meere der Vergangenheit, erzählt, wie sie das Leben auf der Erde verändert haben, und zeichnet ein alarmierendes Szenario, das eintreten kann, wenn wir die Erderwärmung nicht aufhalten.

die amerikanischen Ureinwohner eine ihrer wichtigsten Zeitungen des indigenen Widerstands genannt.

In Kautokeino, einem Dorf in Sápmi, dem Land der Samen in der Arktis, erlebte ich einmal eine Ausstellung zur Zukunft des Dorfes, das unter dem Wegzug der jungen Erwachsenen und vielen anderen Problemen litt. Künstler und Architekten aus ganz Europa waren eingeladen, auf großen Postern ökologische und soziale Visionen für das Dorf zu entwerfen – und in der Mitte der Zukunftsbilder war immer der Fluss. Der Kautokeino-Fluss hat den Ort groß gemacht als Handelsweg für Boote und über die Flussfischerei, die eine große Rolle spielte.

Fast alle Entwürfe besannen sich auf diese alte Bedeutung des Flusses als eigentliches Zentrum und malten mit und um ihn eine andere Stadt mit durchgängigen Stegen am Ufer, geschwungenen Holzbrücken, Häuserzeilen in bunten Farben, dazu Saunen in der Bucht, ein angelegter Badestrand, der Kanuhafen, Co-Working-Büros direkt am Wasser ebenso wie eine Schriftstellerresidenz, Künstlerkabinen, ein Haus der Musik, ein Bildungszentrum, Restaurants und Türme für Vogelbeobachtungen. Auf den Bildern fahren Menschen Schlittschuh, sind Stand-Up-Paddler, machen an Fitnessgeräten Übungen, angeln, fischen, verweilen, lesen, joggen, spielen, feiern ihr großes Osterfest, strotzen vor Lebensqualität und Freiheit. Aber was bleibt außer den Zukunftsbildern, um die Lage der Städte und Gemeinden, der Flüsse und Seen sowie Landschaften insgesamt bei uns zu verändern und uns neu zu verorten?

Ich werde mich irgendwie aufmachen, um solch eine Vorstellungskraft auch für meine Gemeinde zu entfachen, vielleicht mit einer ähnlichen Ausstellung, die den Fluss und das Wasser ins Zentrum zurückholt und damit das Medium, zu dem die tiefste Verbundenheit möglich ist.

Epilog

Was wir für unsere Umweltzukunft von der Coronakrise lernen können

Dies ist ein Buch aus drei Krisenjahren geworden. Ich habe mich 2018 aufgemacht, als die erste große Hitze über Wasser und Land kam, bin 2019 durch noch mehr Hitze, Dürre, Klimafolgen und Wasservergessenheit gelaufen, und im folgenden Jahr, ganz am Ende, als fast alles geschrieben war, hat die Viruskrise begonnen. Da habe ich mich am Schluss hingesetzt und Antworten gesucht, wie alles zusammenhängt. Schnell hat sich ein Faden gesponnen, heraus aus den Wasserpfaden hinein in die Coronazeit und zu den Fragen, die sie an Zukunft, Umwelt und Gesellschaft stellt.

Schnell wurde mir klar: Wer sich näher mit Natur und Umwelt beschäftigt, mit der Lage der Gewässer, mit den Hitze- und Dürresommern infolge der Klimakatastrophe oder dem Artensterben, der taucht auch tief in die Viruskrise hinein. Denn es gibt viele Parallelen – sie alle sind ökologische Krisen: Weil Regenwald gerodet und wilde Tierarten zurückgedrängt, gefangen und auf Märkten gehandelt werden, entstehen sogenannte Zoonosen. Der tierische Erreger springt bei diesen Krankheiten auf Menschen über, wie es offenbar beim Coronavirus geschehen ist, ebenso bei anderen Viren zuvor. Zwar gab es Zoonosen schon früher, etwa die Pest. Und auch da verbreiteten Menschen, zumeist Reisende wie Seefahrer, Soldaten und Eroberer, die tierischen Bakterien oder Viren, nur in anderem Maßstab. Heute breitet sich ein Virus wie Covid-19 global aus und mit enormer Geschwindigkeit, über alle Länder, getragen von einer globalisierten Wirtschaft mit Reise- und Handelswegen sowie Produktionsketten, die die Welt zu einem nie zuvor da gewesenen, dichten Beziehungsgeflecht machen, das dadurch einerseits sehr empfindlich für Störungen ist. Und andererseits wegen seiner Dichte und Stärke dem Planeten zunehmend zusetzt: Lebensräume schwinden, und Klimagasemissionen steigen mit immer neuen Handelswegen, immer mehr Auto-, Schiffs- und Flugverkehr und dem gestiegenen Reiseaufkommen. Das Virus trifft ein Wirtschaftssystem, das die Erde bereits an ihre Belastungsgrenzen und darüber hinausgebracht hat, beim Artenschwund etwa, der zu großen Teilen auf Abholzung und Landnahmen zurückgeht.

Es sind die Tiere und ihre Rückzugsgebiete, es sind die letzten natürlichen Refugien mit ihren Wäldern, Flüssen und Seen, die uns zuvorderst beschäftigen müssen bei den beiden aktuellen Existenzfragen: Woher kommen neue Viren, und wie können wir die Ursachen dafür bekämpfen? Und: Was könnte die Klimaerhitzung mildern?

Arten und ihre Refugien zu schützen und diese wieder aufzubauen – Wälder, Sümpfe, Moore und Permafrostböden etwa – ist eine Antworten auf beide Fragen. Und das Mittel, um das große Gleichgewicht zu erhalten, von dem die Virologin Karin Mölling schreibt: »Normalerweise besteht ein Gleichgewicht, eine Balance zwischen Mikroorganismen und Mensch, Tier und Pflanzen. Wir bilden eine Einheit, ein Ökosystem. Die Mikroorganismen sind um vieles länger auf unserer Erde als wir. Sie sind für unsere Existenz notwendig, so helfen sie in unserem Darm bei der Verdauung, in der Umwelt und in den Meeren führen sie zum Rezyklieren von Nährstoffen«, befindet die Forscherin, die an der Universität Zürich arbeitete, in ihrem Buch *Viren. Supermacht des Lebens*. Der Mensch sei später auf die Erde gekommen als die Mikroorganismen und müsse daher immer noch lernen, mit der Welt zu kooperieren. »Das Gleichgewicht dieses komplexen Ökosystems kann entgleisen – und die Ursachen sind oft von uns Menschen verursacht, meistens durch Kriege, oft durch Armut, Hunger, fehlende Hygiene, Rücksichtslosigkeit gegenüber der Natur«, schreibt Mölling. »Letztlich lassen sich alle diese Ereignisse auf zwei Probleme zurückführen: auf Bevölkerungsdichten und Mobilität. Das werden wir erst einmal nicht ändern können oder wollen. Doch es hat seinen Preis. Und den zahlen wir gerade.«

Mit dem großen Gleichgewicht und verlorenen Balancen im Erdsystem setzt sich auch der britische Zoologe und Verhaltensbiologe Stephan Harding auseinander, der am Schumacher College in England forscht. Es ist berühmt für seine ganzheitliche Erforschung der Beziehungen im Erdsystem – mit der Perspektive auf den Planeten Erde als einem komplexen, lebendigen Gesamtsystem, einem großen Lebewesen, das aus einem riesigen Netzwerk besteht – Gaia. So nannten die alten Griechen die Gottheit der Erde. Harding schreibt, dass das Virus die »Überverbundenheit« der Weltgesellschaft zeige wie ebenfalls unseren Anspruch, »immer und überall Nahrung und Güter aus fast allen Teilen der Welt konsumieren zu können« und dafür ein weltweites Handels- und Transportsystem zu benötigen, das den Raubbau an der Erde vorantreibt. Dieses System zeige auch unseren Anspruch darauf, grenzenlos überall hinreisen zu können, ebenfalls auf Kosten der Natur – und unsere eigenen Kosten, wie das Virus zeigt. Es legt wie in einer großen Versuchsanordnung die Schwachstellen einer Zerstörungsnormalität offen, so Harding, die wir plötzlich deutlicher erkennen konnten. Die Destruktivität wie auch die Empfindlichkeit des Systems sind unübersehbar geworden. Wir schauen darauf, mit Furcht und Staunen – und womöglich dem Willen, Teile dieser Zerstörungsnormalität hinter uns zu lassen. Harding kommt in seiner Analyse des Virus zu dem Schluss, dass die Menschheit nun eine große Antwort auf die Erdkrisen insgesamt erhält – und eine große, wohl letzte Chance, »das kleine Lokale lieben zu lernen, klein zu sein, runterzufahren und langsamer zu werden, weit weniger zu konsumieren, bescheiden zu sein und damit wieder wunderschön zu sein als eine Gattung innerhalb des riesigen, großartigen, irdischen Körpers«.

Auf meinen Streifzügen entlang vergessener Ufer habe ich Menschen getroffen, die auf ihre Weise für die Ökologie und das Lokale kämpfen, sei es der Naturschützer Karlheinz Waffenschmidt, der in seiner Gemeinde keine Ruhe gibt, oder der Biologe Thomas Bobbe, der nicht von der Modau lassen kann. Der Auenförster taucht in meinen Gedanken auf, dazu der Quellenschützer, die Brunnenputzer, die engagierte Beamtin oder der Biberbeauftragte, der die wunderbare Rückkehr großer Wildtiere nach Deutschland begleitet. Sie sind Pioniere auf ihre Art, ebenso der Fischereivertreter, der die Flüsse schützen will, viel mehr, als dass er angeln möchte. Und der Heimatforscher, der nach dem schaut, was verloren geht. Pioniere sind auch Unternehmen wie Fischmaster, die versuchen, Zander nachhaltig zu züchten und hier nun ganz auf Digitalisierung und künstliche Intelligenz setzen, wie mir der neue Geschäftsführer Christoph Kind kürzlich noch erzählte, fasziniert von der Möglichkeit, die Biomasse seiner Zander mit Sensorik und Computersteuerung so genau und stetig zu messen, dass er ganz gezielt füttern kann, ohne etwas zu verschwenden. Und den Süßwasserfisch zu züchten, damit der Konsum von überfischten Meeresarten zurückgeht. Diese Menschen und ihre Ideen haben mich berührt. Es gibt von ihnen viel mehr, als wir glauben. Und das macht mir Mut – ebenso wie kleine Lichtblicke, die sich nun, am Ende der Wasserpfade, zeigen wie etwa das erste Schild am Kühkopf, das nun den Modauradweg ausweist, eine Müllsammlerin, die in Eberstadt den Fluss immer wieder säubert, oder Nieder-Ramstädter Familien, die in der Coronaisolation plötzlich die Modau für sich entdecken und sie im Ort freudig durchwaten. Der Wolf ist im Kreis angekommen, das Land Hessen gibt meiner Gemeinde Mühltal 30 000 Euro für eine nachhaltige Wasserversorgung, endlich. Am Wiesenmühlenwehr soll sich etwas tun an der Modau, vielleicht eine Fischtreppe, ist zu hören. Und im Bund gelten nun schärfere Regeln für das Düngen, auf Druck der EU. Der Nitratbericht 2020 war Warnung genug, die Gefahr für die Gewässer wächst. Ich stoße auch auf eine Müllsammlerin, die in Eberstadt die Modau immer wieder säubert, einfach so. Eine weitere Pionierin.

Der solchen Bedarf an Menschen, die Mut machen mit ihren Ideen für eine nachhaltige Gesellschaft, ist epochal, essenziell und zentral für alle Lebensbereiche. Die Klimafolgen zeigen es, fragen danach. Sie sind mitnichten global und fern unseres Landes, das nun erfährt, was die Klimafolgen für die heimischen Wälder, Felder, Flüsse, Seen, Städte, Gärten und vor allem die eigene Gesundheit bedeuten. 164 Milliarden Euro kosten die Klimafolgen Deutschland jedes Jahr – und dieser Wert aus dem Jahr 2016 wird noch steigen durch wärmebedingt sich ausbreitende Allergien und Krankheiten. Durch sterbende Wälder oder viel höhere Energiekosten zum Kühlen von Kraftwerken, Krankenhäusern und Altenheimen. Das wird kommen, ist teils schon da, sodass ich es sah und spürte, es mir zugesetzt hat während der Wanderungen und Recherchen, sodass ich zum Schluss zur Erkenntnis kam und in sich in mir das Gefühl einnistete, dass Klimawandel und Artensterben meine Heimat auffressen.

So denke ich oft an das Mädchen aus Frankenhausen, dem das Wasser mit Lastwagen ins Dorf geliefert werden musste. An den Holzrücker und seine Verzweiflung über die sterbenden Buchen. An die ausgelaugte Modau an der Mündung, an versiegende Quellen, das darbende Ried, Akwesasne und das verlorene Rebhuhn. An verschwundene Schmetterlinge, fehlende Vögel im Winter. Überall sind Schwund und Sterben sichtbar – auch im Wald, dessen Riesen um mich herum auch 2020 wieder fallen, weil ihnen das Wasser fehlt und dann die Pilze kommen, um von ihnen zu leben. Jetzt liegen die riesigen Buchen, die früher eigentlich nie fielen, wie Tote nach einer Schlacht im Wald; drei auf einmal sind kürzlich gefallen und liegen nun dicht nebeneinander im Laub nahe dem Waldparkplatz an der Bundesstraße. Und mein alter Wald, der Lohwald, in dem ich aufgewachsen bin, ist gesperrt worden – für Jahre, Eintritt verboten bei Tausend Euro Strafe, weil Äste brechen und Bäume fallen könnten. 90 Prozent der Buchen sind tot, durch Hitze, Pilze und die Konsequenzen der Klimafolgen, die den Wäldern zusetzen.

Und auch im Sommer 2020 herrschen Dürre und Hitze vor, sind die Zeitungen voller Waldsterben, fehlt das Wasser wieder überall. Dieses Mal beliefert ein Lastwagen unseren Ortsteil Nieder-Beerbach mit Wasser. Städte und Gemeinde in ganz Süddeutschland rufen zum Wassersparen auf und verbieten bei Strafen, Wasser aus den Bächen zu nehmen, während sich manch Unbekümmerte Schwimmbecken für den Garten kaufen, um in der Viruskrise abtauchen zu können. Die Lage ist so ernst, dass die Umweltministerin in Berlin eine neue Wasserpolitik und eine »nationale Wasserstrategie« angekündigt hat. Und die Modauquelle fällt im Frühsommer trocken – für mich ein Zeichen existenzieller Not, ein Schmerz, der mich durchfährt und geblieben ist.

Einmal mehr ist die Botschaft klar: Es kommt nicht näher und schon gar nicht langsam. Es ist da. Die Folgen des Klimawandels bestimmen unser Leben hier und heute bereits stark – und es ist wahrscheinlich, dass es weitergeht, dass noch mehr Wald gesperrt wird. Oder Flüsse wie die Modau austrocknen könnten. So weit muss es nicht kommen, und was genau geschehen wird, wissen wir nicht. Wir wissen aber inzwischen ganz gut, dass es mit Wasser und Wald, Landwirtschaft und Ernten, mit Allergien und neuen Krankheiten zu tun haben wird. Mit dem Alltag also. Es wird noch teurer werden, denn Klimaschutz und Klimaanpassung kosten sehr viel Geld, verschlingen schon heute Riesensummen. Und es wird mehr kosten, wenn wir nicht jetzt schon mehr dagegen tun. Gerade dort, wo die Folgen wirken – in den Kommunen, auf dem Land. Weiteres Abwarten ist fatal, und wieder zeigt ein Hitzesommer in der Heißzeit die Richtung an: Jede politische Entscheidung muss heute klimasicher sein – so, wie jede Veranstaltung in einem Raum nur bei Brandschutz stattfinden kann. Es geht darum, die Erderwärmung und ihre Folgen als eine Daseinsdimension zu betrachten, die viele Lebensbereiche betrifft – und nicht mehr als Einzelthema.

Wenn ich hinüber zum Klimaopfer schaue, meinem vertrockneten, abgesperrten Lohwald, gräme ich mich. Ich denke an den Kinderspielplatz von früher, unsere Cowboyspiele unter den Buchen und an den Kindergarten heute, der so oft dorthin gegangen ist. Aber das ist jetzt vorbei, der Wald ist eine Klima-Hitze-Folgen-Sperrzone geworden. Und unten, an seinem Fuß, geht das traurige Spiel mit den Flüssen weiter: Wieder ist, diesmal am Ortsrand, eine freie Wiese an der Modau bedroht, sollen dort Wohnhäuser gebaut werden. Auch in Eberstadt gibt es neue Ideen, am freien Modauufer zu bauen. Der viel zitierte »Bedarf nach Wohnraum« frisst die Auen und Ufer auf, immer wieder. Und die Klimafolgen dörren das Land aus. Rauben das Wasser. Außerdem zäunen viele Gemeinden in Hessen jetzt Teiche ein, weil Kinder an einem Ort ertrunken sind und es Klagen gab – ein schreckliches Leid, das es auch früher schon gab. Nur blieben die Zäune weg. Sie sind sicher nicht die Antwort auf den Wassertod, bauen vielmehr neue Hindernisse auf zwischen Natur und Mensch, Wasser und Gesellschaft.

Ich spüre Schmerz, Wut. Aber ich sehe im Schwinden der Natur auch die paradoxe Chance, endlich in der Tiefe zu verstehen, was gerade passiert, was wir verlieren, wie unmittelbar die Verluste und Gefahren geworden sind. Für ein solches umfassendes Verständnis ist es aber nicht nur nötig, die Parallelen zwischen der Viruskrise und der Erdkrise zu zeigen, sondern auch ihre Unterschiede: Corona wirkt auf uns unmittelbar lebensbedrohlich, das Virus hat einen existenziellen »Gebrauchszusammenhang« für das eigene Leben. Somit entspricht es den Bedrohungen, auf die unser Gehirn seit der Steinzeit eingestellt ist. Und entsprechend antwortet es: kurzfristig, schnell, dringlich, verhaftet im Hier und Jetzt. Wir können und müssen aber darüber hinausgehen, jetzt, da unverhofft und mit einem großen Unglück die Systeme und Strukturen so bloßgelegt und tief eingerissen sind wie nach dem Zweiten Weltkrieg nicht mehr.

Können wir jetzt anfangen, daran zu arbeiten, wie Harding sagt, »das kleine Lokale lieben zu lernen«? Viele von uns beschäftigen sich damit, dass der Klimakollaps nicht mehr abwendbar ist. Wir beginnen schon, das Leben mit ihm und in ihm zu denken – auf lokaler Ebene, in wieder erstarkenden Kommunen und neuen Gemeinschaften, mit Teil- und Tauschsystemen, regionaler Kreislaufwirtschaft, mehr Zeit für Handwerk, Selbstversorgung und Selbstbestimmung. Können wir noch ein saisonales und lokaleres Leben erreichen, das sich in natürliche Kreisläufe einfügt? Es geht darin um Naturerhalt und eine Wiederverortung, um ein Sich-selbst-Verstehen in einer entschleunigten, klimagerechten und sozial gerechteren Welt, die auf menschlichen Austausch und Begegnung baut – neben der digitalen Kommunikation, die darin keineswegs verschwindet. Sie ist eine Flanke, nicht aber das Fundament dieser Welt des Nahraums und der Natur vor der Haustür, die zu einem neuen Bezugs- und Bildungsraum, zur Ruhestätte und Inspirationsquelle wird. Und ist Natur nicht gerade in der Coronazeit, im ersten fatalen Quartal der Isolation, plötzlich wieder wichtig geworden? Das essenzielle Bedürfnis nach einer lebendigen, wahrhaftigen, blühenden und fließenden Welt um uns herum wurde offengelegt. Die Hinwendung zu dieser möglichen Welt war auch im Großen sichtbar – mit sinkenden CO_2-

Emissionen, besserer Luftqualität, plötzlicher Dominanz der Fahrräder in den Städten, mit den Wellen von Solidarität und Mitgefühl, Opferbereitschaft, Demut und Respekt vor wissenschaftlichen Erkenntnissen. Welche soziale Leistung das war, was für eine Lernerfahrung die Gesellschaft hier machte und von ihrer eigenen Stärke lernen konnte!

Wir haben im ersten Virushalbjahr tatsächlich Statistiken, Geschichten und Bilder gesehen, die Spuren einer anderen, mensch- und erdgerechten Lebensweise aufzeigten. Auch die durchdringende Erfahrung der Langsamkeit und des erzwungenen Konsumverzichts, den die Isolation notgedrungen brachte, lassen sich konstruktiv verstehen, als schemenhafte Erfahrungsbeispiele für diese andere Lebensweise, die Stephan Harding im Sinn hat. Intakte Wälder- und Wasserlandschaften gehören zu den Zentren einer solchen lokaleren, ökologischen Welt. Wir brauchen sie neu, aus wirtschaftlichen, klimatischen und zutiefst psychologischen Gründen. Und es geht um die Kommunen. Denn sie sind die Hauptarenen der Klimaanpassung – und rücken so ins Zentrum der Aufmerksamkeit.

In der Viruskrise ist ihnen viel Verantwortung übertragen worden, gerade Gesundheitsämtern. Sie werden im Zuge der Klimafolgen erneut die neuen Schaltstellen der »Daseinsvorsorge« sein. Dieser Begriff ist entscheidend, weil ihn vier Jahrzehnte Neoliberalismus, Deregulierung und die Mär vom schlanken Staat zutiefst ausgehöhlt haben. Viele öffentliche Verwaltungen sind kaputtgespart worden und können die neuen Aufgaben mit dem vorhandenen Personal und den heutigen Strukturen nicht bewältigen, die Klimaerhitzung und Artensterben stellen. Der harte Besen, der alles Öffentliche zur AG machte, outsourcte und privatisierte, hat tiefe Wunden geschlagen – im Gesundheitswesen, in den Schulen, Sozialämtern, aber auch in Forstämtern, die sich plötzlich um eine riesige Fläche sterbender Wälder kümmern müssen. Und in Wasser- und Naturschutzämtern, die versuchen, mit kleinen Stäben und wenigen Mitteln auf enormen Gebieten riesige EU-Richtlinien umzusetzen. Eine Sisyphusarbeit, die flächendeckend so nicht gelingen kann, sei es bei der Wasserrahmenrichtlinie oder der Natura-2000-Gesetzgebung für Naturschutzgebiete und Artenschutz.

Kommunen bräuchten neben einem Schuldenerlass, der in so einem Zukunftsverständnis eine notwendige Randbedingung wäre, mehr Personal und Mittel in den genannten Bereichen, die simpel für das Dasein vorsorgen. Aber auch kluge und geschulte Menschen, die die Verkehrswende vor Ort vorantreiben, eine regionale Ernährung organisieren, die Landwirtschaft mitsteuern und alles in den Klimakontext setzen. Das könnten in diesen neu gedachten Verwaltungen überall größere Zukunft- und Klimateams übernehmen. Sie würden endlich die so bitter nötige Vernetzung mit den lokalen Umweltschützern, Forschern und Aktivisten vorantreiben, die schon lange an den Zukunftsaufgaben arbeiten.

Wenn die Bedrohung existenziell und kurzfristig ist, gelingt gemeinsames Handeln, gelingt entschlossene Politik, dann ziehen die Menschen mit, die Ämter und Unternehmen. Besonders das zeigt die Coronaerfahrung, ebenso wie die Schulden- und Eurokrise vor zehn Jahren. Wir können es uns aussuchen: Change by desaster or design? In der Sphäre der Ökologie war das Desaster bisher oft der Treiber. Fukushima war ein letzter Beleg dafür. Doch Design muss uns doch möglich sein. Könnte es nicht auch funktionierende Gipfeltreffen geben, die nicht nur Gelder sammeln für den Impfstoff gegen Corona, sondern auch Gelder, die die wichtigsten Regenwälder der Erde endgültig unter internationalen Schutz stellen und sie so dem Zugriff nationaler Randalierer und Despoten entziehen? Man könnte den vorhandenen Amazonsfonds, den Norwegen und Deutschland bisher mit 1,29 Milliarden Dollar gefüllt haben, neu denken: nicht als Hilfsfonds für die nationalen Umweltbehörden, die Brasiliens Regierung blockiert, sondern als ein viel stärkeres Instrument, das den Wald kauft und dann unter neues Recht stellt und hart schützen kann – ganz im Sinne des bedeutenden Biologen Edward O. Wilson, der nach 90 Lebensjahren in seinem Buch *Die Hälfte der Erde* schlichtweg fordert, fünfzig Prozent des Planeten unter Schutz zu stellen. Weil die Menschheit sonst keine Chance mehr hat.

So lange schon dreht sich vieles im Kreis, erhitzt sich der Planet, stirbt die Natur, schwindet der Wald, leidet der Mensch, immer mehr –

nun an einer Pandemie. Die Zusammenhänge sind klar und bekannt. Auch dass es um einen Zyklus geht, in dem Fragen immer wiederkehren. Dieser zyklischen Sicht entgegen steht die Vorstellung, dass alles immer weiter nach oben geht und wächst, in einem unablässigen Zukunftsstrahl, auf dem Stillstehen, Innehalten oder Pausieren nicht vorgesehen sind. Wie gut ein Leben in etwas mehr Langsamkeit und Genügsamkeit aber tun könnte, hat die Viruskrise gezeigt – neben allen Verwerfungen und Problemen, die sie bringt. Wie von Geisterhand liegt ein noch nicht ganz verstandenes Bild anderer Möglichkeiten in der Welt, ambivalent und unfertig. Und dennoch klar, sichtbar, fühlbar. Dieses Bild hätte die Politik in den Aufbauprogrammen nach der ersten großen Isolation viel klarer einrahmen müssen. Sie tat es nicht, vertat die Chance – zunächst, schreibe ich hier, weil alles noch nicht zu Ende ist. Und weil solche tief greifenden, historischen Reformprozesse oft verlaufen wie ein gesunder mäandernder Fluss: in teils scharfen Kurven, zur Seite, vor und zurück, in Schlingen und Halbkreisen. Und doch insgesamt mit der Bewegung nach vorne. Daher liegt die Hoffnung auf der weiteren Fließstrecke.

Zum Weiterlesen

Robert Arlinghaus: Der unterschätzte Angler, Kosmos, 2006.

Jonathan Balcombe: Was Fische wissen – wie sie lieben, spielen, planen. Unsere Verwandten unter Wasser. mareverlag, 2018

Gerd Bauer, Heiner Boehncke, Hans Sarkowicz: Die Geschichte Hessens. Eichborn, 2002.

Darmstädter Echo (Hrsg.): Sagen, Märchen und Legenden aus der südhessischen Region zwischen Bergstraße und Odenwald. Verlag Darmstädter Echo, 1995

Roger Deakin, Judith Schalansky (Hrsg.): Logbuch eines Schwimmers. Matthes & Seitz, 2015.

Thomas Deuster: Gewässer in und um Darmstadt. S. Toeche-Mittler Verlag, 2018.

Engels, Peter: Darmstadt. Eine kleine Stadtgeschichte. Verlag Friedrich Pustet, 2019.

Richard Friedenthal: Goethe und seine Zeit. R. Pier & Co., 1963.

Gesellschaft für bedrohte Völker: Akwesasne. Wo das Rebhuhn balzt. Indianische Texte aus dem Widerstand. Trikot-dianus Buchverlag, 1982.

Gemeinde Mühltal (Hrsg.): Chronik Nieder-Ramstadt mit Trautheim. Mühltal 1988.

Albrecht Greule: Deutsches Gewässernamenbuch. De Gruyter, 2014.

Robert Habeck: Patriotismus. Ein linkes Plädoyer. Gütersloher Verlagshaus, 2010.

Manfred Knodt: Die Regenten von Hessen-Darmstadt. H. L. Schlapp, 1976.

Elisabeth Langgässer: Gang durch das Ried. Roman. dtv, 1962 (Original 1936).

Robert Macfarlane, Judith Schalansky (Hrsg.): Karte der Wildnis. Matthes & Seitz, 2015.

Karin Mölling: Viren, Supermacht des Lebens. C. H. Beck, 2020.

Joachim Radkau: Die Ära der Ökologie. Eine Weltgeschichte. C. H. Beck, 2011.

Torsten Schäfer: Schmallert. Verlag Heinevetter, 2012.

Gernot, Scior: Die Waldkarte des Johannes Hieronymus Zamminer. Justus von Liebig Verlag, 2020.

Sylvain Tesson, Judith Schalansky (Hrsg.): Kurzer Bericht von der Unermesslichkeit der Welt. Matthes & Seitz, 2013.

Terje Tvedt: Wasser. Eine Reise in die Zukunft. Bundeszentrale für Politische Bildung, 2013.

E. O. Wilson: Die Hälfte der Erde. Ein Planet kämpft um sein Leben. C. H. Beck, 2016.

Herbert Zettl, Herwig Klemp: Der Atem der Auen. Streifzüge durch Kühkopf und Knoblochsaue. Stiftung Hessischer Naturschutz 1997.

Die Reportagen zum Wels und zur Zanderzucht sind im vollständigen Original bereits in der FAZ erschienen:

Der eierlegende Gemüsefisch. Multimedia-Reportage zu nachhaltiger Aquakultur, mit Johanna Hilbig, Marina Speer und Benjamin Reibert. FAZ.net, 22.8.2018.

Im Auge der Riesen. FAZ Nr. 145, 26.6.2019, S. N2

Über den Autor

TORSTEN SCHÄFER verbrachte bereits in seiner Jugend viel Zeit an Gewässern – als Angler, Naturschützer oder Kräutersammler. Er studierte Journalistik in Dortmund, war einige Jahre Redakteur bei GEO International und trat 2013 eine Professur für Journalismus mit Schwerpunkt »Textproduktion« an der Hochschule Darmstadt an – wodurch er wieder zum Fluss seiner Kindheit zurückkehrte: Der Autor zahlreicher Reportagen und Essays vor allem zu Umweltthemen lebt heute mit seiner Frau und seinen drei Kindern am Rande des Odenwalds.

Danksagung

Ich danke zuerst meiner Frau Vanessa und meinen Kindern Matilda, Mika und Lasse dafür, dass sie mich oft haben ziehen lassen, um dieses Buch zu schreiben. Und mich dabei ermutigten, aushielten, trugen. Mein Dank gilt auch meinen Eltern, insbesondere Rouven für die ganze geteilte Zeit sowie meinen journalistischen Lehrern und früheren GEO-Kollegen Hanne Tügel und Martin Meister. Wichtige literarische Motivationen und Ermutigungen kamen von Mirko Bonné, Andreas Altmann, Helen Mort und vor allem Andreas Weber.

oekom

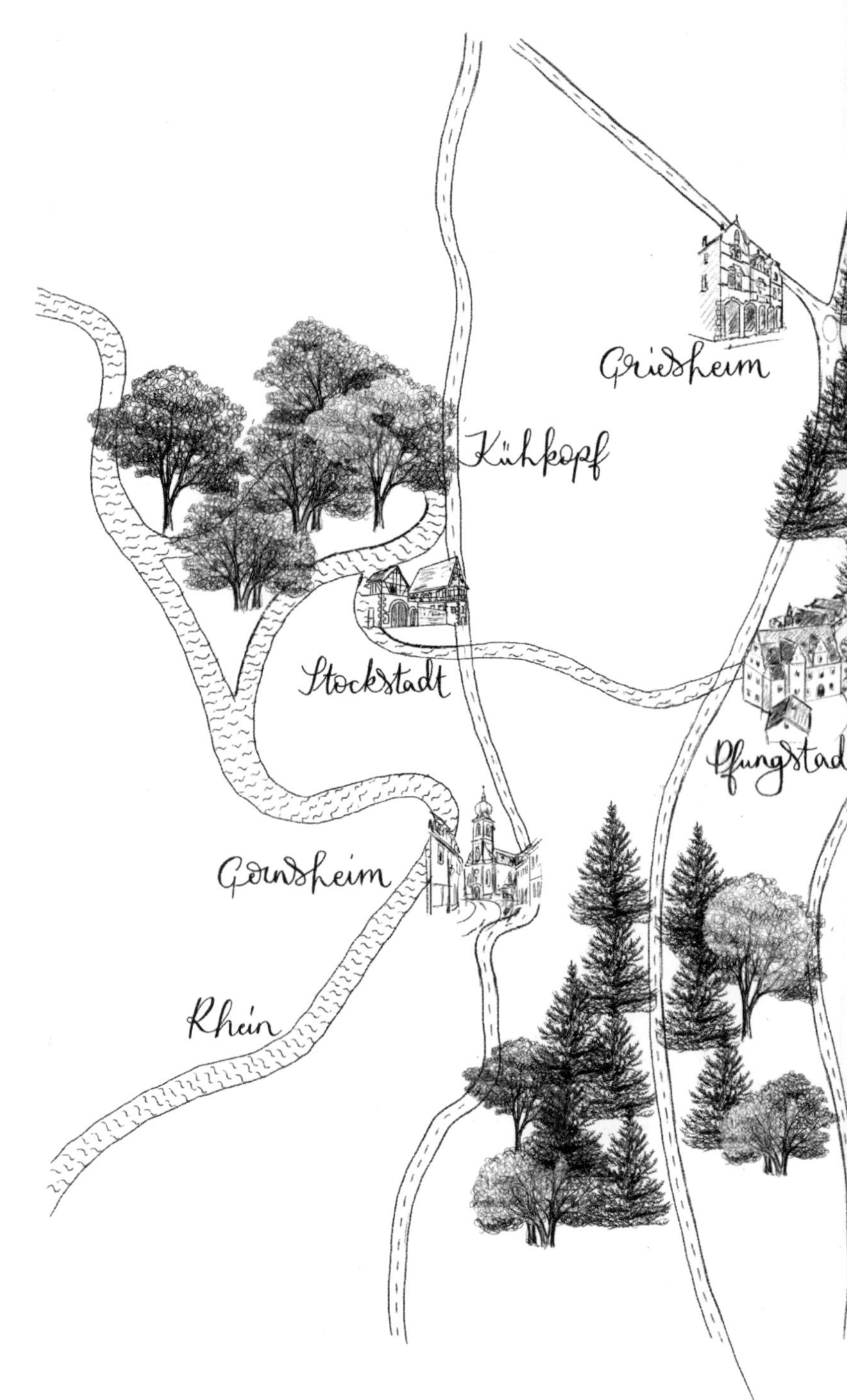
Griesheim
Kühkopf
Stockstadt
Pfungstad
Gernsheim
Rhein